Y0-DLJ-915

L'ÉCHAPPÉE DES DISCOURS DE L'OEIL

Du même auteur

LE DÔME, nouvelles, éd. Utopiques, Montréal, 1968.

LE JEU DES SAISONS, roman, éd. L'Actuelle, Montréal, 1970.

CHEZ LES TERMITES, roman, éd. L'Actuelle, Montréal, 1975.

LA FEMME DE SABLE, nouvelles, éd. Naaman, Sherbrooke, 1979.

LE PLAT DE LENTILLES, roman, éd. du Biocreux, Montréal, 1979.

Madeleine Ouellette-Michalska

L'ÉCHAPPÉE DES DISCOURS DE L'OEIL

NOUVELLE OPTIQUE

Photocomposition,
montage et
conception graphique
de la couverture:
Les Ateliers Le Polygraphe Inc.

ISBN 2-89017-049-7
Dépôt légal: 2e trimestre 1981
Bibliothèque nationale du Québec

© LES ÉDITIONS NOUVELLE OPTIQUE

Tous droits de traduction, de reproduction et d'adaptation réservés pour tous pays.

POSTFACE

Un jour, j'essayai d'écrire une histoire que je croyais mienne. Mais en posant la main sur la feuille, je croisai, dans les jardins de la mémoire, une femme assise droite, trop droite, qui regardait ailleurs en se remémorant d'autres mots. Son visage était clôturé d'ennui. Était-elle sourde? Pourquoi me récitait-elle du texte prédaté lorsque j'empruntais le couloir affamé de la connaissance et du désir?

J'eus l'idée d'approcher cette femme et d'examiner les redites qui taraudaient sa langue. Aussitôt, une spirale de silence capta sa bouche et la renoua. Une évidence me frappait. Le silence, comme les mots, venait d'un ailleurs de la langue et de la bouche.

Pour saisir la racine de cette déperdition de sens, je devais remonter le fil des discours, évider le pré/texte féminin d'avant l'histoire, expurger l'indicible de leurs gestes et de mon souffle. Je devais pulvériser les points de re/père rassurants, lisses comme des miroirs, auxquels s'accrochait Narcisse en flattant ma gorge.

Nous savions que l'heure était venue, car des symptômes harcelaient les lèvres et le corps. Moi et toutes les femmes rivées à la garde de l'origine, nous devions nous lever et courir interroger les signes. Nous devions abolir le palais clos et rénover le temps blanchi sous la langue.

Un homme nous regardait faire et se sentait banni. À distance, il m'interrogeait et me harcelait par l'Oeil de ses Pères. Je le quittai pour ne pas nous trahir. Il me fallait toucher les Tables de la Loi qui m'avaient prise aux mots. Il me fallait inventorier leurs règles, exorciser leurs rumeurs. À l'aube, je m'aventurai vers le passé. L'archéologie du futur commençait.

Patiemment, je remuai les archives, déplaçai les codes, déroulai les parchemins, balayai la poussière d'aphorismes décrépis à l'endos d'histoires feintes et de fables surfaites. Des dogmes se transformaient en cendres. Des discours s'émiettaient entre mes doigts. J'avais déjà parlé par eux, pour eux, comme j'avais déjà juré sur la Bible de dire toute la vérité, rien que la vérité, dans le procès qui nous séparait du réel.

Sans aucune retenue, je parcourais le labyrinthe des redites, explorais le dédale des fausses identités, imaginais l'envers de la lettre. Je m'attardais, tentant de saisir le point aveugle de leur fuite. Possédée par ces lieux, j'aurais pu y succomber si l'idée d'en rire ne m'était venue à temps.

Car je commençais à me déplacer dans le temps. Derrière moi, l'envers des signes révélait ses leurres. Devant, l'envie de prononcer les mots femme, homme, fleuve, oiseau, noces, terre nouvelle, m'accaparait. Des coulées de syllabes et des poussières de sons se pressaient dans ma gorge. Je les accueillais toutes, ni rebelle, ni satisfaite. À peine distancée des rituels de commémoration qui me liaient encore à la pérennité des mythes.

J'entrepris la narration de ce périple sans savoir si l'antique langue paternelle s'allierait aux langues maternelles naissantes. Mais dans l'effraction de la déchirure, je renonçais à la captivité des paumes, aux graffiti clandestins, aux gestes interdit(e)s. Le repérage des mots perdus s'amorçait.

1

DU MYTHE PRIMITIF AU MYTHE BARBARE : LE RÉGLAGE DU CORPS

Le mythe est une parole choisie par l'histoire.
                                              Roland Barthes

À égale distance du rituel, l'animal agit ses mythes, l'homme les pense.
                                              Claude Lévi-Strauss

Avant leur mariage, les petites filles modèles des tribus indiennes d'Amérique du Nord sont terribles. Elles grimpent aux arbres, font les quatre cent coups, chassent indifféremment l'homme ou l'animal. Elles n'ont peur de rien. L'eau et la terre leur appartiennent. Elles courent allégrement d'un point à l'autre de l'espace. Elles sont légères, insouciantes, malicieuses. Elles sont libres. On ne les a pas encore réglées.

Ici-bas le chaos règne.

Le jour ne connaît pas la nuit, et la nuit ignore le jour. Lorsque plus tard le soleil imposera son règne, on mettra ces écervelées au pas. Pour l'instant, on se hâte de mettre de l'ordre. L'entreprise est gigantesque. Il faut séparer l'eau de la terre, peupler les lacs de poissons, garnir la voûte céleste de constellations, maîtriser la foudre, la tempête, l'escargot. Les voyages en pirogue des fils du Soleil et de la Lune s'éternisent. Si bien que plusieurs années s'écoulent avant que l'on ne passe du crû au cuit, du miel aux cendres, du rot à la digestion paisible.

Accaparés par la chasse, la guerre et la conquête du feu, les mâles s'égarent dans des aventures prométhéennes. Les petites filles modèles y gagnent. Faute de temps, le code des bonnes manières est ajourné.

Il peut être utile, en s'attardant à un certain nombre de mythes primitifs et barbares illustrant l'élaboration des croyances et conduites déterminant la répartition des rôles sociaux, de s'interroger sur la fonction première du mythe. Quel discours tient-il et pourquoi le tient-il? Atteint-il, dans sa structuration et son interprétation du monde, à la neutralité avouée? Dans quelle mesure enfin le discours de l'exégèse contredit-il ou renforce-t-il les postulats idéologiques déjà énoncés dans le récit mythique? Voilà autant de questions qui font problème, et auxquelles le « mythe du mari-étoile » apportera une réponse préliminaire.
Dans les nombreuses versions de ce mythe qui prévalent chez les Indiens d'Amérique du Nord, deux variantes s'imposent entre les Arapaho et les Atsina, quant au sort réservé à l'épouse qui transgresse la loi après ses épousailles.

Selon le résumé qu'en fait Lévi-Strauss dans ses *Mythologiques*[1], la jeune fille qui souhaite avoir une étoile pour mari voit son voeu exaucé par les astres. Elle monte au ciel où l'époux l'accueille en compagnie des beaux-parents, et un enfant naît bientôt de cette union. Mais un jour, l'épouse enfreint l'interdiction qui lui a été faite d'arracher la racine d'un légume comestible poussant au jardin. Son geste est lourd de conséquences. Elle a mis à nu le trou de la voûte céleste obturé par la plante.

> *Dans le campement céleste, il ne se trouve aucune arête ou saillie pouvant égarer l'Oeil. Ni arbre, ni rivière. Plus un seul sentier sauvage où se dégourdir les jambes. Seulement la terre morne à bêcher. Et, partout, l'omniprésence du Soleil et son aveuglante luminosité. Dans ce réduit où s'écoule un temps figé dans la circularité, il n'y a d'issue que la fuite. Vivement arracher la racine colmateuse et glisser un oeil dans l'orifice. Apercevoir la terre et souhaiter retourner à elle.*
>
> *Tresser des fibres végétales, glisser le long de la corde avec l'enfant. Éprouver la griserie d'une chute dans l'espace ouvert.*

> *Sentir le mouvement créé par le déplacement du corps. Balancement, oscillation, vertige. Le crâne se fracasse sur la pierre. Le mari a repéré la fuyarde. Il l'a frappée d'un coup mortel à la tête. La rebelle est supprimée afin que soit maintenue la distance indispensable entre le haut et le bas, le rond et le plat, l'ombre et la lumière, le Maître et l'épouse. Elle apprend à ses dépens que la culture permet seulement de grimper vers les hauteurs.*
>
> *Mais son enfant lui survit.*

Dans une prolongation mythique ayant cours dans les Plaines, on voit cet enfant, devenu homme, tuer lui-même, ou livrer aux monstres, la vieille femme qui l'a adopté, puis devenir organisateur de la création terrestre et monter ensuite au ciel où il se transforme en corps céleste.

Une seconde version de ce mythe attribue la mort de l'épouse du mari-étoile à son manque de prévoyance. Elle serait tombée parce que la corde était trop courte. Les deux versions se rejoignent. La menace de mort était contenue dans l'interdiction de toucher à la plante tabou.

L'homme doit être le seul à organiser le monde et à en saisir la totalité. Seul à connaître l'existence du point de jonction reliant la vie présente à la vie ancienne. Cette connaissance l'investit d'un pouvoir. Il s'institue gardien de l'origine. Il prescrit à la femme l'occultation d'un ailleurs et d'un avant pouvant mettre en péril la tranquillité familiale et cosmique. Enrobée par le présent, la femme rompt avec son passé et s'abandonne, les yeux fermés, à celui qui lui refera une mémoire.

L'équilibre du monde tient à la permanence de cette occultation et à la solidité de cette alliance. L'admission des femmes dans le clan des hommes scelle une harmonie devant empêcher l'éclatement des forces de la nature abandonnées à elles-mêmes. Mais cet accord devra masquer le rôle biologique assumé par la femme dans la prolongation des générations.

L'âge d'or de la fille sauvage

Avant l'application de cette dure loi, les petites filles modèles ne connaissent pas une fin aussi tragique.

En Amérique du Sud, la plupart restent sur terre où elles font preuve d'astuce et d'ingéniosité. En Guyane, le Soleil est perché si haut qu'il ne peut descendre ici-bas pour se trouver une épouse. Une jeune Indienne arawak monte jusqu'à lui et entrouvre le panier où il garde la lumière emprisonnée. Celle-ci se répand aussitôt sur le monde. Ainsi est créé le jour qui se distingue désormais de la nuit.

Néanmoins, une femme libre rend parfois son mari cocu. Une autre Guyanaise adore goûter au fruit défendu. Afin de l'en empêcher, son époux Soleil se répand de tous côtés pour l'épier et il devient visible douze heures sur vingt-quatre. « S'il n'y avait pas eu le péché », conclut le mythe kalina, « la nuit n'aurait pas existé mais seulement une clarté perpétuelle[2] ».

En matière amoureuse, les caprices de la fille sauvage ont parfois des rebondissements inattendus. Chez les Tupi d'Amazonie, on raconte que la fille du Grand Serpent, mariée à un Indien, conservait sa vertu intacte à la faveur d'un jour perpétuel. En raison d'une pudeur extrême, elle affirmait ne pouvoir s'abandonner aux joies intimes que dans l'obscurité. Excédé de cette résistance, son époux dépêche trois serviteurs auprès de son beau-père pour le prier de lui remettre la nuit emprisonnée sous la rivière. Celui-ci la lui fait porter, scellée dans une noix de palmier que les émissaires ne doivent ouvrir sous aucun prétexte. Intrigués par le bruit qui s'échappe du fruit, ils enfreignent l'interdiction. La nuit plonge aussitôt la terre dans une obscurité totale. Mais la fille du Grand Serpent intervient. Elle sépare l'ombre de la lumière et fait alterner le jour et la nuit. Son époux s'en montre des plus heureux.

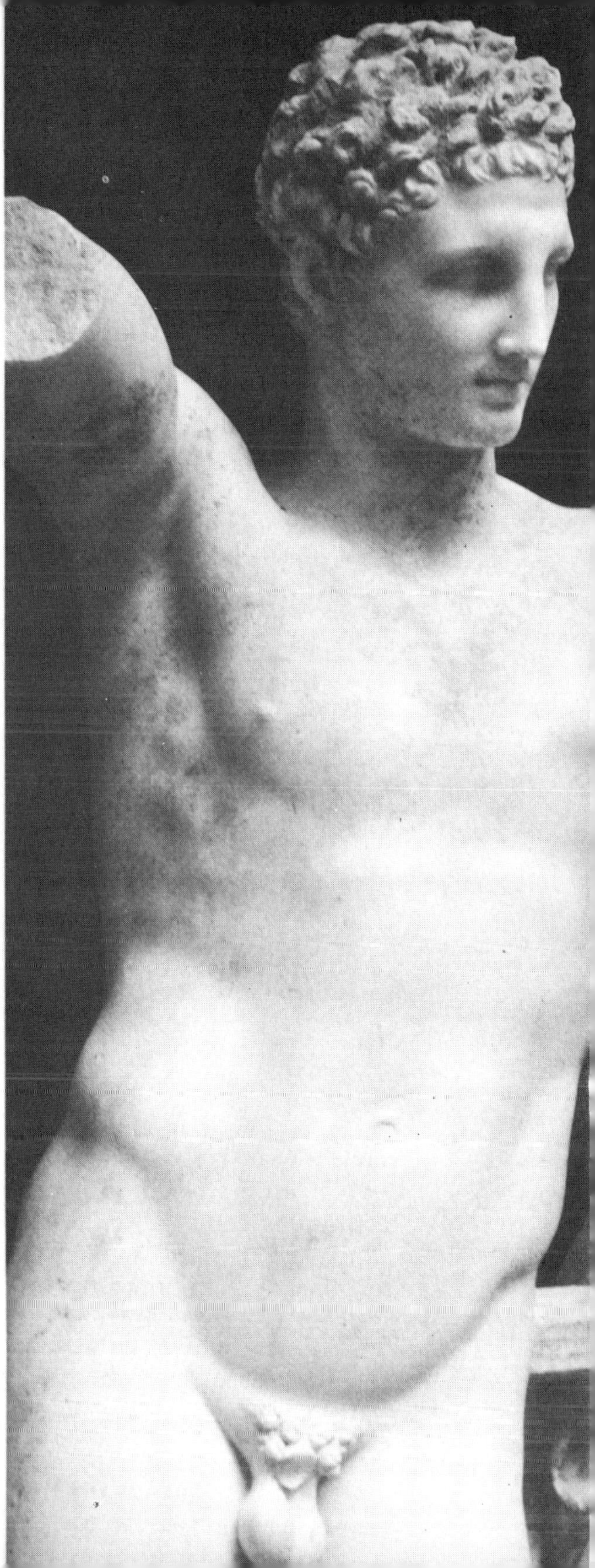

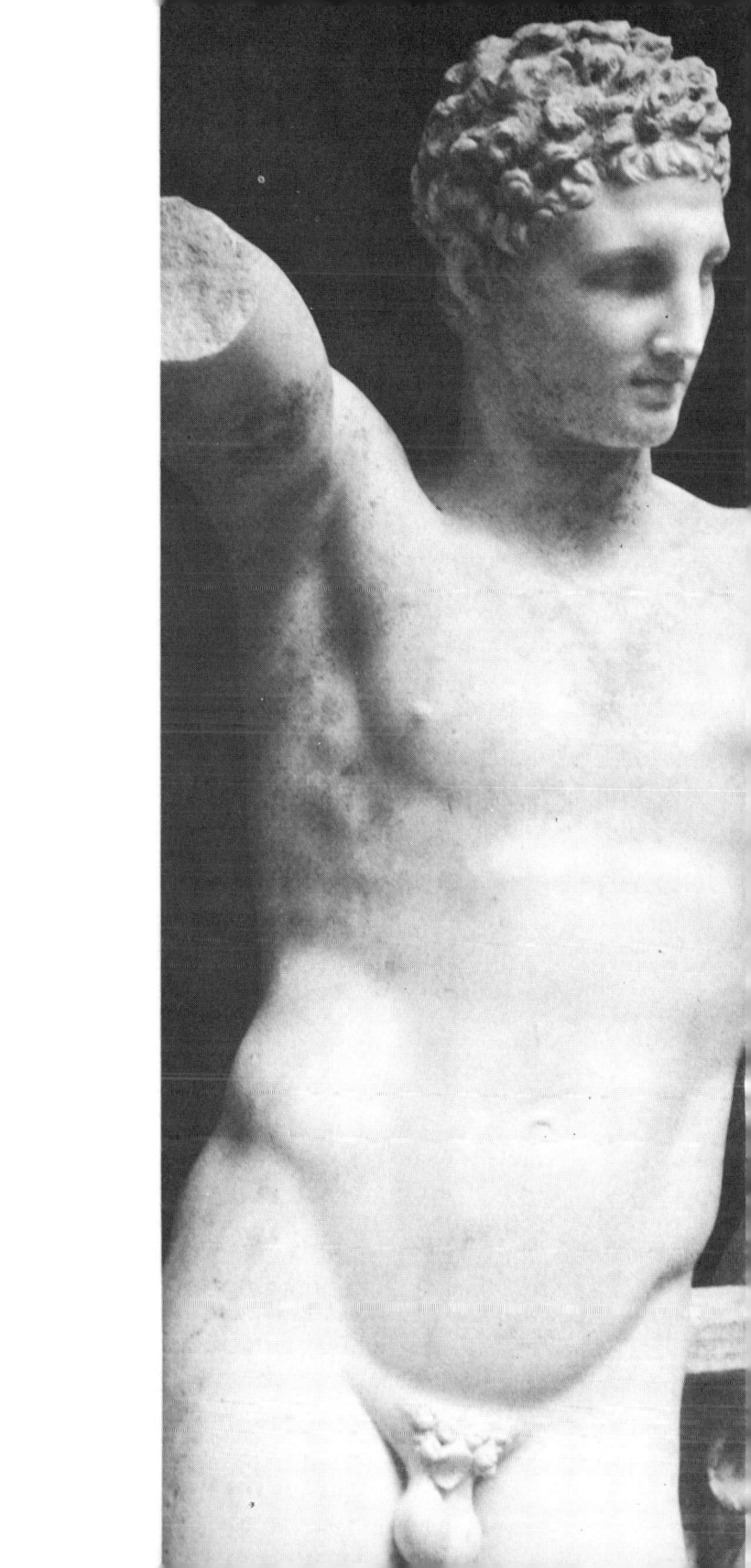

Longtemps avant que ne se dessinent les traits de l'amour courtois, la fille d'un chef dakota, que le mythe dit « rebelle au mariage », exige d'un prétendant peu fortuné une action d'éclat qui le rendra digne d'admiration. Celui-ci part à la guerre, mais ne trouve aucun ennemi. Peu doué pour l'art militaire, il troque son armure et se transforme en un poisson géant qui s'immobilise au centre de la rivière, empêchant ainsi la descente des pirogues. Prévenue de cette déconvenue, la belle pagaie jusqu'à lui et lui jure de rester vierge s'il consent à se déplacer. Sa demande est agréée. Le poisson disparaît au fond de la rivière et libère la circulation fluviale. La virginité de cette fille sera légère à porter.

> *Forcer l'ouverture de l'enclos réducteur. Soulever le couvercle. Aérer le campement et trouver l'issue libératrice. Voilà la femme des premiers âges de l'humanité. Créatrice de lumière, la femme est aussi porteuse d'ombre. Être contrasté, elle perturbe l'ordre, instaure ou bouleverse les cycles, soutient ou transperce le tissu social.*
>
> *À la moindre de ses frasques, on parle de catastrophe. Il suffirait d'accepter sa mobilité, mais on s'y refuse. Alors elle échappe à la main qui la traque, disparaît et réapparaît ailleurs. Corps fuyant, femme ensorceleuse, elle ne peut être évitée. On la rencontre partout au coeur de la cosmogonie.*

En Amérique du Nord, une fois l'ordonnance du cosmos assurée, la femme paraît jouer un rôle dans l'acquisition des techniques et le traitement des matières premières. Sans doute parce que le sirop d'érable s'apparente au miel dont les filles mal éduquées raffolent, la mythologie nord-américaine l'associe volontiers aux femmes. Du côté des Blancs, peu après la fondation de Montréal, Jeanne Mance met au point la recette de tire d'érable. Du côté des Indiens, on en attribue l'invention à une vieille femme.

Une première version d'un mythe monomini raconte que le démiurge Mänäbus fait un jour la découverte d'un érable créé à son insu par un rival. Mécontent de voir une sève épaisse et alléchante s'en échapper, il juge bon d'uriner dans l'arbre afin de diluer ce don de la nature pouvant inciter l'homme à trop d'oisiveté.

Plus intéressante est la seconde version de ce mythe voulant que Mänäbus soit rentré bredouille de la chasse et ait décidé de plier bagage et d'aller dresser son campement ailleurs. Il s'établit dans une érablière où sa grand-mère Nokomis l'accompagne et fabrique des récipients d'écorce destinés à récolter la sève coulant des arbres. Fin connaisseur, Mänäbus déguste le sirop, mais objecte « qu'une récolte si facile rendrait les humains paresseux ». Pour occuper ceux-ci à faire bouillir longtemps la sève et les empêcher « d'acquérir de mauvaises habitudes », il grimpe au sommet d'un arbre et fait ce que l'humanité n'attend pas de lui. « C'est pourquoi, conclut le mythe, les humains doivent travailler dur quand ils veulent manger du sucre[3] ».

L'apparition du grand organe

Ce geste du démiurge fait plus qu'instituer une morale de l'effort. Il place l'organe mâle au faîte de la nature et en applique le sceau sur toute démarche novatrice. Une civilisation doit se construire à partir des transformations culturelles cautionnées par cet organe que les discours modernes transformeront en phallus. Le crû doit passer par le cuit sans égard aux contresens et contrefaçons prévisibles. Ainsi le sirop d'érable doit redevenir eau et subir l'épreuve du feu avant d'être consommé selon le code des bonnes manières de table.

L'acte culturel de la vieille Nokomis accrédite trop le plaisir pour être acceptable. Par ailleurs, sa création d'outils n'altère pas les propriétés naturelles du produit et n'en masque pas l'origine. Elle rend donc inutile la présence du démiurge. C'est pourquoi Mänäbus biffe cette intervention et rend nécessaire la transformation de la matière brute par le travail, élément capital dans le processus de socialisation du groupe. En incorporant sa propre sève à celle de l'érable, il défait ce que la nature et la femme ont produit.

> *Extase solitaire. Onanisme mégalomanique. Plaisir de se répandre dans la verticalité et d'imposer sa Loi en coulant le long de l'arbre. Effluves démiurgiques. La création culinaire, comme toute création, échappera à la femme qui devra se contenter de servir à table.*
>
> *Le monde se fabrique et se reproduit par le labeur de l'homme. Ainsi en a décidé le Père. Les Fils devront trimer dur pour satisfaire sa soif de toute-puissance. Pulsion libidinale convertie en cendres.*

Dans les cosmogonies amérindiennes, le « grand organe » est quasi sans limites. Long à remplir cinq paniers, capable d'enjamber les rivières, de gravir les montagnes et de couvrir la plaine entière lors de la copulation, il conquiert l'espace et imprime sa marque sur toute chose. Troglodyte, qui en possède un fort long et fort beau, est le seul à pouvoir fixer aux nuages la longue chaîne de flèches qui permit aux animaux mythiques de s'emparer du feu du ciel.

Mais cet organe est souvent menacé de réduction ou de destruction par la femme. Washi s'enorgueillit du sien qui est énorme. Une femme au vagin denté lui fait subir l'épreuve du lit. Il croit en mourir. On apprend par la suite qu'il s'en est tiré avec quelques ecchymoses et un pénis de dimension normale. Ailleurs, chez les Tumupase, la Lune pille le jardin du Soleil en compagnie de sa jeune soeur Vénus. Offensé, celui-ci ordonne que ces razzia prennent fin et oblige la Lune à devenir sa maîtresse. Elle y consent, mais Vénus n'en continue pas moins ses incursions nocturnes. En guise de représailles, le Soleil pointe vers elle son pénis. Se croyant visée par un serpent, elle tire son couteau et fend l'organe en deux. À l'instant même, le Soleil meurt et monte garnir la voûte céleste[4].

Jusqu'ici, la femme a exercé sa puissance sur la lumière et les ténèbres. Elle est montée au ciel ou est restée sur terre. Elle a couru l'aventure et exploré la forêt. Elle a exercé plus ou moins librement sa sexualité. Cet âge d'or achève. Le temps de son éducation approche. Le beau-père veille. Son autorité s'affirme à mesure qu'évoluent les scènes de la vie conjugale. Bientôt, il ouvrira l'Oeil et imposera sa Loi.

Les premiers mots du Père.

Nous avons cité plus haut deux variantes du mythe du « mari-étoile » dans lesquelles l'épouse rebelle est punie de mort. Nous passons maintenant à une version importante du mythe arapaho intitulé « Les épouses des astres » qui appartient également au cycle du « mari-étoile ». Elle illustrera le sort réservé à l'épouse modèle qui obéit à l'ordonnance du Père et ne repère pas l'ouverture permettant son évasion et sa perte.

> « Jadis, il y avait au ciel un vaste campement circulaire, gouverné par un homme, sa femme et leurs deux fils. [...] Leur tente était faite de lumière et le soleil visible formait l'entrée [...][5] »

Les deux frères descendent sur terre pour prendre épouse. Celle du fils Lune se montre une maîtresse de maison parfaite[6]. À l'opposé, celle de son frère Soleil, une « Femme coulante », oisive et timide, refuse toute contrainte domestique. Pendant que les deux fils sont partis à la chasse, le père entreprend d'initier ses brus aux travaux agricoles. Il leur apprend à retourner la terre, leur donne des bâtons à fouir — confectionnés par sa femme — avec lesquels elles devront dresser la tente, extraire du sol des plantes et des racines comestibles.

Au retour des fils, la leçon se poursuit à la vive satisfaction des maris. Mais voilà que, subitement, l'épouse de Lune halète et pousse un grand cri. La belle-mère examine sa bru. Un bébé parfaitement formé repose entre ses jambes. Contrarié, le Père s'indigne: « C'est parfait d'avoir des enfants, mais il ne faut pas qu'une femme accouche sans crier gare. (...) Je n'aime pas ces accouchements brutaux qui n'ont rien de civilisé[7] ». Il vérifie la date où Lune est allé prendre épouse sur terre, pour s'assurer que l'enfant est bien de même lignée. Et, afin que cet incident ne se répète plus, il fixe à dix le nombre de lunaisons qui devront s'écouler entre la conception et l'accouchement. Ce chiffre est facile à retenir. Les fils n'auront qu'à compter chacun de leurs dix doigts.

Le Père lui-même y trouvera son profit. On ne le prendra plus au dépourvu. Il cessera de se sentir vide devant des femmes pleines, si débordantes de vie qu'elles la donnent à brûle-point, sous son nez, ne sachant pas qu'il les envie. La nature n'a pas permis qu'il fasse des petits. Très bien, alors il fera des discours.

Quand il a vu s'ouvrir l'énorme digue de sang et de chair, le Père a pris peur et s'est mis à parler pour se persuader qu'il restait le plus fort. Il a compris qu'il devait immédiatement contrôler ce flux, et tous les flux à venir, s'il voulait rester maître chez lui. Dans cette affaire, si je ne peux sauver le ventre, pensa-t-il, je dois au moins sauver la face. Alors il a rapidement mis des mots dans sa bouche pour que sa bru ne voit plus qu'une face parlante au-dessus d'elle et oublie son ventre heureux et triomphant.

Le Père a parlé longtemps. Il a pris son temps — son temps à elle, liquide, jaillissant —, et l'a fait coaguler sous son Oeil. Puis il le lui a ensuite remis, bien sec, découpé en petits bouts égaux où ne se voyait plus aucun fluide. À compter de cet instant, menstrues et accouchements cessèrent d'être un fait de corps pour devenir un effet de discours. La première leçon du Maître était une réussite. Le ventre des femmes ne se voyait plus que sur la langue du Père.

Voilà donc la femme instruite par les calculs du Père et pourvue de règles ponctuelles. Ses menstrues ne font plus peur. Alignées sur le cycle lunaire, elles répètent la périodicité cosmique qui garantit le bon fonctionnement des corps. La filiation peut circuler à travers l'épanchement sanguin sans bouleverser l'ordre social. Les flux féminins ne s'écoulent plus dans n'importe quel sens. Ils suivent désormais le cours du discours.

Déjà limitée dans ses déplacements extérieurs par la circularité du campement, l'épouse est liée, de l'intérieur, aux apparitions et disparitions lunaires. Auparavant, elle disposait de tout son temps. Il lui sera désormais compté par le Père, mesuré par son homme. Elle est une femme éduquée.

Assujettie à un espace clos et à une durée fixe, elle glisse dans l'inertie conjugale. Une fois bien réglée, elle n'effraie et n'étonne plus personne. Elle-même ne s'étonne de rien. Son sang, ses humeurs et ses fluides ne compromettent plus le pouvoir du Père. Déjà le Maître peut régner.

> « À cette époque remonte l'organisation de la vie humaine, les objets d'usage reçurent leur nom et leur fonction, ainsi que les substances alimentaires. Les hommes et les femmes apprirent à connaître leurs besoins et leurs règles de conduite[8] ». (Lévi-Strauss.)

La distribution des rôles et le découpage lexical s'effectuèrent en même temps, le choix du vocabulaire cristallisant l'ordonnance pratique des gestes et des conduites. Réglée et nommée par le Père jusque dans ses fonctions génésiques, la femme devient objet d'usage et d'ustensibilité. Dès lors, elle n'échappera à l'autorité patriarcale qu'en se rangeant dans le clan des rebelles: épouses borgnes, sœurs incestueuses, grands-mères travesties ou libertines dont les mythes amérindiens nous fournissent un vaste échantillonnage. Mais cette insubordination ne saurait être encouragée. Car la soumission des femmes aux règles imposées fonde les rythmes saisonniers commandant les rites collectifs. Levi-Strauss rappelle, à la suite de Dorsey, que la danse du soleil célébrée chaque été par les Indiens des Plaines de l'Amérique du Nord se réfère au « mythe des épouses des astres » dont nous venons de parler.

Une même homogénéité doit relier les cycles physiologiques féminins aux cycles communautaires et cosmiques. Car la cohésion de ces trois ordres permet l'édification d'un monde imperméable au chaos et aux fluctuations d'une temporalité anarchique. Si la femme a besoin d'être éduquée, c'est qu'elle est le siège de flux périodiques dont le dérèglement pourrait entraver le déroulement des autres cycles. En raison de cette interdépendance, toute femme sauvage doit être civilisée, et toute primitive doit convertir ses pulsions anarchiques en séquences bien ordonnées. Le ventre féminin est le premier espace à maîtriser pour que s'établisse une synchronie rassurante entre les différents temps et les différents lieux engendrant la vie. Et cette régulation ne peut s'instaurer que par la parole.

Une leçon qui porte loin

Avant de devenir un être de parole, l'homme est d'abord un être de chair.

> *Jeune, il court les filles, chasse l'animal, dévale les rivières. Il possède un pénis dont il est fier, mais il n'en fait pas tout un plat et encore moins un code ou un livre. Le voudrait-il qu'il en serait incapable. Le cuit de la cuisine et les cendres du signe n'ont pas encore été inventés.*

Plus tard, il jettera sa gourme et commencera à se ranger. Il mûrira, aura des fils, des filles, des petits-enfants. Cela fera beaucoup de monde autour de lui. Une audience. Une progéniture. Il devra régler les alliances, définir les accords compatibles, les gestes permis, les comportements interdits. Avant tout, il éduquera ses brus, des étrangères pouvant compromettre l'avenir de sa lignée.

Il les aura à l'oeil pour qu'elles ne décampent pas sous le moindre prétexte, ou mettent bas de façon inopportune et grossière. Il les aura à la langue. Voilà à quoi vous devez employer vos journées, comment il convient de cultiver la terre, de vaquer aux soins ménagers. Voilà vos règles. Observez-les, ayez des manières civilisées, un sang bien ordonné, et nous serons tranquilles. La terre restera sous le ciel, la rivière s'écoulera de l'aval à l'amont, les jours succéderont aux nuits, les récoltes aux semailles, les fils aux pères.

Tout s'enchaînera correctement. Les générations, la vie, le temps, les distances. Il y aura l'espace domestique, fermé, circulaire, où se tiendra la femme et où se regroupera la famille. Il y aura l'espace ouvert, réservé à l'homme et aux bêtes. Cet espace libre sera converti en réserve quand l'homme civilisé dominera l'homme sauvage et refoulera en lui le primitif mal éduqué. Mais cela, le père ne le sait pas encore. Alors il parle parce qu'il croit en l'avenir des siens.

Il tend la largeur de ses mains. Il prononce le chiffre dix. Il l'étale sur ses doigts. Voilà la bonne distance et le bon chiffre à mettre entre la mère et le fils pour supprimer le mauvais sang, flux menaçant qui risquerait de noyer l'autorité et de faire voir rouge là où il faut distinguer le noir du blanc.

Et du moment que le père parle de sang, il parle des débuts. Il dit « jadis », « pendant les premiers âges », « au moment de la première lune ». Le temps court le long de son récit. La mère l'entend résonner à ses oreilles et elle s'y conforme. Sa force terrifiante est subjuguée.

La leçon de bonne conduite donnée par le père aux épouses des astres se situe dans le troisième tome des *Mythologiques*, au moment où la fille sauvage doit se convertir en épouse modèle. Les bonnes manières de table et de lit lui viennent par le mariage. Mais cette fois-ci, la Belle n'épouse pas la Bête. Ni jaguar pour lui mettre le feu au corps, ni animal capable de la déguster par petites bouchées. Tout cela est de l'histoire ancienne. Les efforts déjà déployés pour la dresser portent enfin leurs fruits.

Dans le tome I, *Le Cru et le Cuit*, nous apprenons en effet que le feu a été transmis à l'homme par l'entremise d'une alliance. Le jaguar, Maître du feu, a épousé une femme et a perdu dès cet instant ses pouvoirs. Le feu est passé du côté de la cuisine, et donc de la culture, grâce à la femme qui s'est alliée à l'animal, nature brute, instinct non civilisé. La domestication de la nature se poursuit dans le tome II, *Du Miel aux Cendres*, où l'on voit les hommes neutraliser par une fête rituelle les effets enivrants du miel, sorte de boisson liquide fabriquée par des insectes femelles. Du tabac brûlé pendant ces festivités, il restera les cendres, déchet culturel dont on ne sait trop que faire. La Fille-Folle-de-Miel n'a pas encore appris à récurer les crachoirs et à vider les cendriers. Elle n'obéit qu'à son instinct. Avide de se satisfaire, elle épouse les animaux-maîtres du miel afin de boire le liquide à sa source, dans les arbres creux où le placent les abeilles. Mais comme cette alliance ne sert que ses intérêts, elle sera punie, dévorée par l'époux vengeur. Une femme ne doit être mielleuse qu'à certaines conditions et selon certaines règles garantissant le passage, profitable pour tous, de l'état de nature à celui de culture.

Lévi-Strauss croit que sans cette distance constamment maintenue entre l'homme et la femme, le haut et le bas, la loi et le sang, un déferlement de forces obscures et contradictoires déchireraient l'homme et le conduiraient à l'impuissance ou à la déraison. Si quelqu'un doit perdre de la puissance, que ce ne soit pas celui qui s'en trouve parfois dépourvu. Et si quelqu'un doit déraisonner, autant que ce soit elle. L'ethnologue ne peut se le permettre.

Après avoir exploré la « logique des qualités sensibles » (le cru/le cuit, le sec/l'humide, le frais/le pourri, etc. du tome I) et la « logique des formes » (le vide/le plein, l'interne/l'externe, le contenant/le contenu, etc. du tome II), le mythologue aboutit à la « logique des propositions », c'est-à-dire à l'examen des rapports possibles entre « les termes d'une combinatoire d'un rang plus élevé » (tomes III et IV). Cette combinatoire ne pousse pas dans les champs de maïs. Au dernier tome des *Mythologiques*, *L'Homme nu* monte dans l'arbre de la Vérité pour y afficher son code d'interprétation du réel. Il a pris « l'Amérique à contre-poil » de son peuplement, assure-t-il, afin de mieux appliquer sa méthode. Du Sud au Nord, avec retour au Sud pour une dernière vérification du système d'opposition binaire ayant servi à jauger les écarts différentiels structurant le modèle opératoire auquel le monde primitif doit ressembler. Il s'agit d'une redécouverte du Nouveau Monde. L'Amérique a deux faces qui se reflètent et se répètent, et les deux peuvent être couvertes par la grille d'interprétation structurale sans laisser le moindre résidu. L'ethnologie entre dans sa phase mythique. Elle devient savoir transcendant, pratique idéale soumettant son champ d'observation aux exigences du modèle.

Car plus l'écart s'élargit entre la nature et la culture, plus le rapport d'identité s'accroît entre la théorie et le réel. Cet écart, compensé par l'immanence de la démonstration, permet au dissemblable de se refléter dans le semblable et de trouver, dans ce jeu de miroir, la résolution de contradictions gênantes. La distance maintenue entre le blanc et le noir, le haut et le bas, le cru et le cuit, le stable et le périodique, permet l'insertion d'une théorie qui substitue le fonctionnement de son mécanisme à celui des pratiques sociales ayant favorisé l'émergence et l'évolution des mythes. Le sens du récit mythique est occulté par ce second discours qui se donne comme seule explication pertinente du monde et du langage étudiés. Comme si l'on avait oublié, depuis « La leçon d'écriture » chez les Nambikwara que l'écriture mime le pouvoir et emprunte au savoir sa force de persuasion[9].

Hermès
ou la naissance du garçon de courses

Le mythe primitif[10], tout au moins aux premières phases de son évolution, présente des hommes et des femmes aux gestes imprévisibles et aux fonctions sociales plus ou moins variables. Dans la mythologie grecque, expression privilégiée du mythe barbare, il n'existera bientôt plus qu'un seul prototype de petite fille modèle et de garçon déluré.

Hermès et Hestia ornent le nouvel album de famille. De prime abord, ils ressemblent au couple éduqué chez les Peaux Rouges d'Amérique. Il sort, elle reste enfermée. Il part en expédition, elle s'occupe des menues besognes. Il court l'aventure, elle remue les braises du foyer. Une chose capitale les en différencie cependant. Il ne sont ni amants, ni mari et femme, ni frère et soeur. Entre eux donc, rien de louche ou de congénital. Pas une seule goutte de sang, de sperme ou de lait ne les unit. Leurs corps est l'habitacle de leur fonction sociale. Ils ne connaissent pas la souillure du sexe. Ils sont les purs produits d'une civilisation de l'esprit. Le grand jeu de la représentation culturelle et de la répartition des rôles peut s'instaurer.

Hermès est le fils de Zeus qui choisit Maïa, « Nymphe aux belles tresses » et « aux bras blancs », comme réceptacle pour son enfant.

> « Mais lorsque le dessein du grand Zeus fut près de s'accomplir — elle voyait alors la dixième Lune se fixer au ciel —, et qu'il fit paraître au jour, dans leur achèvement, ses glorieuses oeuvres, la Nymphe mit au monde un fils ingénieux et subtil, — le Brigand, le Ravisseur de boeufs, l'Introducteur des songes, le Guetteur nocturne, le Rôdeur de portes —, qui devait bientôt manifester parmi les Dieux immortels des actions éclatantes ». (*Hymne homérique à Hermès*, 9-17.)

Hermès grandit vite. À peine sorti des flancs de sa mère, il dérobe les vaches d'Apollon et les enferme dans une étable. Puis il en immole deux sur un brasier ardent, grâce au feu qu'il vient d'inventer. Une fois ce rituel accompli, il lance ses sandales dans le fleuve Alphée et couvre de sable les cendres noires du sacrifice. Du cru au cuit, il s'oriente vers le chemin de la culture. Mais il fait d'abord un écart vers son domicile et revient innocemment se glisser dans son berceau. La Déesse Mère l'a aperçu. Elle lui tient ce langage:

> « Que viens-tu faire, tête rusée? D'où sors-tu comme cela, d'impudence vêtu, aux heures de la nuit? » (154-155)

Il la regarde, étonné. Mais elle a deviné ses louches desseins. Ainsi donc, enchaîne-t-elle, voilà déjà que tu commences à « brigander par monts et par vaux. Arrière! Va-t'en!»

Il tempère doucement le monstre maternel.

> « Ma mère, pourquoi vouloir m'atteindre en ces paroles, comme si j'étais un pauvre petit à la tête pleine de bons principes, un enfant craintif qui redoute les menaces de sa mère!» (163-166)

Elle continue de rugir. Il glisse un oeil attendri hors du berceau sacré et regarde en direction de la route. Elle se tait. Elle le sait prêt à commencer sa vie publique. Elle attend la suite.

> « Hé bien! je vais me mettre au meilleur des métiers (je soigne constamment tes intérêts et les miens): nous ne souffrirons pas de rester ici tous deux, seuls, parmi les Immortels, à ne recevoir ni offrandes ni prières, comme tu m'y engages. Il vaut mieux vivre tout le temps avec les Immortels, riche, opulent, prospère, que de croupir chez soi dans un antre obscur: en fait d'honneurs, j'aurai, moi — je vais m'y mettre — les mêmes privilèges sacrés qu'Apollon. Si mon père ne me les accorde pas, hé bien! j'essaierai (j'en suis capable) d'être le Prince des Brigands ». (166-175)

Prince des Brigands! Il ne manquait plus que ça! C'était bien la peine de tant souffrir pour le mettre au monde. Voilà ce que c'est qu'être une mère et élever seule son enfant pendant que le Père siège sur son trône céleste. Ce fils lui déchire le coeur. Elle en mourra.

Mais il la réconforte. Mais il lui promet monts et merveilles.

> « Dans le pillage, j'emporterai en quantité des trépieds, des chaudrons magnifiques et de l'or, en quantité aussi du fer brillant et beaucoup d'étoffes. Ah! tu verras, si tu veux! » (178-182)

Les chaudrons, l'or, les étoffes, voilà qu'elle s'y reconnaît. Enfin, on lui parle un langage familier. On touche son point faible, le luxe des contenants, le creux remis aux mères pour y faire macérer leur beauté et leur cuisine. Avalée par son rêve, elle n'entend pas son fils plaider non coupable devant Zeus où il comparaît, accusé d'avoir volé le troupeau de vaches d'Apollon.

> « Tu sais bien... que je ne suis pas coupable, et ce grand serment couronnera ma défense: NON, par les somptueux portiques des Immortels! » (38-39)

Zeus est frappé par la force de ce non. Il saisit ce que ce délit et ce mensonge recèlent de ruse et de détermination. Voilà l'homme qu'il lui faut. Il nomme son fils seul messager accrédité auprès d'Hadès, dieu des enfers qu'il redoute. Et afin de le préserver de l'emprise de la mère ou de toute autre femme, il le rend amoureux d'Apollon. Craignant à nouveau pour ses biens, ce dernier se montre réticent. Mais Hermès lui donne sa parole d'honnête homme. Apollon exulte: « Tu tiens de Zeus d'être pour les hommes, sur la terre nourricière, le fondateur de l'échange ». Et, afin de l'aider dans sa tâche, il lui fait don d'une baguette magique et de trois jeunes soeurs, vierges, douées du don de prophétie lorsque suffisamment gavées de miel.

Équipé de la sorte, Hermès part en campagne. Son action s'exerce de haut en bas, du Nord au Sud et de l'Est à l'Ouest. Rapide comme la flèche, il s'élance de tous côtés en même temps. À peine arrive-t-il à un endroit qu'il en repart aussitôt. Efficace et peu scrupuleux, il est au service des commerçants, des épiciers, des voyageurs, des gouvernants, des signeurs de trèves et de contrats. Il se prête à toute besogne, à toute démarche, à toute entreprise. Il se donne à toute personne ayant quelque chose à vendre ou à acheter. C'est le garçon de courses idéal. Il est le grand commis des dieux lointains, le laquais dont les maîtres ne savent se passer.

Lui-même est un dieu proche. Tout yeux et tout oreilles, il recueille aussi bien les dires majestueux des grandes puissances que les ânonnements du bas peuple. Doué pour la parole, il se fait persuasif, éloquent, pressant ou réticent selon les circonstances. Rompu aux subtilités protocolaires et à la ruse machiavélique, il est l'émissaire parfait des causes délicates. Il sait tout, entend tout, trouve réponse à tout. Il préfigure déjà le diplomate et le « relationniste » des sociétés modernes.

Hermès est mobile, mouvant, mutable. On le voit rôder sous les fenêtres et errer aux abords des frontières. On le trouve à l'entrée des villes, le long des routes, sur la mer, au stade, à l'agora. Il est partout où circulent le pouvoir et la parole. Il accompagne Zeus dans ses voyages, est témoin de ses faits et gestes. Mais il échappe à l'ombre du Père car il possède le don de se faire valoir. Être d'échange et de relation, il favorise les contacts et les transactions. À la fois ambassadeur, magicien, médiateur, commissionnaire et fonctionnaire, il connaît mille tours de phrases et de passe-passe. Lui-même rôdeur et brigand, il sait tenir les voleurs à distance.

La distance est justement son fort. En se déplaçant d'un bout à l'autre de l'espace, il crée le mouvement qui engendre le temps. Ceci l'habilite à administrer la durée, les saisons, les cycles annuels. Il alterne les rythmes, faisant passer de la sécheresse à la pluie, du jour à la nuit, de la vie à la mort. Il désigne l'ouverture, le passage, la mutation. Il représente la multiplicité et la fragmentation d'une étendue ordonnable autour d'un point fixe dont l'emplacement a été soigneusement choisi par le Père.

Ce point fixe est la femme. Il s'appelle Hestia.

Hestia l'immobile

> «Hestia, qui, partout, dans les hautes demeures des Dieux immortels et des hommes mortels qui marchent sur la terre, as reçu en partage l'honneur et le privilège d'y siéger à jamais...» (*Hymne homérique à Hestia*, 1-4)

Hestia trône dans le foyer mycénien placé au centre du mégaron comme un nombril indicateur d'origine. Pendant que Zeus parcourt l'étendue céleste suivi du cortège des douze divinités, elle demeure calmement à sa place, assise, immobile. Autant Hermès court, autant elle s'enracine. Elle incarne la permanence et la stabilité. Elle représente l'espace domestique, point de repère immuable servant d'assise à la fondation de la cité.

> « Sans toi, il n'est pas de festins chez les mortels; il n'en est point qu'on ne commence sans offrir à Hestia — la première et la dernière à la fois — une libation de vin doux comme miel ». (4-8)

Objet de révérence et de référence, elle préside les repas où coule du vin doux comme miel. Mais elle n'est elle-même ni coulante ni mielleuse. Elle est vierge. Indifférente aux nourritures terrestres. Étrangère à la feuille de vigne d'Adam et Ève après la faute. Sensible aux honneurs, elle accepte les libations offertes. Le vin est un produit culturel fabriqué par le travail des hommes. Et le miel, purifié par le rituel, possède des effets bénéfiques.

Du fait qu'elle est vierge, Hestia n'a pas à circuler de la maison du père à celle de l'époux. Elle ne subit donc aucune mutation de clan ou de lignée. Elle reste soudée à la filiation paternelle comme la branche reste fixée à l'arbre. Menacée, dès la naissance, par l'indifférence de Cronos qui dévorait ses enfants pour être seul à gouverner, la voilà dédiée à la toute-puissance de son frère Zeus qui l'a délivrée du parâtre anthropophage. Apollon et Posseidon lui font des avances. Succombera-t-elle?

> « Loin d'y consentir, elle refusa avec fermeté et jura le grand Serment à jamais tenu, en touchant la tête de Zeus, le Père qui porte l'égide: elle resterait toujours vierge, la divine Déesse. Au lieu d'un présent de noces, Zeus le Père lui accorda un beau privilège: elle s'installa au centre de la maison, pour y prendre possession des graisses offertes ». (*Hymne homérique à Aphrodite*, 25-32)

Nouvel homme, nouveau pouvoir. Zeus père de tous les dieux et maître de l'Olympe, lui lègue le mégaron où elle pourra régner. Elle sera déesse du Foyer à condition de renoncer au lit conjugal. Le peut-elle?

Elle s'empresse d'accepter. Peut-être ne trouve-t-elle rien d'alléchant à ce lit, ou rien de particulièrement enviable au sort des femmes mariées, esclaves soumises, matrones, sorcières muselées. Hestia préfère être déesse.

Elle se consacrera, comme son neveu Hermès, à l'entreprise familiale. Ils formeront un noyau endogame que ne souillera aucun élément étranger. Ils représenteront la généalogie parfaite. Aucun homme n'approchera Hestia, corps pur ramassé autour d'un ventre sans tache. Point n'est besoin d'être fécondée selon la chair quand l'investiture sacrée vous élève au-dessus des mortels. Les autres femmes s'affirment par leurs grossesses. Bon an mal an, elles donnent au peuple grec la progéniture attendue. Dès qu'on les arrache au foyer paternel pour les transplanter dans le lit conjugal, elles font immédiatement souche dans l'arbre généalogique exogame qui relie, tant bien que mal, les générations à l'origine.

Refermée sur elle-même comme une huître dans sa coquille, elle n'aura pas à jouer les petites filles modèles ou les grands-mères libertines pour se manifester. Elle entretiendra le feu du foyer où seront préparées les nourritures rituelles créant entre les hommes des liens de fraternité égalant ceux de la consanguinité. L'étranger qui entre dans une ville grecque et veut s'intégrer aux citoyens doit d'abord passer par la communauté familiale. Le foyer préexiste au temple. L'espace domestique est le noyau central de l'espace communautaire où se règlent les affaires et où se concluent les alliances. Dans son exiguïté, le mégaron d'Hestia donne naissance à des unités plus vastes. Sans elle, le tissu social ne saurait tenir. Elle est le point fixe où s'enchevêtrent les racines, nombreuses et complexes, des réseaux d'échange et de communication de la cité.

Avec Hermès, Hestia propose aux autres couples un type de complémentarité exemplaire. Elle est dedans, lui est dehors. Il désigne la parole, la mobilité, l'imprévu, le risque, la vie active se déployant dans un espace ouvert. Elle représente l'attente, l'isolement, le confinement à l'espace clos, la stagnation silencieuse, la durée concentrique. Il court. Elle ne va nulle part. Il passe d'un lieu à l'autre. Elle se contente de voir passer le temps. Fermée, clôturée, elle est constance, limitation, indifférence. Rigoureusement culturelle, elle ne porte en elle, et sur elle, aucune trace de la Nature.

Hestia transcende le cercle de famille par son statut de déesse. Son essence incorruptible la préserve des cycles temporels. Une vierge échappe au commerce sexuel. Ni monnaie d'échange, ni objet de possession, elle est le degré absolu de féminité. Elle est l'image de la pureté, de la permanence, de l'abandon à la volonté des dieux.

Scellée dans son intégrité, elle sert de garantie à la multitude des femmes échangées. L'étrangère qui pénètre dans un nouveau foyer est tolérée grâce à son pouvoir de procréation. Cette plus-value de la féminité ne la concerne pas. Elle n'a rien à prouver ni à donner. Rien à recevoir de l'homme. Elle est de même sang que Zeus, créateur et maître du monde. Il lui suffit de régner dans la proximité lignagère du frère tout-puissant.

Rien que du propre et du pareil. Aucun flux, aucun fluide et aucun corps ne la traversent l'improviste. On n'aura donc pas à la régler. Elle n'a d'ailleurs pas besoin de règles puisqu'elle est hors de toute périodicité. Hors de tout emportement animal. Hors de toute esclandre et de tout doute. Elle est de tout repos. Hors du temps, elle ne bouleversera aucun rythme, ne provoquera aucun cataclysme. Il ne sera pas nécessaire de l'éduquer.

Hestia ignore ce qui se passe alentour de son mégaron, contrairement à Hermès qui entend tout, voit tout, parle à Zeus et pour Zeus. De sa place, elle n'a rien à dire. De tout petits objets et de toutes petites formes closes et muettes l'entourent. Bouche fermee, elle rumine ce qui se passe au-dedans d'elle. Un silence blanc mêlé d'ondes mauves et tranquilles. Personne ne l'entend, car cela n'intéresse qu'elle. Hestia n'est pas à vendre. Née déesse vierge, elle mourra telle.

À quelques pas d'elle, l'épouse sauvage espère voir venir son époux Lune, son beau-frère Soleil, son beau-père parleur. Trois hommes à qui elle remettra les racines de son jardin, le fruit de son labeur, la pulpe de son plaisir. En attendant, elle dévore seule le fiel de sa solitude et élève ses enfants. Personne ne sait le plaisir et le mal qu'ils lui donnent. On les lui prend pour la chasse dès qu'ils sont grands. L'espace domestique ne produit que la jouissance de la table et du lit. Il est imprégné d'extase, de colère, d'hébétude. Rien de tout cela ne s'échange ou se vend. L'espace domestique est l'espace de rien. Il n'a pas de sens tellement il est chargé de signification. Il est ce qui n'a pas de prix. Hestia et la belle-soeur du Soleil sont prises au fil de la patience.

Dernier chapitre du traité d'éducation féminine: attendre calmement le retour de son homme. D'ici-là, apprendre à mesurer le temps qu'il fait et le lieu qu'il donne.

Des points communs suspects

L'idéologie a fait un pas. Elle a séparé la fécondité biologique et sociale des relations sexuelles. Non seulement le foyer, mais l'agora entière est placée sous le double patronage d'Hermès et Hestia imposant la virilité trompeuse et la virginité trompée comme concept idéal de masculinité et de féminité.

Chez la sauvage, on exigeait une féminité rudimentaire. En finir avec les escapades en pleine lumière, la chasse au porc-épic, les ébats dans la rivière. Se ranger et passer le reste de sa vie à ranger son environnement. Ordonner le campement, l'astiquer. Tresser la paillasse conjugale. Renoncer à suivre la Lune dont les cycles sont transmis à distance. Vénérer le Soleil. Astre royal. Force. Omnipotence. Autorité du Fils doublant celle du Père.

Différentes et néanmoins semblables, la sauvage et la civilisée s'effacent toutes deux au passage de l'Homme-Dieu. Elles sont là, remplies de grâce ou de fiel, le sein gonflé et la croupe saillante. Un peu matrones, fortes de leur fragilité, elles tisonnent les bûches du foyer afin que le crû se transforme en cuit sous l'action des cendres. Couvant leur maisonnée, elles tendent incessamment l'oeil et l'oreille. On ne les prendra pas en faute. Elles s'agrippent à leur fonction de vierge et d'épouse. Elles défendent leur place avec acharnement. Sans être nées crapaudes comme l'épouse du Soleil, elles deviennent, à plus ou moins brève échéance, des femmes crampon.

Un peu de la même façon, le mari chasseur et le garçon de courses se ressemblent. Sans cesse à l'affût, ils détalent au moindre signe, attentifs à repérer la piste indicatrice de butin. Ils se familiarisent avec l'appât, le leurre, les faux bonds, les faux-fuyants, le subterfuge. Ils connaissent tout de la chasse à la quête, à la traque ou à l'appeau. Ils décampent, ajustent leur tir, suivent à la trace les mouvements de leur victime. Ils apprennent à renifler l'odeur du sang, à supporter le cliquetis des os et le poids des corps morts.

Aussi prompts à se redresser qu'à s'aplatir, ils savent ramper, contourner les obstacles, user les résistances de leur proie. Un fois le piège tendu, ils aiguisent leurs dents pour des repas pantagruéliques, car, avant tout, ils ont faim. Et si, par hasard, ils n'éprouvent pas eux-mêmes un très grand appétit, ils connaissent bien celui du Maître.

Des différences donc entre le mythe primitif et le mythe barbare, mais un fond commun indéniable. Le premier subit la tyrannie de la Nature, le second tend à la maîtriser. L'un est loufoque, grossier, nomme crûment les choses, fait appel aux fonctions physiologiques du corps, tolère une certaine polyvalence des rôles sociaux. L'autre manifeste un souci de rationalité et apporte les réponses avant même de poser les questions. Il tait le corps, définissant l'être par sa fonction religieuse ou sociale: Aphrodite déesse de l'Amour, Hermès le Messager, Hestia déesse du Foyer, Mars dieu de la Guerre.

Le récit mythique primitif nous présente un univers où le couple partage un destin commun. Dans un corps à corps hésitant et naïf, l'homme et la femme mesurent leur force et leur ruse. Ce rapport à l'autre exprime un rapport à la nature dépourvu de médiation. Au départ, l'homme et la femme sont placés côte à côte. Plus tard, lorsque la séparation de la nature et de la culture sera consommée, la côte de l'un deviendra le corps de l'autre.

D'abord près de sa compagne, l'homme s'en éloigne progressivement. Et, à mesure qu'il s'en éloigne, il en a peur et croit prudent de la régler en lui découpant, à même la grande durée mouvante et insaisissable, un temps fixe pouvant être compté sur ses doigts. Un temps repérable à l'Oeil et au toucher, collant à ses paumes, qu'il peut transporter avec lui lorsqu'il part traquer le poisson et le gibier. Muni de ce point de repère, il court les bêtes pendant qu'elle reste derrière. Tantôt celui qui piège, tantôt celui qui est piégé, il s'invente des astuces et des outils. Il apprend à dominer le monde qu'il apprivoise et parcourt. Tendant l'oreille aux messages qui lui parviennent, il sent bientôt le vent tourner. D'instinct, il voit venir l'orage et l'éclair. Il entend: «Zeus pleut, Zeus tonne». Et plus les messages lui arrivent de haut, plus il s'écarte de la femme.

> *Il se passe d'autant mieux d'elle qu'il est devenu Oeil et Langue. Messager des dieux, il ne saurait ambitionner de meilleure situation. Le voilà bien placé pour commander l'échange. Une femme en échange de cent peaux. Un mot contre cent boisseaux de blé ou de sarrazin. Un ordre pour harnacher les rivières ou tailler les pistes en forêt. La parole engendre d'autres mots. Elle prolifère et se multiplie pendant que la silencieuse se morfond dans l'ombre de son mégaron.*
>
> *Hermès est tout en mouvement tandis qu'Hestia l'attend. — Mais l'attend-t-elle vraiment ou se contente-t-elle de voir passer*

le temps à la limite de son corps de vierge? — Nuit et jour occupé, Hermès gère le commerce du langage. Rapidement, il substitue des circuits de signes aux circuits de lait et de sang. Bientôt, des corps de syllabes et des poussières de sons remplacent les corps de plantes, de bêtes et de femmes.

Pour l'homme d'oreille fait sur parole, tous les corps résonnent à peu près de la même façon. Tous les corps, selon leur poids, leur utilité, leur dimension, sont interchangeables et monnayables de quelque façon.

Pourquoi le mythe

Dominer le monde implique une organisation mentale et concrète du temps et de l'espace, qui oblige à instituer un système de conduites ordonnant les gestes de la vie quotidienne.

C'est pourquoi le Père a l'Oeil à tout. C'est pourquoi il détermine à quoi l'on doit passer son temps et comment on peut mesurer celui-ci. Pourquoi il distribue les tâches, répartit les rôles, délimite les lieux habitables pendant la vie et après la mort. Il comprend que maîtriser l'espace oblige à maîtriser le temps et à contrôler l'origine.

L'homme primitif a encore trop de mal à assurer sa subsistance pour se livrer à des considérations profondes sur la création du monde et des choses. Il est trop angoissé par le présent et sa survie immédiate pour interroger longuement le passé. La vie est jaillissement de forces menaçantes et contradictoires. Il importe de dompter ces forces le plus habilement et le plus rapidement possible. Dans cette tâche, personne ne semble d'abord bénéficier de statut privilégié. L'homme et la femme sont également naïfs, retors, efficaces ou impuissants à se tailler une place dans la jungle des contraintes et des possibilités offertes. Ils explorent le réel, en éprouvent la dureté, se heurtent à un univers hostile qu'ils s'efforcent d'apprivoiser et de mater. Il n'y a pas encore de petite fille modèle et de garçon de courses. L'espace connu est limité. Hommes et femmes le parcourent avec une égale liberté. Ils vivent l'expérience de l'horizontalité.

Le souci du temps devient primordial lorsque l'on commence à hiérarchiser les droits et les privilèges, au moment où l'on sent le besoin de morceler le territoire et de s'en approprier les produits en invoquant une lignée ancestrale justificative. Dans la Grèce pré-classique, des corpus de récits appelés « généalogies » défendent les prérogatives de telle ou telle lignée dont l'origine remonte à quelque mariage illustre entre dieu et l'homme, ou à quelque action héroïque ayant attiré la reconnaissance des dieux. La filiation devient alors le canal de distribution des biens et des prérogatives patriarcales. Et elle doit, pour garder son efficacité, offrir des garanties de crédibilité et d'intégrité. C'est pourquoi le ventre des femmes, lieu de constitution des lignées, doit être rigoureusement contrôlé.

La première fonction du mythe est d'instaurer la structuration sociale par une verticalité généalogique soutenant l'instinct de domination des individus ou des groupes dirigeants. Les cosmogonies proposées se réfèrent toujours à une temporalité ancienne qui accrédite les prérogatives des pouvoirs en place. Dans les premiers âges, sont apparus des êtres surnaturels qui ont apporté la vie sur terre et sont disparus ensuite, laissant à l'homme le soin de perpétuer leur oeuvre. Cette geste des débuts, perpétuée par les rituels commémoratifs, fonde les croyances et les pratiques collectives. En fait, il convient de parler de réitération plutôt que de commémoration de l'événement initial, le temps inaugural se substituant au temps chronologique dont il est le support et le modèle. On célèbre la cérémonie de telle façon parce que les ancêtres en ont décidé ainsi. Et eux-mêmes se sont livrés à telle pratique parce que les dieux agirent de cette manière lorsque l'événement eut lieu pour la première fois.

Le temps mythique n'étant pas linéaire mais cyclique, un événement peut se répéter indéfiniment sans perdre sa valeur initiatrice. Pour un esprit moderne, la découverte de l'Amérique est un fait historique ponctuel qui eut lieu en 1492 et ne peut se reproduire que métaphoriquement. Pour le primitif, chez qui cette notion d'irréversibilité de l'histoire est absente, l'Amérique pourrait être redécouverte chaque fois que la réactualisation de cet événement prendrait place dans la vie sociale. Du fait qu'il assujettit l'ordre chronologique à l'immanence des débuts, le récit mythique possède une extension temporelle inépuisable. En permettant la revivification du temps inaugural, il rend contemporains des ancêtres et des dieux.

Ordonnant le monde et posant des bornes à la mémoire, il dissout par le fait même la perception d'un temps discontinu et d'un espace illimité. Nous touchons là à sa deuxième fonction, unifier le cosmos, assurer la cohésion des différents ordres animal, végétal et minéral, établir une harmonie générale de l'univers dont l'origine se porte garante. C'est le règne de la métaphore et de l'analogie. Chaque situation trouve son répondant dans une espèce voisine. Une plante peut encourir le discrédit d'une femme stérile ou en être la cause, l'issue d'une guerre peut dépendre de la rencontre d'un animal ou de la crue des rivières, le sexe de l'enfant à naître est influencé par la nourriture ingérée par la mère ou même le père. Chaque espèce et chaque situation sont analogues entre elles ou par rapport à d'autres espèces et à d'autres situations. Le monde est un, grâce au temps premier qui lui sert de fondement, et cette unité cosmique fonde l'unité du discours et des conduites.

Au fur et à mesure que progressent la maîtrise de la nature, l'organisation communautaire et les structures socio-économiques devant la perpétuer, l'ordre symbolique définit le réel et agit sur celui-ci. Car le récit mythique n'est pas célébration gratuite de la temporalité et rappel fortuit de l'origine. En plus de dissiper le chaos, de fortifier les croyances et de justifier le pouvoir, il impose des modes de pensée et d'agir. Il élabore une charte des conduites affectant les activités majeures de l'existence. Travail, mariage, éducation, naissance et mort se réfèrent à une expérience antérieure qui lui sert de fondement et de modèle. L'événement lointain, proposé comme exemplaire, garantit la pertinence de la démarche entreprise ou de l'action accomplie. Il est donc capital de connaître la manière dont la chose fut faite à ses débuts pour assurer la conformité du geste actuel avec le geste initial.

On comprend donc que les éléments structurant le mythe — le Soleil, la Lune, etc. — importent moins que le dénouement du récit. Ils servent avant tout de prétexte à la leçon proposée. Comme la fable et les contes de loups-garous et de Bonhomme Sept-Heures, le mythe sollicite l'adhésion morale des enfants turbulents qu'il entend discipliner. Cette vertu régulatrice tire sa valeur de la puissance totalisante du récit chargé d'informer l'initié des données originelles. D'où vient le premier homme, la première femme. D'où vient la plante, l'animal, l'air, l'eau, le feu. D'où viennent le jour et la nuit, les récoltes et les saisons. En mémoire de quel grand événement pose-t-on tel geste, accomplit-on tel travail et se comporte-t-on de telle ou telle façon.

Chacun ne pouvant répondre à ces questions, le mythe doit, pour garder son efficacité, être jalousement gardé. On ne le confie qu'à certains individus lors de cérémonies initiatiques comportant de dures épreuves. Dans un grand nombre de tribus, la femme et les enfants sont exclus de ces célébrations, le mâle adulte bénéficiant seul du statut d'initié. Il est celui qui sait, c'est-à-dire celui qui connaît l'origine de tel animal, de telle plante ou de telle chose, et peut par conséquent les reproduire à volonté. Puisque la connaissance de l'origine confère le pouvoir de recréer, de dominer et de maîtriser la nature, on a intérêt à réduire le nombre de ceux qui possèdent un tel savoir. Cette prudence est d'ordre politique. Le mythe est le récit du rapport au temps et à l'espace, mais il est aussi le récit du rapport que les hommes établissent entre eux. Gérer l'origine, c'est administrer l'univers.

Du tabac bon à penser

> « Il fallait transposer dans la vie pratique la domination masculine établie au niveau des mythes, il fallait confier à des spécialistes l'interprétation des mythes et de la réalité empirique, il fallait instaurer des médiateurs entre le visible et l'invisible, entre les morts et les vivants, entre les gibiers et les chasseurs, entre les hommes et les femmes...[11] » (Bernard Saladin d'Anglure)

Ce n'est pas l'effet du hasard si le « mythe des épouses des astres » racontant l'appropriation de la vie et l'ordonnance des cycles féminins par le père, fonde, au dire de Lévi-Strauss et de Dorsey, la cérémonie estivale annuelle des Indiens des Plaines d'Amérique du Nord. Au cours de cette cérémonie appelée « danse du soleil », la première en importance dans tout le rituel indien et la seule à laquelle les femmes et les enfants sont conviés, les adultes honorent le soleil, dispensateur de chaleur et de vie, par des chants et des danses. À l'occasion de cette fête, minutieusement préparée et étalée sur plusieurs jours, le maître de cérémonie livre sa femme à celui qui est désigné comme « grand-père » de l'assemblée. L'union symbolique, et parfois réelle, de ce couple se déroule à l'extérieur, et au clair de lune, de la façon suivante. La semence du grand-père, représentée par un morceau de racine, passe de la bouche de l'aïeul à celle de la femme, puis du mari.

Par ce geste, la femme est nettement désignée comme l'intermédiaire permettant à la lignée de se constituer. Elle reçoit du grand-père la racine de vie qu'elle cède à son mari considéré alors comme le petit-fils. Elle est celle que l'on se passe, celle par qui la vie circule à l'heure et au lieu choisis par le rituel. Elle est le seuil que l'on traverse, le réceptacle où l'aïeul dépose la semence qui sera remise au fils-époux.

Placée entre les deux hommes, elle soude deux générations. Elle est la charnière articulant les différents groupes d'âge et de pouvoir constituant la société. Le triangle, formé de trois générations, symbolise l'insertion du temps ancien dans le temps présent et à venir. Il indique aussi l'assujettissement du cycle et du désir féminins au bon vouloir de la société mâle.

Dans le mythe arapaho, la racine, on s'en souvient, masquait l'ouverture du campement céleste par où l'épouse pouvait être tentée de retourner à la terre, sa première demeure. Le discours social ne tolère, chez la femme, aucun retour à sa propre origine, puisqu'elle ne désignera celle du père et du fils qu'en renonçant à la sienne. Par ailleurs, c'est grâce au grand organe, symbolisé par la racine, que s'accomplit l'opération de colmatage. Lacan, dernier officiant du rituel mythologique, s'en souviendra lorsqu'il élèvera le phallus au rang de « signifiant Maître ».

Les sauvages d'Amérique n'ont jamais pavané leurs plumes dans la Ville Lumière, mais ils connaissent la puissance du Soleil. Chez eux aussi le Père est le Maître. Il connaît la puissance du discours. Fonction de maîtrise, de masquage, de dissimulation. Fonction de subordination. Il se pourrait que nous touchions là l'utilité première du mythe.

Ceci nous amène à reposer autrement les questions posées en début de chapitre. Le mythe confirme-t-il la superstructure, ou est-il lui-même superstructure ? À quel moment perd-il sa naïveté originelle — si jamais une telle naïveté existe — pour devenir lui-même idéologie ou support de l'idéologie. Dans quelle mesure, enfin, tout discours n'est-il pas en soi mythologique ?

Au 20e siècle, par exemple, la grille structuraliste ne serait-elle pas ce que la pirogue était à l'Indien primitif, un outil de déchiffrage et d'appréhension du réel, un moyen de faire corps avec le monde ou de s'en détacher, un rappel des formes d'échange et de communication utilisées dans une communauté donnée, une illustration des rapports entretenus entre le savoir et le pouvoir tant chez le groupe observant que chez le groupe observé à tel moment et à tel lieu de l'histoire? En d'autres mots, le rapport du discours mythique à la supersructure ne se lirait-il pas aussi bien dans le système d'analyse fourni par l'exégèse que dans la structure du mythe lui-même? Les mythes anciens servis à la moderne nous révèlent peut-être davantage l'orientation épistémologique actuelle et ses partis pris idéologiques que les modes primitifs de pensée et d'agir.

Pourquoi, par exemple, en ce qui concerne le mythe des « épouses des astres », en fait-on un chant de ralliement intéressant toute la tribu, sans égard aux groupes d'âge et de sexe habituellement différenciés dans les autres pratiques rituelles? Et pourquoi cet événement religieux prend-il place en été après l'isolement géographique et l'appauvrissement économique de la saison froide? Sur quelles différenciations et contradictions fondamentales actuelles tente-t-on de détourner l'attention en invoquant la genèse de la formation des astres, de la répartition des tâches et de la réglementation de la sexualité? Qu'est-ce qui, dans ce mythe, évoque ou colmate le processus de minorisation politique, économique et sociale dont les Indiens ont été et sont encore victimes en Amérique du Nord?

Et pourquoi préfère-t-on la version de l'épouse fertile et laborieuse, éduquée par le beau-père, à celle, peu profitable à l'ordre social, de l'épouse rebelle et improductive punie de mort? Quels changements sociaux, quelle modification du statut de la femme sont intervenus entre l'une et l'autre de ces deux versions? L'exégèse se préoccupe rarement de ces questions. Et la réponse ne nous viendra certainement pas de l'aile structuraliste qui se fait un « scrupule de ne rien expliquer du mythe que par le mythe » et s'efforce d'exclure « le point de vue de l'arbitre inspectant le mythe par le dehors[12] ». À cet égard, il peut être intéressant d'observer comment Lévi-Strauss remplit sa fonction d'arbitre dans l'examen de deux versions d'un mythe portant sur l'origine du tabac.

Une première version toreno raconte qu'une femme sorcière enduit de son sang menstruel des plants de caraguata avant de les servir à son mari qui perd, en les mangeant, le goût du travail et la capacité de marcher droit. Pour se venger, il prépare pour l'ennemie une mixture composée de miel et d'embryon de chair de serpent qui met l'épouse hors d'elle-même. Lorsqu'il la voit prête à le dévorer, il grimpe dans l'arbre le plus proche et lui lance des oiseaux pour se défendre.

> « Pendant qu'elle court après le plus grand qui volette pour lui échapper, son mari se sauve en direction d'une fosse qu'il avait lui-même creusée pour prendre le gibier au piège. Il l'évite, mais la femme y tombe et se tue.
> L'homme comble la fosse et la surveille. Une végétation inconnue y pousse. Curieux, l'homme fait sécher les feuilles au soleil; la nuit venue, en grand secret, il fume. Ses compagnons le surprennent et l'interrogent. Ainsi les hommes entrèrent en possession du tabac[13] ».

Quelque cent pages plus loin, Lévi-Strauss donne la version bororo, qu'il estime rigoureusement symétrique. Voici comment elle s'énonce.

> « Dans le mythe Bororo d'origine du tabac, une femme portant un tronçon de serpent tué à la chasse par son mari, se trouve fécondée par le sang de l'animal. Elle enfante un serpent qui nichera dans son utérus et n'en sortira que pour lui cueillir des fruits aux arbres. Les frères de la femme, à sa demande, tueront le serpent lors d'une de ses sorties, et des cendres du cadavre, naîtra le tabac parmi d'autres plantes[14] ».

Dans son analyse, Lévi-Strauss dresse un tableau de l'opposition des termes, établit la coïncidence de leurs rapports et conclut à un parallélisme de structure entre l'expression et le contenu. Le dénouement de la deuxième version montrant la femme victorieuse s'écarte pourtant sensiblement de celui, proposé par la première, où elle est mise à mort. Dans les deux cas, le tabac pousse. La culture, même au sens le plus littéral du mot, paraît en effet l'emporter sur la nature. Mais le prix versé pour cette transformation culturelle diffère cependant d'une version à l'autre. Alors que la culture naît de la mort de la femme dans le mythe toreno, elle naît de la mort du serpent dans le mythe bororo. Le tabac, symbole culturel de virilité et de solidarité clanique, sort des cendres du serpent, c'est-à-dire naît du refoulement de la puissance érotique.

La castration réelle ou appréhendée est ce qu'il en coûte à l'homme pour créer et soutenir une culture fondée sur la négation sexuelle. Une autre interprétation pourrait certes s'avérer tout aussi pertinente. Mais nous nous étonnons d'entendre parler de symétrie à propos d'un écart de contenu irréductible à la grille structuraliste plus soucieuse du nombre et de l'enchaînement mécanique des séquences que de leur portée sémantique et sociale. La partialité de Lévi-Strauss est ironiquement soulignée par ce commentaire de Dan Sperber: « Alors se retrouve la société des hommes, la culture impossible aux épreuves des saisons. Ainsi est expliquée non pas l'origine du tabac, mais ce qui le rend, autant que bon à fumer, "bon à penser"[15] ».

Délectation d'une pensée se nourrissant du tabac qui lui-même se nourrit du serpent tué. Trois termes formant un triangle aussi intéressant que l'Oedipe auquel l'exégète accorde son crédit. Malheureusement, le tabac coûte de plus en plus cher, et les femmes ont aussi commencé à fumer. Une brèche se creuse dans l'exclusivité clanique pour laquelle il faudra bientôt trouver la racine colmateuse.

À moins qu'on décide de laisser le trou ouvert, qu'on cesse d'en avoir peur et qu'on laisse entrer un peu d'air. Qu'on finisse même par trouver l'aération bienfaisante. Car on n'aura jamais fini de boucher les trous du campement circulaire où se meut la pensée occidentale depuis des siècles et dans lesquels l'arbitre, trop accaparé par le dehors, finit par oublier le dedans.

L'homme dehors, la femme dedans, c'est bien ce que chante le mythe arapaho et ce que Hermès, dans la tradition grecque, colporte à tout vent. Cela tombe sous le sens qu'on puisse difficilement être à la fois au dehors et au dedans. Qu'on ne puisse comprendre « comment fonctionne l'esprit des hommes », en étant soi-même un homme, sans tomber dans le piège de la subjectivité, ni éviter que l'observateur, « de même nature que son objet », gauchisse « une partie de son observation ». (Lévi-Strauss, Introduction à l'oeuvre de Marcel Mauss.*)*

On ne peut tenir rigueur à Lévi-Strauss de n'avoir pas toujours vu la « chose » qui se met en « représentation » dans le mythe. Le projet était colossal. Il s'y consacra avec succès. Il débarrassa l'anthropologie du cordon ombilical qui la reliait à l'histoire, comme le fit Descartes de la philosophie à la théologie. Il nettoya le champ embroussaillé de la culture, fit de la lumière sur les règles d'alliance et de parenté. Devenu ethnologue peut-être autant par remords que par curiosité, il inventa l'anthropologie structurale afin de permettre aux hommes de fumer, sous le nez des petites fille modèles éberluées, un tabac qui fut surtout bon à penser[16].

« Je fume, donc je suis ».

Voilà un cogito modérément jouissif, rarement parfumé de miel, qui se transforme rapidement en cendres. La fumée fait parfois écran à la ligne de partage délimitant le naturel du culturel. Que serait-il advenu de l'anthropologie structurale si elle avait abandonné la pratique mécaniste du jeu binaire pour s'ouvrir à la dialectique des contraires et examiner ce qui se cachait derrière sa grille d'interprétation?

Entre le blanc et le noir, le vide et le plein, la vie et la mort, le cru et le cuit, l'Oeil aurait-il pu trouver autre chose que des cendres et du pourri? Michel Serres est mathématicien. Issu d'une lignée de casseurs de pierres, il se dit fier d'appartenir au paléolithique. Il affirme, pour sa part: « Il n'y a de mythe pur que le savoir pur de tout mythe ».

2

NAISSANCE DE LA PHILOSOPHIE : LE RÉGLAGE DE L'OEIL

Je crains que les devins à l'oeil rond ne plient l'Univers à la liturgie de leur seul Oeil.

Socrate

La philosophie mettra-t-elle à jour ce que le mythe dissimule? Prolongera-t-elle, en passant de la métaphore au concept, et des théogonies à l'ontologie, le malentendu qui persiste dans l'interprétation du monde?

La pensée conceptuelle, qui refuse d'inféoder l'homme aux puissances divines ou surhumaines soumises aux lois de la succession généalogique et de l'univers cosmique, trouvera-t-elle une explication pertinente de l'origine validant les croyances et les conduites? Le Logos, qui se veut « discours plein de sens », « tête du discours », sera-t-il, comme l'allégorie mythique, troué de manques inquiétants où se dissipera le corps de la Mère? À partir de quels postulats et selon quelle pédagogie seront éduqués les Fils qui relanceront le discours du Père?

Liquidation d'une dualité

La Grèce archaïque confond *mythos* et *logos*. Pour elle, récits ancestraux et cosmogonies visent un même but, répondre à la grande question de l'origine. Qu'y avait-il à l'origine? L'origine vient-elle d'un seul être ou d'un couple mâle et femelle? Y-a-t-il eu mélange de deux forces créatrices, ou émergence et multiplication d'une seule? L'ordre actuel remonte-t-il à une lignée masculine première, ou a-t-il été conquis par la guerre? À quoi cédera-t-il sa place?

Pour résoudre ces problèmes, l'on propose en général soit la scissiparité d'un seul être — cet être pouvant être Dieu, une entité physique, religieuse, ou un principe abstrait —, soit l'union de deux êtres sexués. Chez Hésiode, deux principes opposés, la Terre et le Chaos assortis du principe d'union Amour, enfantent une mère noire qui procrée seule une progéniture funeste refermée sur elle-même. De son côté, la Terre produit par scissiparité le Ciel et l'Océan, descendance mâle avec laquelle elle entretient des rapports incestueux et à qui elle cède son pouvoir qui se transmettra ensuite par voie masculine.

Cette version n'est ni dogmatique ni unique. D'autres, nombreuses, posent le Chaos comme principe premier donnant naissance à Gaïa, la Terre aux larges seins, et à Eros, le plus beau des immortels. Eros prend le contrôle de la lignée et enfante la Nuit, les Ténèbres, la Lumière, la Mer, et enfin Ouranos et Gaïa, couple engendrant les autres dieux dont Cronos (le Temps) et Mnémosyne (la Mémoire). Mais Ouranos veut être seul à régner. Il tente donc de supprimer ses enfants. Son fils Cronos le tue, mais parce qu'il nourrit le même désir de puissance, il dévore ses propres enfants, à l'exception de Zeus sauvé grâce à la ruse de sa mère Rhéa. À son tour, ce dernier devra défendre son pouvoir. Il sévira contre Prométhée, fils d'un titan vaincu, qui a osé créer le premier homme et dérober le feu du ciel pour en faire don à la race humaine. La vengeance de Zeus est implacable. Son rival est enchaîné au sommet du Mont Caucase où il est livré à l'avidité d'un aigle. Les humains reçoivent, pour leur part, la visite de Pandore, femme fatale qui entrouve sa boîte maudite d'où s'échappent des maux innombrables qui déferlent sur le monde.

Une réalité sociopolitique se profile derrière cette affabulation. Les querelles et divergences concernant le nombre, le genre, la qualité et le rang des entités justifiant l'origine du monde sont indicatrices des conflits idéologiques suscités par l'évolution sociale. Ces trames cosmogoniques révèlent la crise qui bouleverse la société grecque lorsqu'elle cesse de superposer l'agencement des fonctions sociales et le désir de souveraineté aux anciennes structures de parenté empreintes de maritime ou de terrien, de matristique ou de patriarcal. La restructuration des pouvoirs entraîne l'instauration de nouveaux rapports sociaux dont la cosmogonie doit se porter garante. Le discours social illustre donc à un niveau abstrait les nouveaux modes de relations politiques que tente d'instituer une société patriarcale avide de liquider les éléments matristiques qui paraissent en avoir nourri les fondements archaïques, comme en font foi les mythes de Médée, d'Oedipe ou d'Oreste[1].

Ceci explique pourquoi le principe féminin est progressivement évacué des cosmogonies. On utilise au départ la fertilité de la Terre-Mère pour assurer la généalogie. Mais dès que l'élément mâle tend à s'autoreproduire, le nom de la Terre-Mère est à jamais refoulé dans la Mémoire. Cette amnésie concertée occulte l'origine, laissant Eros, principe d'amour, se dégrader en Thanatos, principe de mort. Dès lors, la course au pouvoir commence. Les pères dévorent leurs fils, et la mère, écartée de la succession, intervient comme rivale ou complice. Tantôt force de vie, elle s'allie, comme Rhéa, au fils contre le père. Tantôt force de mort, elle se transforme en Pandore et répand le mal sur la terre. Le principe masculin s'approprie cette double force. Les dieux mâles se font la guerre, mais ils font aussi des enfants et des discours. Lorsque Aphrodite naît du membre d'Ouranos tombé dans la mer, le règne de la synecdoque commence. Le corps entier cède la place à la partie, au symbole, au principe. Nous voici aux portes de la métaphysique.

Nous sommes loin du mythe primitif où les êtres mâle et femelle — animal, astre ou individu — se rencontrent dans toute leur corporéité et leur matérialité. Chez les sauvages, les enfants ne naissent pas par principe. Le partage des responsabilités et des fonctions s'effectue lentement. On laisse à la mère le privilège naturel de l'accouchement, se bornant à modérer son débit pulsionnel, à régler son flux menstruel, à contrôler sa périodicité. Les biens possédés sont minimes. Le pouvoir est clanique et donc fragmenté. Il n'est pas assez fort pour imposer l'universalité du concept.

Émergence du Grand Un

Comme nous venons de le voir, la mythologie grecque s'est orientée progressivement vers la formulation d'une origine invoquant un principe unique. À posteriori, la nature du principe importe assez peu. Que l'on choisisse d'expliquer le commencement par l'Air, l'Eau ou le Feu, comme le font les Ioniens, est secondaire. La chose capitale est de s'en remettre à un seul principe. Un seul. Le Un seul engendrant tout le reste et imposant son règne.

Au nomadisme mythologique succède le monadisme des philosophes. Le Un, source d'Être, constitue le paradigme de création et de représentation de l'univers. Cette question est de première importance. Sans le Un, dit Platon,

> « Le commencement y apparaît toujours précédé d'un autre commencement, la fin prolongée par une autre fin, le milieu occupé par quelque chose de plus médian que le milieu même et plus petit ». (*Parménide*, 165a)

Le *Parménide* se propose d'en finir avec ce surgissement perpétuel de l'origine qui perce le centre par quelque chose d'encore plus central et infime. Il faut boucher ce trou menaçant par la racine du principe immuable. Le Un n'est mû « d'aucune espèce de mouvement ». Il repose dans la fixité, identique à lui-même, opposé au flux du devenir qui anime le monde en évolution. Rivé à une « intégrité close et immobile », le Un se montre à tous « central, dernier, premier, leur faisant escorte en la genèse ». (154a)

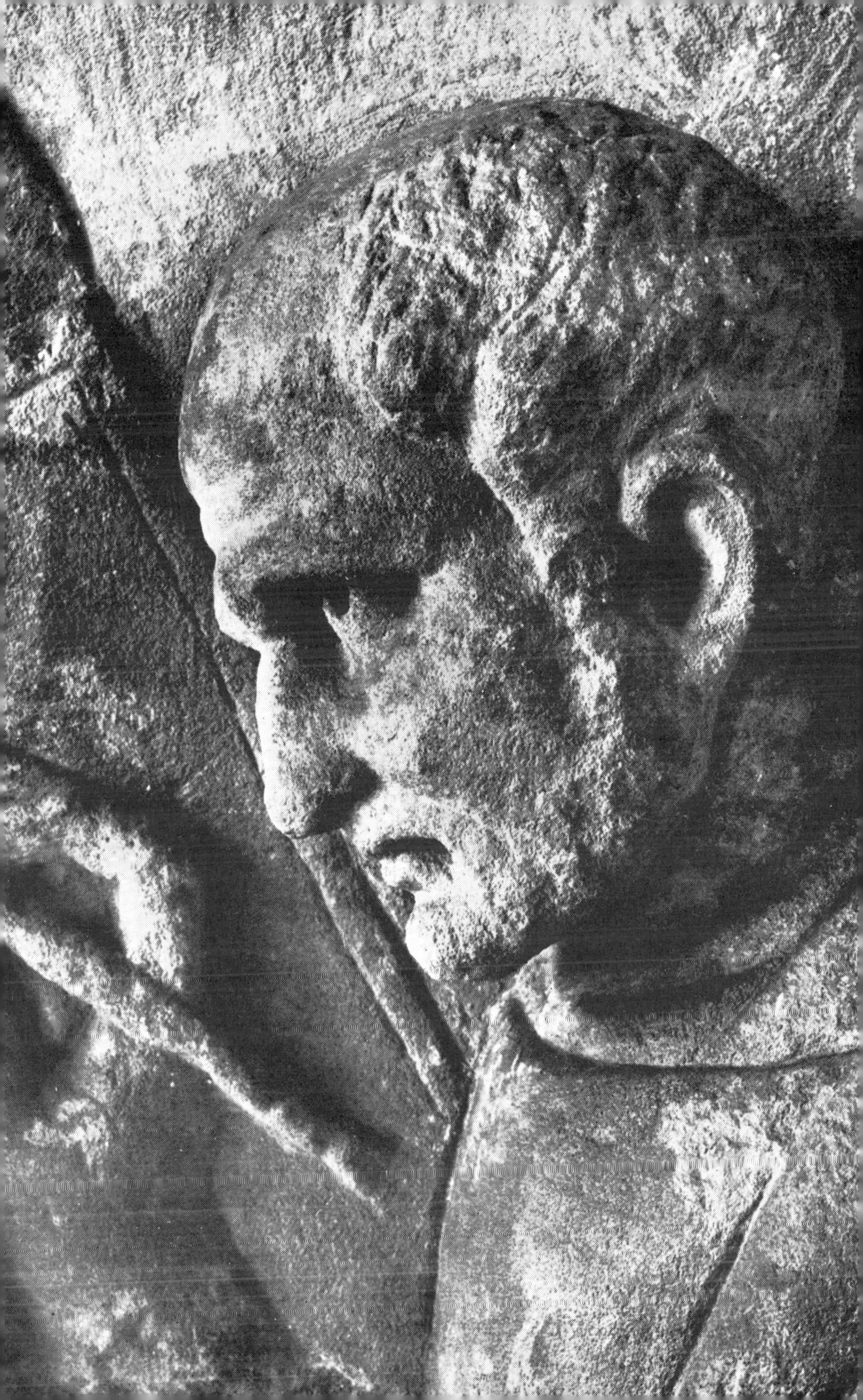

Il y a débordement d'omnipotence concentrique. Le Un, situé hors du temps et de l'espace, accapare l'ici et l'au-delà, l'avant et l'après. Le principe de continuité, qui ordonnait les généalogies, cède la place au principe d'identité. « Ce qui est, est. Ce qui n'est pas n'est pas. » L'univocité tautologique se renforce du principe de contradiction. « De deux propositions contradictoires, il est nécessaire que l'une soit vraie et l'autre fausse. »

Qui choisit le noir dénie le blanc. Qui élit le convexe exclut le concave. Qui affiche le vrai ne peut mentir. La logique du discours ne souffre pas d'entre-deux louche. Le monothéisme n'a pas de milieu. Sa passion de l'unicité induit l'inceste monosexuel et promulgue l'ostracisme du dissemblable et du différent. Car le Un est « exempt de toute différence. » S'interdisant l'hétérogénéité, il contient le ferment qui alimentera, pour longtemps, la guerre des différences ostracisant l'âge, le sexe ou la couleur des individus.

La recherche d'unité ne passe plus par l'union des opposés qui transformaient le chaos en ordre et suscitaient l'émergence de vie par scission ou par fusion. Elle relève maintenant du Un Suprême auquel l'on cherche des attributs. Dans quelle mesure le Un représente-t-il le tout ou la partie, le droit ou le circulaire, le semblable ou le dissemblable, l'égal ou l'inégal, le même ou l'autre, le commencement ou la fin. Il s'agit effectivement de choisir entre l'Un ou l'autre. On sait lequel l'emportera.

Le Un, dépourvu de corporéité est saisissable par l'Idée pure. Platon oppose les « Fils de la Terre » vautrés dans le sensible, aux « Amis des Idées » rivés à la fascination du Logos qui « ne se sert que des idées pour aller, par des idées, à d'autres idées, et se terminer à des idées » (*République*, 511b). La froide abstraction circulaire se substitue à la chaleur du Ventre-Mère. On ne coupe pas le cordon ombilical. On le dénature. Autrefois, pour comprendre le monde et remonter à l'origine, on dressait l'arbre généalogique et l'on comptait sur ses doigts le nombre d'ancêtres ayant précédé chaque homme. Désormais, l'on se refère aux Formes premières contenues dans les Idées ayant engendré les êtres et les choses. Derrière les réalités immédiates, se révèle la permanence de l'Être Un dans son essence éternelle.

Un nouveau récit de la création commence. Le Logos ordonne:

> « Que ces formes soient en permanence dans la réalité à titre de paradigmes; que les choses leur ressemblent et en soient des copies, et que cette participation des choses aux formes consiste en cela seul qu'elles en sont images ». (*Parménide*, 132d)

Métamorphose de l'origine. Assomption de la culture. Le Même se reproduit sur papier. Les êtres ne sont que des reproductions du Grand Un, des images du Grand Être. Le livre de la représentation du monde se gonfle d'images et de copies fabriquées selon les modèles fournis par le Maître. Le philosophe sait ce qui se cache derrière la Nature. Il connaît l'arrière-plan du réel. Dès qu'il a vu des ombres se profiler sur les murs de la caverne, il s'est empressé de rédiger un traité d'éducation masculine. Pour la femme sauvage, on énonçait verbalement la règle. L'homme civilisé sait lire. Il recevra la Loi sur papier.

Autrefois, lorsqu'on instruisait la femme de ses obligations, on lui apprenait à maîtriser les parties basses du corps et à tenir sa place sans glisser vers le bas. Le discours philosophique se situe à un autre niveau. Il ne s'agit plus d'une histoire d'homme à femme, comme dans le mythe primitif, mais bien d'une histoire d'homme à homme. Ce discours noble évacue la région des flux, des viscères et des tripes pour grimper vers les hauteurs. Et puisque les fils auront pour tâche de découvrir la vérité, c'est-à-dire de discerner l'original de la copie, il convient d'éduquer en eux le bon organe.

Le choix du Maître se porte donc sur l'Oeil.

Platon éducateur de l'Oeil

(Le Maître trace rapidement les grands traits d'un tableau. Une sorte d'habitation souterraine en forme de caverne où se trouvent des prisonniers enchaînés par le cou et les jambes. Derrière eux, un mur bordant une route où défilent des hommes portant des ustensiles. Plus loin et plus haut derrière, un feu dont ils ne peuvent voir les flammes puisqu'ils sont incapables de tourner la tête. Les yeux rivés au mur d'en face, ils aperçoivent des lueurs confondues au réel.)

— Alors, dit le philosophe au disciple, *représente-toi notre nature [...] d'après le tableau que voici*[2].

(L'élève se concentre afin de ne rien perdre de la leçon).

— Qu'arriverait-il, demande le Maître à Glaucon, si l'on détachait l'un de ces prisonniers et qu'on le forçât à se lever, à se retourner et à regarder la lumière. Il n'en croirait pas ses yeux, n'est-ce-pas? Il préférerait revenir aux reflets et aux ombres.

— Certainement, répond Glaucon.

— Et que crois-tu qu'il arriverait, poursuit le Maître, si on le traînait au dehors et l'obligeait à regarder le soleil. (Glaucon lève les épaules en signe d'impuissance). Il contemplerait le soleil, puis le séjour propre de cet astre — la caverne-mère était malpropre — et saurait que cet astre non seulement gouverne toute chose, mais est en outre cause de toute chose. N'es-tu pas de cet avis?

— Sans le moindre doute, répond Glaucon.

— *Tu reconnaîtras, je pense, que le soleil donne aux objets visibles non seulement la faculté d'être vus, mais encore la genèse, l'accroissement et la nourriture...*

— C'est extraordinaire! s'exclame Glaucon.

— Eh bien, enchaîne le philosophe, si cet homme revenait dans la caverne, il avouerait se sentir *les yeux offusqués par les ténèbres*. Ne crois-tu pas que les autres prisonniers l'accuseraient d'avoir les *yeux gâtés* et tueraient celui qui voudrait les délier et les forcer à monter là-haut voir la lumière.

— Bien sûr qu'ils le tueraient, répète Glaucon.

(L'histoire de l'Oeil se termine par un meurtre. La main qui tient l'original s'abat sur le disciple. Une mauvaise copie est exécutée, mais le modèle est resté intact. Le Maître a la vie sauve. Il parle encore). *L'éducation n'est point ce que certains proclament qu'elle est,* insinue-t-il.

— Vous croyez? laisse tomber Glaucon.

— L'éducation, explique le Maître, consiste à faire *voir que toute âme a en elle cette faculté d'apprendre et un organe à cet usage.*

(Embarras chez Glaucon. L'organe *capable de supporter la vue de l'être et la partie la plus brillante de l'être* serait-il le grand organe des sauvages? Il n'ose poser la question. Il préfère attendre, voir venir le Maître. Le Maître vient.)

— L'éducation, poursuit celui-ci, *est l'art de tourner cet organe même et de trouver pour cela la méthode la plus facile et la plus efficace.*

(Cela tombe sous le sens, pense Glaucon. Mais, sachant que les sens sont mal vus par le Maître des « Amis des Idées », il n'ouvre pas la bouche.)

— L'éducation, reprend le Maître, *ne consiste pas à mettre la vue dans l'organe, puisqu'il la possède déjà.*

(Ah bon, mais alors qu'est-ce qui cloche, se demande Glaucon.)

— *Il est mal tourné et regarde ailleurs qu'il ne faudrait.*

— Quelle affaire, ne pourrait-il regarder au bon endroit? (Glaucon gagne du temps, souhaitant que le Maître accouche de son idée.)

— Il le peut, conclut le Maître, à condition que l'éducation s'en charge et en *mélange la conversion.*

Comment n'y avait-on pas songé plus tôt? Cela s'imposait pourtant. Convertir l'oeil à une vision saine, l'habituer à se tourner du bon côté. Consentir même à avoir « l'air gauche et tout à fait ridicule » en passant de la contemplation solaire aux feux de la rampe où se joue la représentation. Accepter d'avoir « la vue trouble » en faisant dériver la pupille de haut en bas. La verticalité oblige à des effets de mise en scène qui blessent la rétine. Mais cette éducation de l'Oeil est indispensable pour qui veut saisir la perfection du Grand Un et en reproduire l'image dans la cité.

L'éducation des filles englobait le corps et cernait tout particulièrement le sexe, organe de procréation. Celle des fils se concentre sur l'Oeil, organe de reproduction du savoir et du pouvoir. Le traité d'éducation mâle doit donc apprendre à capter la lumière et à en remplir l'organe qui procédera à l'évaluation des copies, mesurera leur degré d'authenticité, vérifiera leur conformité au modèle. Les nouveaux garçons de courses cesseront de courir dans tous les sens. Désormais ils ne feront que monter et descendre. Des profondeurs de la caverne aux hauteurs nimbées de rayons solaires. Ce qui est bon à voir deviendra bon à penser. L'extase du voyeur consacre l'apothéose de l'Oeil.

Ce règne oculaire, inauguré dans l'antre caverneux, fait appel à la mémoire. L'âme, qui cherche à échapper à la prison corporelle, recouvre, par la réminiscence, la béatitude d'une vie antérieure centrée sur la vision de l'Un. Plus de sexe ni de lune inconstante, plus de matrice souillée. Dans un régime de pur esprit, l'origine naît de l'Idée première désignée par le Logos et consignée dans la mémoire.

L'Être est. Il brille. Le Logos parle en son nom. Le Maître initie l'élève à l'art de la logocopie. Il l'aide à sortir des profondeurs ténébreuses de la caverne et à se hisser jusqu'à l'Idée du Bien, de la Beauté, de la Justice. Cela se passe entre hommes. Des gens d'idée. La leçon de reproduction est essentiellement culturelle. Et cette leçon est capital(e) dans l'histoire de l'humanité.

Les disciples de la caverne, convertis à la théâtralité, sortent de l'ombre et se braquent sous les feux solaires pour observer le visible baigné des reflets spéculaires du Même. La connaissance devient repérage de formes, constat d'apparences, discours sur l'image. Le champ de conscience se limitant à l'angle de vision, la perception du monde se forme à partir de ses multiples amputations.

N'accède à l'existence et à la crédibilité que la matière captée par l'Oeil, le reste étant tenu pour nul, suspect ou dérisoire. Axé sur le regard, l'acte de perception dégénère en nécrose sensorielle. L'élève passera le reste de ses jours à discourir sur le manque. On ne se remet pas facilement d'un monde trop petit qui vous tombe dans l'Oeil.

La Nature, refoulée, se morfond dans l'ombre. « La femme enfante » — hélas, et personne ne peut l'en empêcher — « mais l'homme engendre », fort heureusement. Il produit des copies, des figures et des images qui s'insèrent dans le système de représentation prescrit par l'Idée. Les dieux qui dévoraient leur femme et leurs enfants faisaient oeuvre culturelle. Il y a toujours trop de corps faisant obstacle à la lumière, trop de fibres et de matière entourant l'Oeil.

Le Logos, qui a détrôné Eros, donne le raisonnement voyeur comme principe créateur. Dans une telle optique, l'idée de la Mère est insupportable. Les Mères se laissent si souvent aveugler par la chair qu'elles ont rarement l'Oeil juste. Un peu partout, on s'est donc empressé de les mettre au rancart.

En Ancienne Égypte, Nout, la mère originelle, engendra le soleil. Mais Râ, Dieu-Soleil, force supérieure affirmant l'éclat de l'intellect, devient le Dieu Suprême, et son culte est promulgué par décret militaire. Dorénavant, les forces créatrices mâles, venues du ciel, s'approprient l'ancien pouvoir hermaphrodite des déesses de la terre, Frigga, Nerthus, Isis. Ne voulant pas être en reste, Zeus avale sa maîtresse Métis, enceinte, et accouche de la déesse Athéna après avoir ressenti dans sa tête les affres de la mise à bas. De même, Thot, Ahouramasda et un grand nombre de dieux paternels engendrent la terre, les océans, les êtres et d'autres dieux. Jéhova ne procède pas autrement qui recrée son paradis sur terre, puis y place Adam, le fils fait à son image, qui donne naissance à Ève, sa compagne, première de la lignée des femmes.

Le Verbe beau parleur

Avec le temps, les dieux finissent par faire jaillir la vie de leur langue et de leur souffle. Sans perdre une seule goutte de sang, ils mettent au monde des hommes, des femmes et des enfants. À sec, ils font surgir sous leur Oeil, des montagnes, des plaines, des rivières et des océans. La parole possède un pouvoir démiurgique. En Ancienne Égypte, il suffit au démiurge d'énoncer le nom d'une chose pour que cela surgisse. Le Dieu des chrétiens dit « que la Lumière soit » et la Lumière se répand sur le monde et le chaos se transforme en ordre. Son fils est le Verbe incarné.

Sous l'Ancienne Loi, Dieu n'est d'ailleurs pas désigné par un substantif mais par la forme verbale *Yahweh* qui signifie « il est ». L'Être est. L'Être parle.

Puisque le Logos et le Verbe occupent une telle place dans l'élaboration du réel, l'ordre de l'univers sera perçu comme une réplique de l'ordre du langage. Un siècle avant Platon, Confucius estime que « le bon ordre dépend entièrement de la correction du langage » et que par conséquent, « si les paroles ne sont point conformes, les affaires d'État n'ont aucun succès ». Cette soumission du monde des choses au monde des mots incite à parler avec prudence.

Chez les Anciens, prendre la parole est un acte lourd de conséquences. Le dicton populaire qui recommandait de retourner sa langue sept fois dans sa bouche avant de parler dénonçait moins le danger d'étourderie que les avatars possibles d'un dire irréfléchi.

Dans un monde ritualisé, le mot n'est pas un simple phonème enrobé de salive. Il est porteur de valeurs et de pouvoirs qui le transcendent. Le discours mythique nourrissait les croyances et modelait les conduites parce qu'il offrait une explication unitaire du monde et du destin. L'homme se référait à cette parole comme à une vérité essentielle. Il la répétait, convaincu que l'équilibre du monde tenait à la solidité du langage. À l'origine, « Toute la terre avait une seule langue et les mêmes mots », lit-on dans la Genèse. Mais, un jour, les hommes effectuent la brisure prométhéenne. Ils oublient que tout nom vient du Père: « Bâtissons-nous une ville et une tour dont le sommet atteigne les cieux. Ainsi nous nous ferons un nom […] ».

> « C'est là que le seigneur mit la confusion dans le langage de tous les habitants de la terre, et c'est là qu'il les dispersa sur la face de toute la terre. » (*Genèse*, XI, 9)

L'homogénéité première est perdue. Dans Babel éclatée, les hommes sont étrangers les uns aux autres. Ils ne se comprennent plus. Aménager l'espace d'une ville et d'un nom hors de l'ordre social dicté par la parole première conduit à l'éclatement du langage et des lieux. Une prolifération de discours substitutifs tenteront de reconstituer l'unité perdue et d'abolir la distance qui sépare de l'origine. La métaphysique sera l'un d'eux.

Mais pour le philosophe, nommer et répéter ne suffit plus. Il faut apprendre à définir. Nommer c'était créer de façon miraculeuse quand l'intervention humaine était impossible. Maintenant que l'on maîtrise la nature et que l'on construit des villes témoignant d'un savoir et d'un pouvoir laïques, il importe de réfléchir sur le monde et les mots qui le désignent. Car il faut trouver le sens des pratiques intéressant l'avenir de la cité.

Chercher le sens c'est chercher la façon correcte de l'exprimer. La réflexion philosophique commence donc par des exercices de vocabulaire. Qu'est-ce que la sagesse, la piété, la justice, demande Socrate à ses disciples. La *Métaphysique* d'Aristote se présente comme un traité de la définition, *La Logique* comme une charte des opérations linguistiques prescrivant l'agencement des définitions visant à cerner et fixer l'essence de l'être. L'essence, c'est la Nature dominée. La langue, l'outil permettant d'y parvenir.

Le mot ne va plus de soi. Il subit le questionnement du doute et oblige à une révision des concepts. Est-ce le mot qui commande l'Être, ou le concept qui commande à l'Être et aux mots? Le mot est-il antérieur à l'Être, ou l'Être est-il antérieur au mot? Doit-on privilégier les concepts ou les mots? Ces questions, qui opposèrent longtemps des factions philosophiques rivales, sous-tendent encore la problématique de la linguistique moderne et de ses discours dérivés (Lacan: « C'est le monde des mots qui crée le monde des choses. » Ou: « L'homme parle [...] mais c'est parce que le symbole l'a fait homme. »).

Un nom neutre asexué, l'Être, désigne la cohorte des humains nés de père et de mère inconnus. Bientôt l'arbre de Porphyre remplace l'arbre généalogique, substituant dans la hiérarchisation pyramidale les catégories d'être aux noms d'ancêtres. *Mythos* et *Logos* ne sont plus synonymes. Le premier désigne désormais une parole rituelle et sacrée. Le second, un discours laïque, organisé, et la loi même selon laquelle ce discours s'organise. Le Verbe s'est laïcisé, mais le détenteur du savoir et du pouvoir se prévaut toujours de la caution divine. Dieu tout-puissant est avec moi, affirme-t-il, et le Logos que je parle est son Logos à lui. La vérité ne s'exprime plus par le tonnerre de Zeus, mais par la bouche du philosophe.

> *Le Père sauvage nous avait donné le code des règles féminines. Platon nous lègue le traité d'éducation de l'Oeil. Aristote n'a plus qu'à dresser la charte des propositions. Une fois suspendu l'écoulement du temps derrière l'Oeil captant l'idée, le raisonnement se cristallise. Le Maître poursuit sa leçon. Il apprend au disciple comment ranger les cinq classes d'attributs dans chacune des dix catégories, de quelle manière il faut ordonner celles-ci pour que rien du propre ou de l'accident ne s'entremêle.*

> *Sous le régime syllogistique, les mots engendrent les mots par emboîtements successifs, grâce à la vigilance de l'Oeil qui préside à leur disposition architecturale en les appuyant à la solidité des prémisses. Des prémisses vraies sont susceptibles d'engendrer une conclusion juste. Et les prémisses « premières et immédiates » sont indémontrables, tout comme le sont les propositions définissant l'être, « principes propres » du raisonnement.*

L'obsession du javelisable hante les esprits. Le propre, répète-t-on, se suffit à lui-même. Énoncé par principe, il se meut dans le mouvement syllogistique circulaire qui l'enrobe comme une huître. Voilà le Fils préservé des flux et reflux des grandes marées laiteuses et sanguines qui obstruaient l'Oeil des anciens Pères.

On est passé de ce qui se vit à ce qui se voit, se classe et se nomme. Parti du corps, on s'est déplacé vers le signe. La trajectoire a parcouru le Ventre, l'Oeil, la Langue. Trois organes de procréation furent mis à contribution pour élaborer une charte de pensée viable. La recherche de l'origine s'est détachée du modèle sexualisé qui prévalait chez les sauvages. L'origine hante encore les esprits, mais elle a cessé de faire des petits à l'improviste. Désormais on la raisonne. Elle engendre par principe et procrée par syllogisme.

Cette évolution de la pensée correspond à une transformation de la société grecque. Au moment où naît la métaphysique, le pouvoir civique est solidement implanté. Il a pris ses distances avec la Nature. Quand le contrôle de l'ordre naturel et des agents atmosphériques tels que la foudre, le vent ou la pluie relevait de la fonction royale, le récit mythique énumérait l'ensemble des actions régulatrices effectuées jadis par les puissances divines et terrestres fondant la lignée du roi. Avec le développement des connaissances et l'avènement de la cité, l'organisation sociale se sépare de l'organisation cosmique. La différenciation du sacré et du politique oblige à réviser le discours social.

L'avenir de la cité ne repose plus dans la vision d'un univers homogène englobé par la totalité du temps primordial. Il s'actualise dans la répartition des responsabilités et l'instauration de réformes administratives s'étendant à l'ensemble du territoire. Le temps a cessé de dominer l'espace. C'est désormais l'espace qui prend le pas sur le temps. Par ailleurs, parrallèlement à l'émergence de la métaphysique, le développement des mathématiques, l'apparition de l'écriture et de la monnaie, indiquent qu'un degré d'abstraction analogue touche divers paliers de l'existence collective. On échappe à l'approximation et à la spontanéité de l'oral. C'est en termes logiques que le nouveau rapport au monde s'intronise.

Au plan symbolique, on ne demande plus aux règnes animal et végétal les modèles du fonctionnement social. La métaphore ne peut résoudre les contradictions et tensions provoquées par le bouleversement d'une société en mutation. Dès que le symbole cède la place au concept, le philosophe se substitue au chef de clan et au roi-prêtre. Il devient la seule voix autorisée à définir l'ordre du monde et du discours.

Il est intéressant de noter que la pensée grecque, qui s'est assez peu préoccupée de transformer la nature et de la soumettre à l'épreuve de l'expérience et de l'observation, a été peu inventive dans l'ordre des techniques scientifiques. Mais elle a excellé, par contre, dans le développement des techniques du langage. Elle a fourni aux politiciens, esthètes, rhéteurs, sophistes, avocats et Maîtres de tout genre, un outil d'intervention efficace. C'est par le langage que l'on modèle le corps social, et que l'on crée le code de représentation symbolique devant en perpétuer l'image et en favoriser le fonctionnement.

Le couple signifiant/signifié

Tout rapport à la nature et à la culture passe par la médiation du langage. Bien que les sources du langage soient en grande partie inconscientes, celui-ci n'en est pas moins le reflet et le projet de la pratique sociale qui le génère. Si nous ne pouvons pas dire pourquoi une pipe s'appelle une pipe, nous savons, par contre, que sans tabac, il n'y aurait pas de pipe.

Au sens où l'a défini Saussure, le signe, unité linguistique minimale servant à représenter les choses, possède une double face. Il est doté d'un signifiant qui se présente comme son image acoustique sensible. Et d'un signifié qui en désigne la part absente, le concept correspondant à l'image phonique entendue. L'alliance du signifié et du signifiant est arbitraire puisque aucune détermination ne soude le sens et le son, mais elle est nécessaire puisque l'un ne peut exister sans l'autre. Ainsi le signifié «pipe» désigne le concept «pipe» nécessitant le support phonétique *pipe* devant le véhiculer. Le signifié tire sa valeur des écarts différentiels qui l'opposent aux autres termes du système dans lequel le signifiant l'insère, le propre des concepts étant d'être, au dire de Saussure, «ce que les autres ne sont pas». Nous reconnaissons là l'allégeance au principe d'identité énoncé plus haut.

À l'intérieur d'une langue, le signe est, si l'on peut dire, indifférent. Abstraitement, il peut se prêter à tel ou tel sens. Mais dès qu'il entre dans un réseau de communication, sa fonction référentielle compromet cet état d'innocence et de polyvalence. Dans sa réalité concrète, le signe exprime les comportements, le système de valeurs et l'activité sociale d'une communauté. Par exemple, en ce qui concerne la pipe, la valeur référentielle désigne l'emploi de la pipe que fait tel groupe social dans telle circonstance donnée. En utilisant ce mot, on peut difficilement éviter le phénomène de réification qui incite à projeter sur l'objet la somme des usages sociaux auxquels il a déjà dû se prêter. Si bien que le concept finit par donner comme ordre des choses un ordre social existant qui se dissimule derrière l'arbitraire du signe. Le concept est acte d'autorité autant que de langage. Et si les choses sont vraies d'avoir été dites, c'est qu'il n'y a de vérité efficiente qu'assortie du pouvoir de persuasion.

Il en est ainsi pour chaque mot. Le langage ne produit de sens qu'en le reproduisant, c'est-à-dire en exprimant, à l'intérieur même du système symbolique, sa concordance avec les pratiques sociales dominantes qui le suscitent et s'en nourrissent. Un langage se forme à partir d'un réel déjà chargé de signification. C'est dire qu'il témoigne aussi bien des rapports entre les individus que des rapports entretenus entre les individus et les choses. Le langage, comme le signe qui en est l'élément premier, est institutionnel. Il n'y a pas plus de social sans signification qu'il n'y a de signification sans social. Aucun signe n'existe en dehors d'une société donnée. Si je dis « pipe », ce n'est pas parce qu'il est dans la nature de cet objet d'être appelé ainsi, mais parce qu'un consensus plus ou moins conscient s'est établi, au sein d'un groupe, pour produire et utiliser le tabac comme matière première nécessitant la fabrication et la désignation de l'objet « pipe ». De même si j'emploie le mot « homme » comme terme générique pour désigner l'espèce humaine mâle ou femelle, c'est que des éléments paralinguistiques ont incité le groupe dominant à imposer cette dénomination.

Dans le mythe, et tout discours social l'est à quelque degré, chaque mot paraît nécessaire parce que le lien signifiant-/signifié est absolu. Il reste cependant toujours un excédent de signifiant qui menace l'équilibre du système de communication. Cette frange excédentaire est couverte par le symbole qui crée les relations intersticielles favorisant la cohésion linguistique et sociale. Grâce à la métaphore, la fumée, qui était d'abord signe de tabac brûlé, sera associée à la paix dont elle finit par endosser la signification. Ce n'est plus du tabac que l'on fume, c'est le calumet de la paix. L'expression passe au rang des archétypes. En raison de la surcharge signifiante qui sature l'archétype, l'image finit par dresser un écran devant le sens qu'elle était chargée de transmettre. Un second sens s'impose qui masque la signification première et en devient le substitut. Le signifiant se donne alors pour le signifié. Et le symbole s'impose comme sens absolu couvrant la totalité du réel. Le concept a évacué la matérialité du monde pour émigrer du côté des signes.

Lorsqu'une distance trop grande commence à s'établir entre le signe et les conduites, l'instance sociale — ce peut être le grand prêtre, le philosophe, l'anthropologue, le psychanalyste — invoque l'origine pour empêcher l'égarement de la trace originelle hors des pratiques quotidiennes. Un tel écart s'est creusé entre le faire et le dire parce que l'événement primordial et la parole initiale ont perdu leur sens. Il suffit de se tourner vers les commencements pour retrouver la signification première qui fonde l'adéquation nécessaire entre le mot et la pratique. Le recours à un au-delà de la temporalité permet de réinsérer le réel dans la trame significative et d'empêcher la dissémination de sens menaçant la cohésion sociale. À sa façon, tout discours mythique soude le rapport de domination au rapport de sens, grâce à la restauration périodique du code symbolique par le rituel. Il est l'un des moyens de contrôle que se donne le corps social pour assurer sa survie.

De prime abord, une différence capitale sépare le récit mythique du discours philosophique. Le premier propoe un rapport fusionnel au monde et au langage. Il tente de restaurer l'unité perdue en intégrant le couple à son entreprise et en laissant au corps une place privilégiée. La philosophie met fin à cette concrétude. Le concept platonicien dissout la présence corporelle dans l'Idée pure dont le monde sensible est la représentation dégradée. Nous entrons dans un régime d'abstraction et de substitution. Au corps à corps de la société tribale et clanique, succède le bouche à oreille du Maître à son disciple.

Mais la métaphysique et le discours mythique se rejoignent dans leur finalité. Ils se posent tous deux en interprètes du monde qu'ils tentent d'expliquer et de codifier par une parole transcendante. Dans le mythe, le langage, initialement donné, se perpétue par la répétition. Dans la philosophie, il se construit par un raisonnement qui deviendra, à l'usage, marqué du poids réitératif de l'intentionnalité première. Le syllogisme, comme l'arbre de Porphyre et le totem, est vertical. C'est de haut en bas que s'établit l'édification des pouvoirs et du savoir. Et comme l'instance supérieure qui en constitue le sommet est mâle, les rites de régularisation des discours et des pratiques sociales seront fabriqués par des mâles.

Un point fixe indicible

On comprend donc que si la femme est d'abord libre dans le mythe primitif, elle ne peut le demeurer indéfiniment. La laisser courir dans toutes les directions équivaudrait à tolérer une dérive de sens perpétuelle qui augmenterait la dose de signifiant flottant menaçant la cohésion sociale. Pour réduire ces risques, on la rive à un lieu fixe et on en fait un instrument de reproduction biologique et sociale subordonné à la parole de l'homme et des dieux. La sauvage adopte le campement de son mari et lui fait des enfants. Hestia reste vierge, mais elle est déesse du Foyer, centre clos où s'épanouit la métaphore idéale de la féminité. Dans le *Phèdre* de Platon, elle ne participe pas à la procession cosmique des douze Dieux. Si elle bougeait, c'est tout l'univers platonicien qui s'écroulerait.

La femme sera confinée à l'antichambre des échanges socio-culturels. Ni en-deçà, ni au-delà. Juste à la limite. À la frontière du naturel et du culturel. Au bon endroit pour que ce soit passable. L'ordre social garde l'origine à l'Oeil. Il sait que sa force et sa légitimité dépendent d'elle.

Car si la femme est l'objet d'échange et d'usage, elle est également signe. Signe de circulation des biens, des mots et de l'ensemble des signes structurant la sémiologie sociale, signe de la nature dont elle partage les cycles de fertilité, signe de l'ordre culturel exprimé dans les règles d'alliance et de parenté, signe de la capacité de l'homme à se soumettre une nature qu'elle médiatise par son corps.

Le signe créé pour l'Oeil passera à l'écriture et se multipliera. La pensée grecque, issue d'une alliance entre gens de même sexe, propose un système philosophique où l'Un, générateur d'Être et d'Idées, propage le culte du Même et la discrimination du dissemblable. Des rituels discursifs procèdent à la re/fente et au re/marquage de la différence. Le féminin ostracisé remplit l'Oeil de Platon et la bouche d'Aristote. L'Être Parleur creuse au fond de son palais des cavités matricielles à coup de syllogismes.

Il serait dérisoire de mimer la menstruation ou l'accouchement comme le faisaient les sauvages. La culture permet des gestations d'idées et des engendrements de systèmes autrement prestigieux. La monosexualité des sociétés d'hommes élaborées en régime barbare favorise l'inceste symbolique père/fils justifiant l'homosexualité du Maître philosophe.

Une société rationnelle ne pouvait éviter d'aligner sa pratique sexuelle sur ses principes. Accepter la différence, c'eût été accepter la femme dans l'élaboration des rapports à l'autre et l'énonciation des rapports au monde. Or, détenteur du Verbe et du pouvoir, l'homme est le seul référent de toute pensée et de tout langage. Il est le prototype de la pensée laïque comme les dieux l'avaient été pour la pensée mythique.

Acteur principal de la scène où se déroule l'action, l'homme narre la geste perpétuelle. Écartée de cette scène, la femme est l'allocutrice idéale. Oreille tendue, elle se tient à côté de l'être parlant et discursif chargé d'interpréter le monde et de le raconter. Dans le mégaron, l'homme parle, la femme écoute. À moins que ne surgisse la tentation de la séduction qui voudra capter sa menue parole. Cause toujours, on verra bien ensuite. Ces mots tolérés ne révèlent pas la femme, mais la permanence locutoire de l'homme qui se prête à la stratégie du silence, le temps de satisfaire son désir. Si le désir de dire ne l'emporte pas sur le désir lui-même.

> « Le langage, c'est la possibilité, pour Jill, voyant une pomme, au lieu de la cueillir, de demander à Jack de le faire[3] ». (Tzvetan Todorov)

La perversion s'accentuant, le langage cela peut être aussi Jill, qui, voyant Jackie dans l'arbre du désir, raconte le plaisir qu'il aura, qu'il pourrait avoir ou qu'il imagine avoir eu, à manger la femme-pomme sous l'oeil du mari cocu.

Dépourvue de parole, la femme est rejetée hors du discours par l'effet du manque qui la constitue. « *La femelle est femelle en vertu d'un certain manque de capacité* », *avance innocemment Aristote qui n'ose pas encore nommer la chose par son nom. L'arrêté de la différence institue un manque qui ne laisse d'inquiéter. Gloses, fictions, parchemins et rubriques bouchent le trou menaçant qui met le plein sur ses gardes.*

> « Ils n'ont jamais fait que parler, parler de parler, parler pour dire qu'ils vont parler, philosophie parlière. Pas de référent, pas de chose, pas de pain pour Pénia, pas de chère pour les invités... Vieille philosophie, nouvelle cuisine[4] ». (Michel Serres.)

Le propre du dit mythique étant de réactiver la parole originelle par l'effet de répétition, les promoteurs du manque s'exténuent à condamner l'horreur du vide et le scandale du rien.

Interpellée pour constituer le terme négatif du système binaire constitué d'oppositions et de soustractions, la femme devient, à l'intérieur du procès de différenciation, le signe muet d'un principe masculin omniprésent et bavard. Immuable et statique, elle incarne le lieu fixe des origines. Indicible, elle est le blanc du discours où s'accumulent les cendres du signe. Les Maîtres Parleurs dilapident dans le noir le crû de ses cuisses et le vin de ses vignes.

De ce délit, personne ne dit mot. Elle-même se tait, frappée par le tabou du sang. La voilà interdite, statufiée. Elle désignera le corps banni du processus de signification. Elle restera hors de l'échange verbal. Silencieuse dans le mythe évolué et absente du discours philosophique, elle est condamnée déjà, et pour longtemps, à faire le jeu de la différence désignée par l'Oeil.

Pour la femme le mot ne va pas de soi. Et encore moins d'elle.

3

RITUELS D'APPROPRIATION TERRITORIALE: LE DÉCOUPAGE DU SOL ET DU SEXE

Le destin vient de ce que les hommes font de l'anatomie.
Robert Stoller

Les femmes sont naturellement interchangeables (du point de vue de leur structure anatomique et de leurs fonctions physiologiques), et la culture trouve, en ce qui les concerne, le champ libre pour jouer le grand jeu de la différenciation.
Claude Lévi-Strauss

Les peuples heureux ont non seulement une histoire, mais une économie dont la mythologie se nourrit. Le régime de l'exogamie, qui succéda au régime endogame dans lequel hommes et femmes s'unissaient à l'intérieur d'un même clan ou d'une même tribu, introduisit la circulation des femmes et des biens.

À quelles mesures eut-on recours pour cadastrer le ventre reproducteur qui risquait, dans cette mobilité introduite par l'échange, d'égarer les points de repère spatio-temporels indispensables à la stabilité de la communauté? Quel discours a-t-on tenu pour garder la mère à l'oeil? Comment le Père s'y prit-il pour conserver le contrôle de l'origine?

Dans les précédents chapitres, nous l'avons vu parfaire l'éducation des garçons et des filles. Dans celui-ci, nous le verrons présider aux opérations de marquage garantissant l'étanchéité des fonctions physiologique et sociale imparties aux deux sexes.

Les premiers groupes humains sont nomades. L'espace est pour eux une source d'approvisionnement offrant les ressources indispensables à la survie. La terre est un lieu de cueillette, de chasse et de pêche permettant de pourvoir aux besoins fondamentaux. Cette expérience primitive s'effectue dans une discontinuité spatiale faite d'errances et de cheminements qui ne privilégie, de prime abord, aucun point géographique particulier.

Ces communautés cherchent moins l'étalement spatial que l'insertion temporelle. Dans les sociétés primitives, le temps constitue une valeur absolue. Sa puissance unificatrice investit les rites et les conduites d'une continuité rassurante. Toute menace de rupture sociale et de chaos cosmique se dissout dans la référence au passé lointain qui légitime les gestes et les projets du groupe. L'ordre social reste conforme à ce qu'il était au commencement, inaltéré et inaltérable, rivé au temps inaugural qui privilégie le statu quo dans l'économie des biens et des croyances. Dans ce cycle répétitif d'un présent qui renvoie sans cesse à un passé préfigurant lui-même l'avenir, l'espace occupe peu de place. Il deviendra objet de convoitise lorsque la sédentarisation instaurée par l'agriculture fera naître le désir d'appropriation du sol. Chacun voudra alors posséder son lopin de terre, ses biens propres, et la femme qui en garantit le passage à la génération suivante.

Échange des femmes et des biens

> « La monogamie est née de la concentration des richesses importantes dans une même main — la main de l'homme — et du désir de léguer ces richesses aux enfants de cet homme, et d'aucun autre[1]. » (Engels)

Pour expliquer les étapes et le fonctionnement de l'évolution sociale, deux théories modernes se sont imposées. Celle d'Engels, fondée sur le développement des moyens de production, que reprendra par la suite Marx en l'élargissant. Celle de Lévi-Strauss, axée sur la loi de l'échange.

Selon Engels, le mode de production des sociétés primitives reposait sur une division naturelle du travail qui plaçait hommes et femmes sur un pied d'égalité. Dans ces conditions, le travail, la pratique sexuelle et l'élevage des enfants étaient collectifs, et le groupe s'autogérait par une entente communautaire tenant lieu de gouvernement. Mais le perfectionnement des moyens de production bouleversa cet équilibre. Il entraîna un accroissement de la productivité qui favorisa l'avènement de la propriété privée, l'accumulation des richesses, et la division du travail — spécialisation de l'agriculture, de l'élevage, du commerce, de l'artisanat — conduisant à la formation de classes sociales antagonistes.

Dès lors, l'individu cesse d'avoir le contrôle de son travail. Des structures étatiques se créent, qui épaulent la classe dominante et empêchent l'éclatement de la société déchirée par des luttes et tensions internes. L'inégalité économique et sociale affectant les classes de producteurs inaugure l'inégalité entre les sexes. L'infériorisation de la femme, dont le travail n'a plus qu'une valeur d'usage domestique et non une valeur d'échange, est consacrée. L'épouse a désormais pour rôle de garantir à l'époux propriétaire la descendance qui perpétuera son patrimoine. Elle devient propriété de l'homme qui possède les biens.

Dans cette perspective, la cellule familiale, microcosme de la société de classes, illustre, dans la relation homme-/femme, le rapport d'exploitant à exploité entretenu par l'État dans l'ensemble de la communauté. D'autre part, la valeur de l'individu étant fonction de son pouvoir politique, c'est-à-dire du rôle qu'il joue dans la gestion, l'administration et la distribution des biens produits et des services offerts à la communauté, on comprend pourquoi Engels et Marx voient dans la polarisation homme/femme instaurée par la société patriarcale, le germe et l'illustration de l'antagonisme des classes et de la domination du possédant.

À cette explication de l'origine de la formation des structures sociales selon le principe de l'appropriation des moyens de production, Lévi-Strauss ajoute celle de l'échange agissant à trois niveaux. L'échange entre les groupes par les règles de parenté et de mariage, l'échange des biens et services par les règles économiques, l'échange des messages par les règles linguistiques.

On peut d'avance imaginer les transferts possibles entre ces différents systèmes. Puisque l'on ne travaille plus seulement pour satisfaire ses besoins mais pour acquérir un profit et que, d'autre part, l'échange permet d'établir des équivalences entre les biens et les services, on échangera les femmes contre des biens de subsistance (produits alimentaires, tissus), de prestige (bétail, métal précieux), de privilèges politiques (fin des hostilités interclaniques, ententes régionales, traités de paix).

Osant écrire ce que personne n'a encore osé admettre, Lévi-Strauss voit se lever une armée de boucliers lorsqu'il présente, en 1947, la femme comme objet d'échange dans *Les Structures élémentaires de la parenté*. Son point de départ est l'*Essai sur le don* de l'ethnologue Marcel Mauss, où l'échange est défini comme une opération économique servant de support à une multitude d'activités symboliques, telles que les activités politiques, religieuses, juridiques et psychosociales. Assistons à sa leçon d'anthropologie.

Leçon d'anthropologie

> « Or, l'échange, phénomène total, est d'abord un échange total, comprenant de la nourriture, des objets fabriqués, et cette catégorie de biens les plus précieux, les femmes. [...] Il serait donc faux de dire qu'on échange ou qu'on donne des cadeaux, en même temps qu'on échange ou qu'on donne des femmes. Car la femme elle-même n'est autre qu'un des cadeaux, le suprême cadeau, parmi ceux qui peuvent s'obtenir seulement sous la forme de dons réciproques[2].
> (Claude Lévi-Strauss)

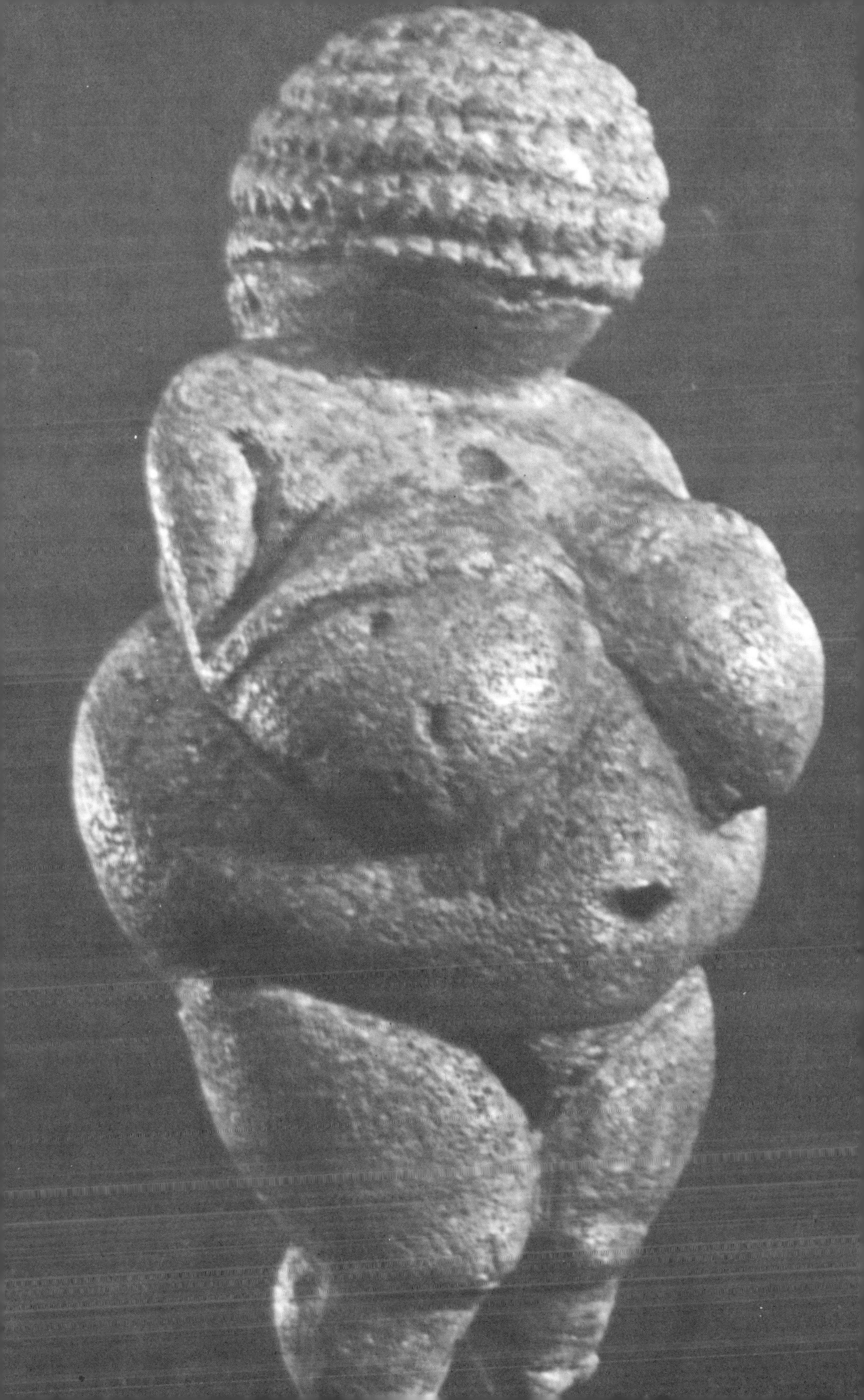

Des voix s'étonnent. Le Maître précise:

> « Il ne faut donc pas s'étonner de voir les femmes comprises au nombre des prestations réciproques; elles le sont au premier chef, mais en même temps que d'autres biens, matériels et spirituels. »

Les fils se montrent peu enthousiastes. Tout chef leur inspire de la méfiance. Et la course aux cadeaux, spécialement les cadeaux d'anniversaires, de Noël, de la Fête des Mères ou des Pères, leur sont une corvée monstrueuse. Le Maître cherche l'argument de frappe. Il croit l'avoir trouvé.

> « Même après le mariage, Malinowski a montré qu'aux Iles Trobiand le paiement de *mapula* représente, de la part de l'homme, une contre-prestation destinée à compenser les services fournis par la femme sous forme de gratifications sexuelles. Telle semble être encore la fonction de la bague de fiançailles dans notre société, puisque l'usage est de la laisser à la femme en cas de divorce, et de ne pas l'inclure dans le partage de la communauté. »

En son for intérieur, la fiancée ne souffle mot. Signe muet, elle se sait stimulante. On ferme l'oeil sur ce qu'elle dissimule de simulation. Elle feint n'avoir pas saisi l'astuce. Les fils ont déjà la bague de fiançailles dans leurs poches. Ils s'inquiètent de leur investissement. Le Maître leur tend la prime de plaisir attendue.

> « ... les femmes ne sont pas, d'abord, un signe de valeur sociale, mais un stimulant naturel; et le stimulant du seul instinct dont la satisfaction puisse être différée: le seul, par conséquent, pour lequel, dans l'acte d'échange, et par l'aperception de la réciprocité, la transformation puisse s'opérer du stimulant au signe, et, définissant par cette démarche fondamentale le passage de la nature à la culture. »

On les ramène du côté des signes. Les voilà rassurés. Mais certains redoutent le tête-à-tête avec une femme éternellement muette. Le conflit persiste. Onze ans plus tard, le Maître dénoue la tension.

> « En même temps que des signes, celles-ci (les femmes) sont des producteurs de signes; comme tels, elles ne peuvent se réduire à l'état de symboles ou de jetons[3] ».

Les fils acceptent le mensonge du père. Ils veulent jouer en paix avec les signes, non s'embarrasser de cadeaux, de bagues et de jetons inutiles. Le transfert des femmes se continue. À peine dépouillée de la généalogie du père qui la couvrait le temps de l'attente, la promise endosse, aussitôt après l'échange, celle de l'époux étranger dont elle assurera la descendance. Elle sera mémoire d'une autre lignée, signe d'un autre nom, d'un autre pouvoir, d'un autre espace. Son corps possède la capacité de biffer les traces anciennes et d'absorber l'inscription nouvelle imprimée par la Loi. Elle-même est sans mémoire. Elle est le dépôt des traces emmagasinées par le groupe qui doit se souvenir.

Parquée derrière la ligne de partage des biens, elle franchit la frontière exogame. La voilà donc, en tant que signe, deux fois subordonnée à celui qui édicta les règles de circulation des biens, des femmes et des signes. Affectée à la garde du temps généalogique, elle est signe d'une absence d'intégration sociale inquiétante. En attente dans son clan d'origine avant le mariage, elle est perçue comme étrangère par le clan qui la reçoit.

Une idéologie d'appoint

> « L'échange des femmes opere donc à la façon d'un mécanisme médiateur entre une nature et une culture posées d'abord comme disjointes. En substituant une architectonique culturelle à l'architectonique surnaturelle et primi-

tive, l'alliance crée une seconde nature sur laquelle l'homme a prise, c'est-à-dire une nature médiatisée[4] ». (Claude Lévi-Strauss)

La femme-cadeau est la charnière qui articule les ordres naturel et culturel. Pour cette raison, elle est l'objet-clef du système des échanges. Par la procréation, elle permet au groupe de se perpétuer dans le temps et l'espace. Lieu de fusion du biologique et du social, elle assure le passage du naturel au culturel et favorise « l'emboîtement » des groupes sociaux étrangers. Mais une charnière a le désavantage d'être orientée vers deux côtés. Tour à tour propriété du clan donneur de femmes, puis du clan receveur de femmes, elle est l'élément ambigu qui peut brouiller, aussi bien que faciliter, les relations interclaniques. On ne peut être tout à fait sûr de celle qui vient d'ailleurs.

En s'introduisant dans une autre lignée, elle risque de perpétuer l'antagonisme du clan étranger ou d'en favoriser les intérêts par des menées sournoises qu'une mise en tutelle ne suffira peut-être pas à neutraliser. La socialisation de sa sexualité, dont l'homme régit les lois d'usage externe sans en connaître le fonctionnement interne, est loin d'apporter des garanties suffisantes. D'où l'angoisse du retour au désordre et à l'indétermination dans la dialectique guerre et paix, ordre social et confusion biologique. D'où la crainte d'une rébellion de la nature sauvage inintégrée.

Les théories du développement des moyens de production et de l'échange des biens et des femmes sont séduisantes. Elles font de la femme un outil de représentation du temps, par opposition à l'homme qui s'approprie l'espace, c'est-à-dire la terre et ses produits. Mais elles n'expliquent pas comment les femmes auraient pu accepter de devenir de passifs objets d'échange entre les groupes sociaux si elles n'avaient été, avant le développement intensif de l'agriculture, socialement et économiquement infériorisées par ceux-ci. D'autre part, faire dépendre l'aliénation de la femme de la seule reproduction matérielle des biens, tend à réduire le rôle joué par l'idéologie dans le processus de reproduction sociale rendant possible la structuration des droits et pouvoir patriarcaux.

S'il est évident que les modes de production influencent les formations sociales et les rapports qui s'établissent au sein d'un groupe, il ne l'est pas moins que la reproduction de l'ordre social nécessite un support idéologique pour se perpétuer. Il faut non seulement fournir des agents de production qui assurent la relève de la force de travail, mais encore rendre ceux-ci capables de prolonger le système. Or, la meilleure façon d'imposer la domination est de faire intérioriser la dépendance qu'elle instaure et de présenter celle-ci, par astuce culturelle, comme un pur phénomène naturel.

Les culturalistes ont déjà souligné l'influence de l'éducation et de la transmission culturelle sur les comportements individuels et collectifs. Margaret Mead a suffisamment démontré, par ses enquêtes et études menées auprès de peuplades polynésiennes, que les rôles sociaux et les traits de caractère se répartissent différemment selon l'orientation des rapports nature/culture déterminant les rapports de complémentarité, de réciprocité ou de symétrie qui s'établissent entre gens des deux sexes. (*Moeurs et sexualité en Océanie, Une éducation en Nouvelle-Guinée*). Ainsi chez les peuplades guerrières Iatmul et Mundugor, les rapports entre conjoints sont tendus, le sentiment à l'égard des enfants est peu développé, et la subsistance est assurée par les femmes. Chez les Arapesh par ailleurs, peuplade pacifique et pauvre où l'intérêt se concentre avant tout sur la vie familiale, l'entraide communautaire, les valeurs affectives et l'épanouissement sexuel, aucune différenciation des rôles sexuels et sociaux ne semble vérifiable. À l'opposé, chez les Tchambuli, les rôles masculin et féminin paraissent s'inverser. Les hommes sont dociles, se parent de bijoux, peignent, prennent plaisir aux cancans et aux intrigues tandis que les femmes, dominatrices et viriles, vont à la pêche et au marché. Nombre de situations analogues incitent Margaret Mead à conclure que l'idéal culturel d'une société détermine son infrastructure et génère l'équilibre ou les tensions sociales observables dans un groupe.

Si certains doutent du pouvoir de l'idéologie dans l'introjection d'un schème culturel et la structuration de l'imaginaire, il suffit de jeter un coup d'oeil sur les expériences récentes effectuées par Pierre Maranda à Malaita et à Vancouver auprès de 400 sujets mixtes de 6 à 65 ans à partir d'associations spontanées (tests TAN et TAL), suscitées par les symboles *homme, femme,* et *serpent*[5]. À Malaita, la séquence fournie dans le test TAN a placé le *serpent* (considéré comme la mère) en tête, suivi de la *femme* (sa fille) et de *l'homme* (époux de la fille). On reproduisait alors un récit de la genèse conforme à la configuration sociale de cette population mélanésienne à prééminence matrilinéaire. À Vancouver par contre, les test donnèrent la séquence inversée: *homme, femme, serpent*, illustrant le péché originel enseigné en pays chrétien. Des Chinois émigrés à Vancouver depuis moins de dix ans, qui participèrent à l'expérience, se conformèrent à ce déroulement, s'interdisant de laisser transparaître sur la feuille la séquence mélanésienne marquant nombre de mythes traditionnels de leur culture d'origine. Si bien que, tant à Malaita qu'à Vancouver, les rôles impartis aux hommes et aux femmes à l'intérieur des tests confirmèrent les valeurs et attitudes admises par le groupe majoritaire. Ceci n'a rien d'étonnant si l'on considère que, dans une société, le groupe dominant impose non seulement son autorité et son mode de vie aux groupes minoritaires, mais aussi le code symbolique inféodant le langage et l'inconscient des sujets aux structures socio-économiques prévalentes.

Il est impossible de connaître exactement la formation des idéologies et le rôle qu'elles jouèrent dans la répartition des tâches et leur valorisation, ou dévalorisation sociale, pendant la préhistoire. Mais les exemples cités plus haut aident à comprendre pourquoi un tel prestige a été accordé à la chasse, généralement pratiquée par les hommes, alors que la cueillette, habituellement accomplie par les femmes et constituant l'apport de nourriture le plus constant et substantiel, n'a pas bénéficié d'une telle considération. Il n'y a plus beaucoup de gens pour croire que la chasse — tout au moins celle du petit gibier — était une entreprise périlleuse exigeant une force musculaire et une habileté exceptionnelles. Les Cuiva de Colombie considèrent la chasse comme un travail facile et routinier, alors que certaines observations faites auprès des !Kung tendent à prouver que la cueillette nécessite souvent un savoir et une résistance physique considérables.

Situer l'âge d'or de la femme, voire du matriarcat, à l'époque des chasseurs-cueilleurs, avant que le développement de l'agriculture et l'instauration de la propriété privée n'en aient sonné le glas, peut être d'une grande naïveté. La propriété privée n'existe pas chez les aborigènes australiens, et la différence de statut homme/femme y est néanmoins considérable. Des inégalités marquées sont observables chez des peuples n'ayant pas encore accédé à l'agriculture, tels les Inuit et les Indiens de la Côte Nord-Ouest canadienne. De même, dans la majorité des sociétés de chasseurs-cueilleurs, la distribution des ressources est faite par les hommes au-delà du noyau domestique, ce qui autorise à penser que le contrôle des relations sociales extérieures était déjà aux mains des mâles lorsque apparut l'agriculture. À moins qu'il ne s'agisse de modifications survenues à un stade postérieur, ce qui fausserait considérablement l'interprétation anthropologique.

En l'absence de certitudes, on peut aussi croire que les femmes ont progressivement perdu le pouvoir d'exploiter elles-mêmes un territoire comme cela se passe encore chez les !Kung, ou celui de contrôler la distribution de leur produit comme cela existe dans la société Cuiva où elles assument la responsabilité de la répartition des vivres et participent à part égale aux exercices religieux et aux décisions politiques de la communauté. Devant ces faits, on peut se demander s'il y a eu, pour la femme, dégradation d'un statut égalitaire, ou s'il s'agit simplement d'un certain nombre de cas particuliers ne pouvant constituer une règle générale. Les mythes cités au premier chapitre montrent assez que la division sexuelle du travail et le contrôle de la reproduction biologique par le discours patriarcal existaient déjà dans les civilisations de chasseurs, tout au moins au dernier stade de leur évolution.

Quoi qu'il en soit, les hommes ont dû, à un certain moment, faire face au pouvoir de reproduction biologique des femmes. Car au départ, celles-ci étaient gagnantes. Possédant la capacité de produire leur propre force de travail, elles auraient pu accaparer celle-ci et former des groupes de production indépendants. Mais alors l'homme aurait perdu la force de travail enfantine dont il avait besoin. Or, comme le pouvoir patriarcal ne pouvait s'approprier l'enfant qu'en contrôlant le corps de ses sujets et plus spécifiquement celui de la femme, il semble bien qu'il assura son avenir en instaurant trois mesures primordiales: la réduction de la mobilité féminine, le contrôle de la vie sexuelle, la prohibition de l'inceste.

Comme la force patriarcale repose avant tout dans l'appropriation et l'exploitation de l'espace, on peut en effet penser qu'elle eut intérêt à limiter la mobilité des femmes. En société exogame, la femme n'est mobile que le temps de l'échange qui la fait passer du clan du père ou du frère à celui de l'époux. Elle est ensuite confinée à l'espace domestique qui la coupe du monde extérieur, et l'écarte de l'espace social où s'exercent les véritables pouvoirs. Elle ne se rattache à l'ensemble de la communauté que par l'intermédiaire de l'homme — père, frère époux — qui lui distribue la part de rapports sociaux liés à la fonction de procréation.

Dispersées par l'alliance, isolées dans leur habitat, ces femmes peuvent difficilement se définir comme groupe doté d'une capacité d'organisation et de regroupement. À l'opposé, la structure communautaire patriarcale permet à l'homme une plus grande insertion sociale. Élaborant ou, tout au moins, communiquant avec les pouvoirs économique, politique et religieux, ce dernier possède une capacité d'intervention dont sont dépourvues les premières. Intégré à un milieu géographique nettement identifié, il jouit par ailleurs de la mobilité spatiale, car les déplacements requis pour la pêche, la chasse, la traite ou le travail rémunéré, s'effectuent dans un espace ouvert et discontinu valorisé par le prestige attaché à l'échange.

En départageant le sol et en posant des bornes à la propriété privée, l'agriculture accentua certainement l'isolement des femmes et brima leur mobilité sans doute davantage que ne l'avait fait la société des chasseurs-cueilleurs. Mais même dans celle-ci, il n'est pas rare de voir des jeunes filles participer aux activités de chasse avant le mariage et cesser aussitôt après. L'handicap des maternités et des cycles physiologiques pèse sans doute moins lourd qu'on ne le pense. Au cours de l'histoire, les femmes ont été assez bien tolérées dans les travaux de cueillette, d'horticulture, ou même de gestion de petit commerce, mais elles ont été systématiquement écartées de la chasse et de l'agriculture. La raison principale de cette exclusion est peut-être moins à chercher du côté des limitations physiologiques et familiales du maternage que du côté idéologique. Le pouvoir est toujours lié à une fonction sociale permettant une certaine mobilité économique et spatiale.

En condamnant les femmes à des rapports sociaux diffus et fragmentés, le système d'alliance leur donne accès à des pouvoirs et à des rituels secondaires: administration et production de biens de consommation domestique, entretien et renouvellement de la force de travail contrôlée par l'homme, élaboration des rituels de naissance, d'enterrement et de socialisation fixés ou présidés par l'autorité mâle. Parmi les rituels de socialisation visant la subordination, dont certains sont donnés comme rituels de beauté, figure la mutilation des pieds des Chinoises où est nettement indiqué le contrôle de la mobilité spatiale. La pratique des pieds bandés, en vigueur du 12e au 20e siècle en Chine, rendait la marche si douloureuse que les femmes ne pouvaient se déplacer que sur de faibles distances.

L'idéologie affichant rarement son intentionnalité, la petitesse du pied des Chinoises était un critère de beauté et un facteur d'érotisme, voire de pornographie. Regarder le pied d'une femme ou le représenter en peinture étant jugé inconvenant, des albums pornographiques ont circulé qui ne contenaient que des images de pieds de femmes. Ce fétichisme institutionnalisé exigeait un prix: les chutes, entorses, fractures, atrophies osseuses et musculaires des membres inférieurs, la dislocation de l'articulation coxofémorale, et même l'hypertrophie des organes génitaux chez les femmes soumises à ces pratiques.

Le coupant de la loi phallique

Les rituels de socialisation furent avant tout sexuels puisqu'ils se préoccupèrent surtout du contrôle de la reproduction biologique. On estime à 40 millions le nombre de bébés filles, fillettes, adolescentes et femmes encore actuellement frappées par les rites des mutilations génitales en vigueur dans plus du tiers de l'Afrique[6].

Nous en établissons la répartition selon l'âge et le degré de gravité de l'atteinte corporelle. Plusieurs d'entre eux surviennent très tôt. Tout de suite après la naissance en Guinée et chez les Swahilis, quelques jours ou quelques semaines plus tard en Arabie, en Éthiopie. De 3 à 8 ou 10 ans, au Soudan, en Somalie, en Égypte ou chez les Bantous. Tout de suite après le mariage en Sierra Leone et chez les Masaï.

La *clitoridectomie simple* consiste en l'ablation de la totalité ou de certaines parties du clitoris.

> « On procède ainsi que le ferait un vétérinaire pour castrer un animal... Après avoir écarté de ses doigts les grandes et les petites lèvres de la fillette, la matrone les fixe sur la chair, de chaque côté des cuisses, au moyen de grosses épines. Avec son couteau de cuisine, elle fend le capuchon, puis le coupe. Tandis qu'une autre femme éponge le sang avec un chiffon, la mère creuse de l'ongle un trou le long du clitoris afin de décortiquer cet organe. La fillette pousse des cris épouvantables mais personne ne s'en soucie. La mère finit par déraciner le clitoris qu'elle dégage et extirpe avec la pointe de son couteau. Elle soulève la peau entre le pouce et l'index de manière à débrider complètement les chairs. Elle creuse alors de sa main un trou profond, d'où le sang jaillit. Les voisines invitées à contrôler l'opération plongent l'une après l'autre l'index dans la plaie de façon à s'assurer que le clitoris a été intégralement enlevé...[7] »

Cette mutilation est parfois pratiquée par cautérisation sur les nouvelles-nées et les toutes petites filles. L'organe est alors brûlé avec un fer rouge ou un tison ardent. Par ailleurs, dans certains pays, une clitoridectomie partielle appelée *sunna* se limite à l'excision du prépuce clitoridien.

La *clitoridectomie élargie* concerne l'ablation totale du clitoris et des parties génitales adjacentes. Comme la clitoridectomie simple, elle est pratiquée sur de très jeunes enfants (7e jour après la naissance au Yemen et en Arabie), ou fait partie des rites d'initiation auxquels sont soumises les fillettes de 10 à 12 ans.

> « L'ablation des nymphes ou petites lèvres suit ou non la clitoridectomie sanglante. Chaque nymphe est tranchée à son insertion, de haut en bas, en s'aidant du capuchon désinséré comme tracteur.

> Toute hémostase rationnelle est habituellement omise, malgré l'hémorragie. Dans certaines ethnies, on applique sur la plaie un emplâtre de débris végétaux, d'excréments d'animaux ou de marc de café. L'opération dure plus de vingt minutes[8] ».

L'infibulation ou « circoncision pharaonique », forme de mutilation sexuelle grave et dangereuse, est exécutée après l'ablation du clitoris et des nymphes. Réservée aux adolescentes, elle est en usage, comme son nom l'indique, en Égypte, de même qu'au Soudan, en Nubie et surtout en Somalie. L'atrocité est ici vécue à ses extrêmes.

> « La mère rabote consciencieusement les chairs de sa fille sans se soucier de la douleur intense qu'elle lui inflige. Quand la plaie est bien à vif, elle l'incise plusieurs fois dans le sens de la longueur, puis elle la larde de coups de couteau... L'écorchement étant terminé dans les règles, la mère rapproche les grandes lèvres, sanguinolentes, et les fixe l'une contre l'autre au moyen de longues épines d'accacia. À ce stade, l'enfant, épuisée, cesse généralement de crier mais est prise de convulsions... La mère achève en aménageant un orifice très étroit destiné à ne laisser passer que les urines et les menstrues: plus le passage artificiel est étroit, plus la femme est considérée...[9] »

Il arrive aussi que les bords internes des grandes lèvres soient cousus avec un fil et qu'un tuyau de bambou soit introduit dans le vagin pour empêcher la coalescence des tissus devant l'orifice génital. Par la suite, la fillette, parfois ligotée, reste étendue sur le dos pendant quinze jours, le temps de laisser la suture se consolider. Mais il arrive aussi qu'on l'oblige à danser tout de suite après l'opération, la forçant ainsi à participer aux festivités initiatiques. Entendons le témoignage d'une femme du Mali:

> « Je venais d'avoir douze ans lorsque je fus excisée. Je garde encore le souvenir intact de cette opération et de la cérémonie dont elle faisait l'objet.

Dans mon village, l'excision se pratiquait deux jours de la semaine seulement: le lundi et le jeudi. Est-ce la coutume qui le veut ainsi? Toujours est-il que je me trouvais en période de vacances. Je devais être excisée en même temps que des jeunes filles de mon âge. À la veille du jour de mon excision, le soir il y eut des festivités. Elles réunirent les jeunes tout comme les vieux du village. Les gens se gavèrent de victuailles et le tam-tam battit son plein jusqu'à une heure très avancée de la nuit. Le lendemain, très tôt, ma mère, de nature très émotive s'étant abstenue, deux de mes tantes — celles que je préférais — me conduisirent à la case où se trouvaient l'exciseuse, en compagnie d'autres femmes plus jeunes qu'elle. Elle était vieille et appartenait à la caste des forgerons. Ici, au Mali, d'habitude, ce sont les femmes issues de cette caste qui pratiquent l'ablation du clitoris et l'infibulation.

Sur le seuil de la case, après des échanges de «salamaleks», mes tantes me laissèrent aux mains de l'exciseuse. À ce moment, j'eus l'impression que la terre se dérobait sous mes pas. Angoisse? Crainte de l'inconnu? Je ne savais guère ce qu'était l'excision, mais à plus d'une reprise j'avais eu l'occasion de voir marcher des jeunes filles fraîchement excisées. Autant vous dire que ce n'était pas beau à voir. Vues de dos, on aurait dit de vieilles dames au dos à moitié courbé qui s'exerçaient à marcher avec une règle placée entre les chevilles en se gardant de la faire tomber. Mes aînées me disaient que l'excision n'était pas une opération rude. Ce n'est pas pénible m'ont-elles répété plusieurs fois. À l'idée de l'expression de ces visages d'excisées que j'avais vus auparavant, j'eus une vague appréhension. Mes aînées ne cherchaient-elles pas tout bonnement à me rassurer et à dissiper mes angoisses?

Une fois à l'intérieur de la case, je fus l'objet de louanges auxquelles je suis restée sourde, dévorée par la peur. J'étais crispée. J'avais la gorge sèche. Je transpirais alors qu'il ne faisait pas chaud: c'était le petit matin. «Allonge-toi là», me dit soudain l'exciseuse me désignant une natte étendue par terre. À peine allongée, je sentis de grosses mains se nouer autour de mes jambes frêles et maigres qu'elles écartèrent largement. Je soulevai la tête. De chaque côté, deux femmes me clouaient au sol. Mes bras, aussi, étaient immobilisés. Tout à coup, je sentis un corps étranger se répandre sur mes organes génitaux. Ce n'est que plus tard que j'ai su que c'était du sable. Cela devait, paraît-il, faciliter l'excision. J'eus une très mauvaise sensation. Une main s'était saisie d'une partie de mes organes génitaux: je sentis un pincement au coeur. J'aurais souhaité, à cet instant, être à mille lieues de là, quand dans mes pensées de fuite, une douleur lancinante me ramena à la réalité. L'on était en train de m'exciser: je subis d'abord l'ablation des petites lèvres puis du clitoris; et cela durait un temps qui me parut infini, car il fallait que cela soit fait «parfaitement». Je ressentis un déchirement psychosomatique continu: la règle voulait qu'à mon âge l'on ne pleurât pas en cette circonstance. Je faillis à cette règle. Cris et larmes de douleur furent ma première réaction. Je me sentis mouillée. Je saignais. Le sang coulait à flots. L'on m'a appliqué alors un mélange à base d'herbes à vertus curatives et de beurre, qui arrêta le saignement. Jamais je n'avais autant souffert!

Après, les femmes lâchèrent prise, libérant ainsi mon corps mutilé. Dans l'état où je me trouvais, je n'avais plus envie de me relever. Mais la voix de l'exciseuse me contraignit à le faire «C'est fini! Tu peux te relever. Tu vois, ce n'était pas si douloureux que ça!» Aidée par deux femmes qui se trouvaient dans la case, je fus, de nouveau, sur pied. C'est alors que l'on exigea de moi non seulement que je marche pour regagner l'endroit où se trouvaient mes copines excisées, mais aussi qu'une fois avec elles, je danse. L'on exigeait trop de nous autres fraîchement excisées. C'en était trop. Néanmoins, mes copines étaient en train — tant bien que mal — de danser. Sous les ordres des femmes chargées de nous encadrer, je me mis à esquisser quelques pas de danse dans le cercle constitué à cet effet, par des jeunes gens et des personnes âgées présentes pour la circonstance. Je ne puis dire ce que je ressentis à ce moment précis. L'entre-jambe me brûlait. Toute en larmes je sautillais plutôt que je ne dansais. J'étais de celles qu'on dit être des petites natures. J'étais chétive. Je me sentais éprouvée et épuisée. Au cours de cette danse monstrueuse qui se prolongeait sous les injonctions de nos «encadreuses-surveillantes»,

> j'eus, tout d'un coup, l'impression que tout tournait et se balançait autour de moi. C'était le tourbillon. Puis je ne me rendis plus compte de rien. J'étais évanouie. Lorsque je repris connaissance, j'étais allongée dans une case où plusieurs personnes m'entouraient [...][10]. »

La défloraison est la deuxième phase du scénario de la souffrance. « L'amour fait mal » disent les femmes de Somalie sans invoquer la moindre métaphore. Dans ce pays, la veille du mariage, la soeur et la mère du fiancé examinent la jeune fiancée de 12 à 15 ans pour vérifier si elle est bien « cousue », avant de la livrer au mari qui procédera à la défibulation.

> « Le mari ne pourrait pas déflorer sa femme avec sa verge. Il utilise pour ce faire un poignard à double tranchant. D'un coup sec, il le plonge dans le vagin, qui, déchiré, saigne abondamment. Ensuite, il pénètre la femme... Il doit avoir pendant huit jours des rapports réitérés et prolongés. Ce « travail » a pour objet de « fabriquer » un vestibule en empêchant la cicatrice de se refermer. Pendant ces huit jours, la femme étendue bouge le moins possible afin de tenir la plaie béante. Au lendemain de la nuit de noces, le mari fixe sur son épaule un poignard ensanglanté, il va faire des visites afin de recueillir l'admiration générale[11] ».

La troisième phase sera l'accouchement. Il faut découdre la femme pour livrer passage à l'enfant qui va naître.

> « Quand vient le moment de l'accouchement, une matrone lui ouvre la vulve avec un couteau de cuisine... À mesure que le foetus s'extrait, elle ouvre la mère. L'enfant né, on verse sur le sexe de l'eau presque bouillante, ce qui provoque d'énormes cloques... Le placenta expulsé, recommence la scène de l'écorchement, de la pose des aiguilles de l'immobilisation... Cette fois le trou n'a plus la dimension d'un doigt mais d'une verge. Cependant, en raison du prestige attaché aux petits trous, il arrive que l'on triche. Le mari doit à nouveau user du poignard...[12] »

Car après chaque accouchement, la femme est à nouveau infibulée. Selon le nombre d'enfants, une femme pourra être ainsi cousue et réouverte jusqu'à trois, sept, dix ou douze fois.

Quand l'amour fait mal

Des spécialistes, soucieux de minimiser la cruauté de ces pratiques, les ont couvertes à tort du terme de *circoncision féminine* et les ont assimilées aux rites initiatiques mâles qui s'accomplissent parfois en même temps.

Car les opérations génitales ne sont pas réservées qu'aux femmes. Elles sont également pratiquées sur des jeunes garçons et sont souvent très douloureuses. Si la circoncision prophylactique s'avère une opération bénigne, il en va différemment lorsqu'elle est accomplie par brûlure chez les Yantomwannta ou avec le tranchant de la hache chez les Kouroumba. On peut d'autre part imaginer que la subincision de l'urètre pratiquée dans les tribus australiennes et africaines, ou son intracision par une herbe coupante chez les Banaro, de même que la perforation du gland par une tige de bois chez les Dayak, sont tout aussi douloureuses que l'élongation des lèvres de la vulve des femmes bantoues, la défloraison de l'hymen avec une racine de manioc chez les Luvale ou par un instrument coupant au Maghreb. C'est pourquoi, tout au moins en ce qui concerne les opérations bénignes, le contraste est parfois moins perceptible dans la nature de l'intervention elle-même que dans sa fonction sociale et ses conséquences physiologiques et psychologiques.

Sur le garçon, l'intervention physique ne paraît pas, à long terme, perturber la fonction érotique. La blessure génitale n'entrave pas le plaisir et ne le supprime pas. Bien au contraire, il semble que chez les aborigènes d'Australie, la subincision, qui élargit la surface pénienne, augmente la sensibilité érogène lors des relations sexuelles. De même, la superincision pratiquée par les Tahitiens (ouverture du corps pénien sur sa partie dorsale) élargit l'extrémité du pénis et augmente la jouissance de l'homme et de la femme. Selon des sexologues, ce genre d'opérations gratifiantes se rencontrerait surtout dans des sociétés à différenciation sexuelle minime où la répression et les interdits sexuels sont moins poussés[13].

Les opérations mâles suscitent une douleur passagère, mais affectent en général de façon positive la fonction érotique de l'organe touché dont elles ne suppriment ni l'exercice ni la jouissance. Il en va autrement pour la femme où, en plus de l'ablation de l'organe, des conséquences graves immédiates et tardives se font ressentir. La consultation du *Bulletin de la Société médicale d'Afrique noire*, convaincra les fins ethnologues et sémiologues que ces mutilations rituelles laissent des traces qui dépassent de loin le jeu métaphorique de la coupure symbolique. On y cite le cas d'hémorragies entraînant la mort, d'infections graves (abcès, tétanos, septicémies, gangrènes menaçant également les garçons), de lésions des régions et organes avoisinants (périnée, vessie, urètre), de troubles chroniques (arthrite, rétention du sang menstruel et de l'urine) sans compter les kystes, cyptociles, fistules recto-vaginales et prolapsus qui apparaissent lors de la défibulation, ou les complications obstétricales nombreuses qui entraînent souvent la mortalité. Du côté physiologique et psychologique, on signale enfin une frigidité presque généralisée, la tendance au masochisme et à la cruauté, l'absence de tendresse envers les enfants et l'apparition de phobies sexuelles excessives[14].

Face à la gravité des mutilations sexuelles féminines, on est en droit de se demander à qui elles profitent et pourquoi elles sont maintenues. De vieilles cosmogonies africaines comme celle des Dogon voient dans le clitoris une partie mâle à supprimer afin de restituer à la femme sa nature véritable. D'autres s'attardent aux dangers que représente cet organe. Les Bambara du Mali en font l'excision sous prétexte que son dard peut blesser ou même tuer l'homme, les Mossi de Haute-Volta le suppriment parce qu'ils croient que le clitoris met la vie du bébé en danger au moment de la naissance. Certaines tribus craignent que la femme non clitoridectomisée rende l'homme impuissant. Le mythe du vagin denté, encore présent chez les Bena-Lulua du Congo ou les Toba du Gran Chacon, présente, pour sa part, le clitoris comme la « dent restante » à extirper. Mais pourquoi alors fait-on l'excision des petites lèvres dont ne disent mot ces cosmogonies?

Dans des justifications plus récentes, on invoque des raisons d'hygiène (prévenir les vulvo-vaginites) ou de moralité (protéger la vertu des femmes, mais les prostituées du Soudan sont pourtant infibulées ou clitoridectomisées), on y voit un moyen d'augmenter la fertilité ou de la diminuer (fonction de contraception), une façon de ménager les forces sexuelles de l'homme vivant en régime polygamique. Mais du côté occidental, pourquoi le silence des ethnologues, la discrétion des autorités médicales, la complicité de l'UNESCO, de l'UNICEF et de l'OMS (Organisation mondiale de la santé) auprès desquelles les nombreuses démarches entreprises et requêtes déjà adressées restèrent vaines? Et pourquoi le conservatisme des autorités locales ou la résistance aux décrets affectant ces coutumes? Le Soudan, Aden, Le Caire en interdirent la pratique sans grand résultat. Le Yémen du Sud, qui déclara la clitoridectomie illégale en 1958, dut rappeler ce décret l'année suivante sous le coup des protestations populaires. Les autorités britanniques tentèrent de décourager cette coutume au Kenya. Ils s'attirèrent la riposte des rebelles Mau-Mau, qui firent exciser plusieurs femmes blanches pendant la guerre de libération, et virent le président Kenyatta rétablir officiellement les rites d'excision lors de son accession au pouvoir en 1963. La Guinée, qui utilisa ses femmes au moment de la guerre d'indépendance, se targue de promouvoir l'émancipation féminine. Elle comptait 22 femmes sur 76 députés en 1975, a élu une femme ministre aux Affaires sociales et est représentée par une femme aux Nations Unies. Or, elle n'en fait pas moins exciser 85% de ses femmes.

D'autres questions s'imposent. Pourquoi ces interventions sont-elles pratiquées par les femmes elles-mêmes? Pourquoi au Mali et au Sénégal, les matrones qui les effectuent sont-elles de la caste des forgerons, et pourquoi les doyennes chargées des cours d'initiation au mariage dispensés aux fillettes vers leur quinzième année appartiennent-elles à la famille du père? Ce que nous avons dit plus haut de la reproduction sociale par la formation et le conditionnement d'agents de reproduction sociale s'applique ici plus que jamais. Entendons Awa Thiam: « Tout porte à croire que les hommes ont amené les femmes à devenir elles-mêmes leurs propres bourreaux, leurs propres "charcutières". Auraient-elles fini par rationaliser les pratiques excisionnelles et infibulatoires, en les assimilant à des pratiques obligatoires, intégrantes et intégrées à leurs corps traditionnel ou rituel. Cela expliquerait en partie la prise en charge par les femmes de leur propre mutilation[15] ». Elle ajoute par ailleurs que la pression verbale des hommes auprès des femmes suffit à radicaliser et perpétuer ces pratiques répandues en pays chrétiens, animistes et surtout musulmans.

Lorsqu'elle s'enquit auprès de chroniqueurs arabes et de chefs religieux musulmans de l'origine de ces mutilations, on lui répondit que les femmes en avaient été les instigatrices. Selon eux, les mauvais traitements que Sarata, épouse stérile d'Abraham, aurait infligés à Hadira, seconde épouse esclave et fertile, seraient l'excision. La Bible, guère explicite sur la nature de ces sévices, mentionne: « Alors Saraï la maltraita au point qu'elle dut s'enfuir » (Genèse, 16:6). Mais les Hadiths, source coranique rapportant les actes et paroles du prophète Mahomet qui vécut à une époque où l'excision était chose courante, font la mise en garde : « N'interviens pas de façon radicale, c'est préférable pour la femme. » Par ailleurs, l'ablation limitée à l'excision du prépuce est appelée *sunna*. Or, en arabe, ce mot veut dire, semble-t-il, « tradition du prophète ». À elle seule, cette référence paraît confirmer l'institutionalisation d'une pratique soumise à l'instance religieuse patriarcale.

Mais d'autres considérations s'imposent. L'infibulation en particulier affirme, on ne peut mieux, la maîtrise de l'espace sexuel féminin par le mâle. À l'opposé de la circoncision qui dégage le gland du garçon et le fait déborder en dehors du corps pénien, l'infibulation rengaine les parties génitales de la femme. On pose les scellés sur le sexe évidé mis en réserve pour le futur mari qui en disposera à sa guise, fera ouvrir la femme par quelqu'un d'autre ou la répudiera s'il s'avère impuissant à la pénétrer. Cette coutume garantit l'intégrité du produit cédé. Et les droits de propriété restant acquis, l'infibulation pourra être répétée lorsque le mari quittera son domicile en période de sécheresse pour aller chercher ailleurs sa subsistance. Si le procédé répugne, rappelons que la ceinture de chasteté a joué le même rôle dans l'Occident chrétien du Moyen Âge et de la Renaissance. Et ne nous interdisons pas de penser que si l'Occident s'est abstenu d'intervenir, c'est peut-être moins par respect d'usages et de coutumes concernant la politique intérieure des pays concernés, que parce qu'elle trouvait là un moyen dérivé d'assouvir ses propres fantasmes de castration et de mutilation sexuelle.

Par ailleurs, la fonction de maîtrise à l'oeuvre dans la clitoridectomie s'exerce surtout en pays nomade. Serait-ce qu'il faut castrer ce qui ne peut être cadastré. Pour que la pulsion libidinale ne se dissipe pas au long des parcours saisonniers, on supprime l'organe de plaisir qui pourrait distraire la femme de sa fonction reproductrice et dissoudre l'appartenance clanique ou matrimoniale. La femme sédentarisée est toujours moins couverte de tatouages ou de scarifications que la nomade. Identifiée à un espace stable qui la marque a priori, elle ne court pas le risque de traverser les systèmes socio-symboliques en s'inventant des signes individuels qui affirmeraient son affranchissement de l'ordre établi. Dans toutes ces interventions, il est clair qu'on veut non seulement maîtriser la nature, mais encore briser la pulsion désirante de celle qui pourrait trop jouir de son corps déjà comblé par le plaisir de l'accouchement et le lien fusionnel à l'enfant maintenu au-delà de la naissance et de l'allaitement. Frustré de donner son corps au travail et au pouvoir, l'homme se vengerait en empêchant la femme de jouir du sien, et pour être sûr de dominer tout espace, il sentirait le besoin d'exproprier l'espace clitoridien[16].

Une mesure compensatoire paraît en effet s'affirmer dans les rituels sexuels mâles tendant à minimiser les différences, rituels dans lesquels Bettelheim voyait le désir inconscient de l'homme de s'approprier les organes femelles et leur capacité de reproduction. L'intracision provoque un écoulement sanguin qui se rapproche des menstrues, et des peuplades africaines et australiennes le considèrent tel. La subincision (ouverture du corps pénien sur sa partie ventrale) donne au pénis l'apparence approximative d'une vulve. Cet affichage des caractères sexuels secondaires de la femme se double souvent d'une appropriation de sa fécondité. Dans leurs rituels de circoncision, les Iraniens font avaler à l'époux le prépuce coupé afin de guérir la femme de sa stérilité ou de la faire accoucher d'un garçon. Pour la même raison, les Juifs de Tripolitaine déposent le prépuce dans un oeuf qu'ils font consommer à la femme stérile elle-même.

Cette intention est particulièrement claire dans la couvade, parfois appelée « rite de paternité ». Cette coutume est interprétée par certains ethnologues comme l'appropriation de la fonction de maternité par le père. Pendant que la nouvelle accouchée vaque à ses occupations, le mari s'alite, cesse toute activité et se soumet à divers tabous. Quand il a fini d'imiter la femme en couches, il est devenu père[17]. Il faut comprendre qu'en société primitive la parenté sociologique est plus importante que la parenté biologique et que dans certaines communautés, le prix de la mariée suffit souvent à conférer le droit de paternité.

Entrer en possession du pouvoir reproducteur permet de constituer une société d'hommes maîtres de leur généalogie. Les Arunta appellent lait le sperme qui s'égoutte du pénis circoncis et représente, à leurs yeux, le sang des ancêtres décoloré par la mort. Ailleurs, chez les Mandingue, le masque porté par les garçons pendant la circoncision désigne leur mise à mort et leur réenfantement subséquent. Le rituel permet de confirmer publiquement une lignée mâle qui s'autogénère sans la femme, dont les droits et privilèges échappent à la contrainte biologique. Par ailleurs, l'investissement libidinal du pénis qui s'effectue dans une manipulation théâtrale, magnifie, aux yeux du garçon, les caractéristiques mâles de courage et d'autorité proposées à son admiration. Ceci tend à supprimer l'ambivalence sexuelle et à imposer le modèle viril dans le processus identificatoire qui le détachera de la mère.

Il semblerait que les rites initiatiques soient plus prononcés dans les sociétés où la période de croissance, et donc de rapport étroit à la mère, est plus longue. Chez les Azande, les Dahoméems et les Mossi, où le lien à la mère est fort, l'on pratique de fortes mutilations génitales, par opposition aux Trobiandais et aux Tallensi où l'on y recourt moins peut-être parce que la dépendance à la mère est plus faible. Cette volonté de soustraire l'enfant à l'emprise maternelle s'exprime particulièrement bien chez les Guerzé qui interprètent les tatouages initiatiques des garçons comme des marques laissées sur la peau par l'expulsion du vagin maternel. L'homme doit faire croire qu'il donne la vie à l'enfant par les rituels d'initiation. Dans les sociétés où l'incidence matrilinéaire est élevée, de grands efforts idéologiques sont en effet déployés pour placer l'origine sous le contrôle du discours mâle. À Malaita, les mythes racontent toujours comment le mari tue la mère-serpent de l'épouse lorsque cette dernière reste muette ou trop énigmatique sur son origine. La maîtrise du présent et de l'avenir n'est possible qu'à partir d'une prise en charge de l'origine de la femme par le geste de l'homme. La mère morte ne menace plus l'enchaînement lignager que l'on veut faire bifurquer du côté du père, seul producteur de vie et de discours.

Inversement, du côté des filles, les sociétés pratiquant l'excision tendent à persuader celles-ci que leur organisme, laissé à lui-même, serait impuissant à accomplir sa maturation physiologique. La clitoridectomie et l'infibulation dépouillent le corps femelle de ses caractéristiques naturelles pour le marquer de la Loi contrôlant sa génitalité. Ce processus est particulièrement évident chez les Gourmantché. La calebasse d'excision figurant la matrice est couverte de gravures indiquant les chemins de la fécondité: enfance, puberté, excision, mariage, accouchement. Le graveur, responsable de cette carte du Tendre plutôt dure, est choisi par le futur mari, et l'arbre calebassier d'où est tirée la calebasse vient de son clan. Aussitôt la cérémonie terminée, la calebasse est déposée sous le sexe mutilé de la fillette. Une matrice culturelle fabriquée par l'homme se substitue à la sienne. Quelques jours après l'opération, cette même calebasse reçoit les cadeaux de mariage remis en gage de fécondité. Le don matériel favorise la reproduction de l'espèce, et le ventre féminin, marqué de l'ordonnance mâle, donne à l'homme les héritiers qui font sa prospérité et perpétuent sa postérité.

Si l'on n'a pas compris que les manipulations génitales sont d'abord des manipulations idéologiques, ajoutons ceci. Les rituels initiatiques féminins se limitent en général à la structure familiale et mettent en présence les seuls intéressés à l'échange de l'actuelle ou future femme disponible sur le marché, par opposition aux rituels initiatiques mâles qui prennent figure de cérémonie collective. La réclusion qui les accompagne, plus longue et plus fréquente chez les filles, revêt un caractère de renforcement puisqu'elle se répète à chaque menstruation. Chez les garçons, elle a lieu une fois pour toutes, sauf exception (les Yao font périodiquement l'incision du prépuce); et elle est entourée de festivités sociales qui indiquent clairement qu'elle fait entrer dans la société des hommes détenant le contrôle des pratiques religieuses, économiques et politiques.

Cette différence indique bien que le destin de la femme se jouera au dedans et dans la solitude, par opposition à celui de l'homme qui s'accomplira au dehors dans un réseau d'échanges intéressant l'ensemble des rapports sociaux. Par les rites de première menstruation, la fillette entre dans le groupe des confinées à l'espace clos. Par les rites initiatiques, le garçon passe à l'espace ouvert de la société mâle qui l'accueille. Chez lui, la séparation du groupe des femmes, suivie ou non d'une période de réclusion, précède la transmission des connaissances, règles et épreuves imposées. Il aura le statut d'adulte après avoir reçu l'inscription tégumentaire qui clot le processus initiatique. Au contraire, la fillette promise à l'homme est renvoyée temporairement à l'intérieur du clan des femmes. Le confinement auquel on la condamne de façon souvent draconienne lors de sa première menstruation, et pour une durée pouvant aller jusqu'à deux mois chez les Guarani et les Choriguano, n'a pas seulement pour but d'éloigner le frère par le tabou du sang impur. Il vise aussi à jeter le discrédit, au yeux de la fillette, sur ce sang producteur de vie, qui ne peut être induit ou supprimé par le rituel mâle.

Les fillettes de la côte nord du Pacifique sortent de leur réclusion pieds et mains symboliquement liés par les tatouages. Les Algonquins juchent la fillette dans un hamac et lui entourent la tête d'une cagoule afin de l'empêcher de voir le soleil et de toucher le sol. Le déracinement physique et le brouillage cosmique s'effectuent mieux dans le noir. Une troisième coupure s'ajoute aux précédentes. Coupée d'avec la mère, coupée de l'extérieur, elle l'est aussi d'elle-même. Confrontée à la douleur physique, à l'inconfort, à l'ostracisme et au rejet, la fillette ne peut voir et éprouver ce qui se passe en elle et hors d'elle que comme un anéantissement de ses pulsions érotiques et de ses forces vitales. La néantisation la recouvre expulsant la mémoire bio-filiative qui la remplissait. Elle se confond à la noirceur qui l'entoure. Vacuité, Absence. Effacement des traces anciennes. La voilà devenue surface vacante. Lieu d'inscription offert à la mémoire d'alliance dont on s'apprête à l'investir.

Rites sexuels barbares et modernes

En système barbare, la circoncision mâle, qui perdure dans le monde judaïque et islamique et s'est manifestée sporadiquement dans les anciens empires d'Égypte et de Babylone, inscrit la loi sur la génitalité mâle beaucoup plus tôt qu'on ne le faisait dans le système sauvage. À compter des derniers siècles avant Jésus-Christ, la circoncision ne se pratique plus à la puberté, c'est-à-dire à peu près au moment du mariage, mais environ une semaine après la naissance de l'enfant. Le père préside ou prend en main l'exécution de l'opération, reléguant dans l'ombre le père et le frère de la mère qui étaient auparavant les principaux acteurs du rituel. On envahit donc tout de suite le terrain de la mère, déclarée impure pour une période de 40 jours (*Lévitique*, 12), qui se voit tôt coupée de l'enfant.

Ces changements s'expliquent. La centralisation du pouvoir et l'élaboration du système étatique ne dépendent plus des anciennes structures de parenté axées sur la fécondité. Les nouveaux modes de production suscitent des formations sociales où les classes d'âge l'emportent sur les rapports lignagers et à l'intérieur desquelles s'affirme la domination de l'homme par l'homme. La loi du père doit donc être communiquée au fils dès la naissance pour que s'instaure la verticalité mâle du système barbare supplantant l'horizontalité mâle/femelle du monde primitif.

L'écriture et la métaphysique naissent en régime barbare. Disposant d'un outil d'inscription beaucoup plus efficace et universel que le marquage des parties génitales, on cesse de circonscrire le sexe des femmes par les mutilations sexuelles ou le tatouage. Il devient superflu de marquer ce qui a déjà été estampillé par le concept discriminatoire ou déclaré impur par la loi. Par ailleurs, l'inceste mère/fils ou soeur/frère n'est plus à craindre quand le lien de vie se transmet de père en fils par les rituels de circoncision islamique et hébraïque. On se concentre donc sur l'organe stratégique porteur des pouvoirs transmis par l'Oeil, le pénis du bébé mâle entouré des actuels et anciens « membres » du « corps social ». L'alliance primordiale se noue entre gens du même sexe.

> « De ton côté, tu garderas mon alliance, toi et ta postérité, dans les générations à venir. Voici le pacte établi entre moi et vous et tes descendants, et que vous aurez à observer: tout mâle, parmi vous, sera circoncis. Vous couperez la chair de votre prépuce, et ce sera le signe de l'alliance entre moi et vous. » (*Genèse*, 17:9, 10.)

Les fils obéiront. La métonymie corporelle s'affirmera comme support et expression de la loi d'identité. À l'exemple des Pères, le futur chargé de pouvoir aura la loi à l'Oeil et en fera une représentation saillante. À bout portant, et bandé comme l'ancienne flèche du chasseur sauvage.

La société moderne a retenu la leçon. Puisque toute force de vie et de régénération tire son pouvoir de l'ordre symbolique qui la désigne, elle a conservé le rite de circoncision dans de nombreuses communautés. Sans tenir compte de l'appartenance religieuse, des villes entières d'Amérique du Nord la pratiquent sur tout enfant mâle né à l'hôpital. Le discours scientifique ayant remplacé le discours mythique ou religieux, le médecin est le nouvel officiant du rituel. Et le prétexte prophylactique ou psychologique — promotion de l'hygiène, du plaisir — justifie la perpétuation de l'inscription phallique.

Du côté féminin, on a créé des rituels modernes et ressuscité certaines pratiques sauvages permettant d'assujettir la puissance reproductrice femelle au discours mâle. Peu de femmes sont gynécologues et encore moins sont pape, évêque, directeur d'hôpital, ministre, député. Peu de femmes siègent dans les hauts lieux où se légifère et s'administre la fertilité, la contraception, le bon fonctionnement ou le dysfonctionnement du sexe. Les discours tenus juqu'à maintenant par les autorités civiles et religieuses sur la sexualité et la génitalité des femmes ont été délivrés par des hommes. Les lois prescrivant les fins et modalités premières de la fonction de procréation ont été décrétées par des clercs célibataires qui avaient fait voeu de chasteté. La juridiction de la famille est encore majoritairement administrée par des magistrats qui n'ont jamais mis d'enfants au monde ou même assuré la garde d'un enfant plus que quelques heures par semaine ou par an. Et les violentes oppositions que soulève la question de l'avortement se réfèrent peut-être davantage à la crainte de perdre le contrôle de la reproduction biologique qu'à l'éthique ou aux raisons sociales invoquées.

En société moderne, des rituels tégumentaires ont toujours cours. Les Tupari tondent les têtes et les pubis des fillettes avant de les couvrir de la peinture initiatique qui les habilite au mariage. La caste médicale du 20e siècle tond la femme avant son accouchement. L'ordre symbolique mâle perdrait du terrain à se heurter au poil femelle. Et pour être sûr d'avoir « le dernier mot » dans le « contrôle des naissances », le chirurgien coupe le périnée de la mère au moment de l'expulsion de l'enfant. L'épisiotomie est le coup de bistouri culturel de papa Soleil qui donne à l'homme le mérite et la maîtrise de l'accouchement. L'anesthésie est la cagoule enfoncée sur la tête de la parturiente pour occulter en elle le privilège et la jouissance de l'enfantement.

Là encore l'Amérique vient en tête, ces coutumes se généralisant partout où prévaut l'assurance-maladie. Un processus naturel est converti en intervention chirurgicale. Accoucher cesse d'être une fête. Mettre un enfant au monde devient une coupure-maladie administrée par l'État, aseptisée par son « corps médical », ligaturée par ses clercs obstétriciens qui ont mis partout les sages-femmes au rancart[19]. Le protocole infirmier, la scientificité des lieux, la théâtralité de l'habillement, l'administration de calmants, l'injection d'oxytociques accélérant l'expulsion, désapproprient la femme de ses facultés procréatrices. Le rituel commande l'ordre naturel et se donne l'illusion de contrôler l'incontrôlable. Ce qui s'échappait de la femme finit par s'échapper de la parole instaurant les rites régulateurs dominant la puissance reproductrice des femmes. Et voilà la nature retombée sous le fil coupant du discours.

On coupe la femme dans son corps et de son corps. Le chirurgien accoucheur profite du milieu « hospitalier » pour marquer de son sceau une fonction physiologique non-inscrite dans son corps mâle. Et pour combler ce manque, il noue au poignet de la mère et à celui du nouveau-né le nom qui leur donne une identité sociale et les remet au monde. En province, des médecins généralistes se vantent: « J'ai mis tous les enfants de St-X au monde. » En ville des obstétriciens se lamentent: « Je n'ai pas dormi de la nuit, j'ai eu un accouchement difficile », ou « Me voilà rendu avec douze accouchements par jour, à ce rythme-là, je vais finir par y laisser ma peau. »

Ceci dit, il serait injuste et inexact de voir dans les rites génitaux un complot masculin visant à départir la femme de ses droits. À l'origine, il semble plutôt y avoir eu affolement et inquiétude de l'homme face au pouvoir naturel des femmes de faire des enfants et de reproduire une force de travail qu'elles auraient pu accaparer. L'instauration de discours et de rituels de domination sexuelle fut la mesure compensatoire inventée par l'instance patriarcale pour s'assurer le contrôle du processus de reproduction sociale devant contrer le processus de reproduction biologique détenu par les femmes. À la rigueur, on peut même dire que l'on n'avait pas le choix. Incapable de procréer — ce qui semble être apparu à l'homme comme une infériorité d'après certains mythes relevés à l'époque où la force de travail reposait sur le nombre d'enfants —, l'autorité dut instaurer une contre-partie défensive. Il fallait rendre culturellement gagnant le corps mâle qui se trouvait, au départ, perdant.

Ainsi pouvait s'organiser la société patriarcale qui assurait à l'homme la maîtrise de la reproduction biologique et sociale, et le contrôle de la production des biens. Cette société lui en léguait aussi les contraintes économiques majeures, d'où la lourdeur des charges qui pèseront sur lui au fur et à mesure que se développera le système. Mais le but de ce livre n'étant pas de dénombrer et d'analyser ces contraintes qui furent, à bien des égards et sur un autre terrain, aussi écrasantes que celles des femmes, parlons de l'inceste, dernière mesure instituée pour assurer la prééminence paternelle.

La vraie nature de l'inceste

Dès l'instant où les modes de production connaissent une certaine expansion, une réglementation de l'échange des corps et des biens tend à faire éclater les limites endogames des groupes sociaux. La parenté, d'ordre biologique, doit être détrônée par l'alliance d'ordre culturel. Mais pour que la société exogame se constitue et que l'échange ait lieu, il faut détacher l'enfant de sa famille et le céder à un clan étranger.

Le processus semble se dérouler à peu près de la façon suivante. En société primitive, les enfants expérimentent une pratique assez libre de la sexualité. Frères et soeurs vivent dans un rapport de proximité, et les mariages sont interfamiliaux ou interclaniques. Mais à mesure que l'expansion socio-économique oblige à passer de l'endogamie à l'exogamie, des règles patriarcales prescrivent la circulation des corps de femmes, corollaire de la circulation des biens que l'on veut instaurer. Un étau se resserre alors autour de la sexualité. La fille ne peut plus appartenir à son frère[20], à son père ou à ses proches. On la réserve pour l'étranger avec qui sera conclue l'entente matrimoniale.

La première menstruation signale la capacité de procréation de la fillette et de sa disponibilité pour l'échange. On la séquestre afin d'occulter dans le dépaysement et la solitude cette part d'elle-même qui la rattache à son milieu. Ses règles physiologiques s'effacent derrière les règles culturelles qui les codifient, les exorcisent et les subjuguent. Le frère interprète le tabou du sang comme une menace. Il ne doit plus aller à la soeur proche dont on le dégoûte, mais à la femme lointaine. Au même moment, intervient pour lui le processus initiatique qui lui donne culturellement ce que la fillette possède naturellement. Une maturation théâtrale, équivalent de la maturation physiologique naturelle de la fillette le fait passer à l'âge adulte, lui permettant de rattraper par le rite et le discours la distance que la fille semblait avoir gagnée sur lui. Dans ces rites, l'interdit de l'inceste est parfois clairement indiqué. Chez les Arunta, par exemple, le frère aîné du garçon circoncis recueille le sang versé et le remet à sa femme pour qu'elle en enduise le front et les seins des soeurs ou de la mère du garçon. Le sang marque ainsi la tête où doit s'imprégner la loi, et les seins de la soeur de lait désormais soustraite au commerce sexuel incestueux.

Très curieusement, des mythes montrent la circoncision mâle comme une mesure anti-incestueuse voulue par la soeur et les femmes en général. Dans un mythe Luba relevé par L. de Heusch, Shimbi, fille d'un père étranger et d'une mère issue de milieu matrilinéaire incestueux, refuse la pratique sexuelle avec son frère jumeau qu'elle frappe au sexe et pousse au duel avec le cousin Kukula qu'elle lui préfère. De même, un récit des Nouvelles-Hébrides répertorié par J.-Thierry Maertens dans ses *Ritologiques*, raconte qu'une soeur, juchée dans un arbre où elle coupe des fruits avec une tige de bambou taillée, laisse échapper accidentellement son instrument de travail sur le prépuce du frère resté au sol, et le sectionne. Une fois remis de sa blessure, celui-ci rencontre intimement une autre femme qui trouve cela bon et en fait part à ses consoeurs qui exigent aussitôt une intervention semblable sur leur conjoint. Ces exemples laissent croire que l'interdit de l'inceste a été, à tout le moins, fortement intériorisé, sinon voulu par les femmes[21]. Devons-nous y déceler un désir féminin d'échapper à l'endogamie, ou y voir simplement l'introjection du discours patriarcal incitant les femmes à souhaiter, ou même à demander l'imposition de pratiques instituées par des mâles?

D'autres mythes rendent l'homme l'instigateur de cette mesure. Chez les Nolembu, on raconte qu'un garçon se blesse le prépuce sur une herbe coupante en accompagnant sa mère à la cueillette. Lorsqu'il revient au village, les hommes s'extasient devant la beauté de son gland découvert et se livrent à la chirurgie mutuelle qui les dotera d'un tel atout. Ce mythe nous fait franchir un pas. Dans les deux mythes précédents qui mettaient en évidence le rapport frère/soeur, la femme paraissait prendre l'initiative du choix du conjoint, du rapport sexuel et de la blessure génitale. Dans ce dernier, où se trouve représenté le lien mère/fils, le traumatisme sexuel est le fait du hasard et les hommes prennent eux-mêmes l'initiative de la circoncision.

Nous pourrions avoir là l'illustration du passage de l'exogamie à l'endogamie exigeant le tabou de l'inceste renforcé de la circoncision, corollaire de la conversion du régime matristique au régime patrilinéaire. Mais le manque de chronologie des récits mythiques et leurs visées idéologiques masquées par l'affabulation ne nous permettent pas de tirer ce genre de conclusion. La croyance au matriarcat, prônée par Bachofen, Engels, Morgan, et qui bénéficie d'un regain de popularité à l'heure actuelle, a suscité peu de sympathie en milieu anthropologique depuis 1950. L'on s'accorde à dire que le matriarcat, structure inversée du régime patriarcal économico-politique instauré en Occident et en Orient il y a quelque 4 000-4 500 ans par la révolution néolithique, n'a jamais existé.

Il n'est cependant pas exclu de penser que ces quelques millénaires, mieux connus et plus facilement répertoriables et analysables que les 800 ou 500 000 années de la période paléolithique, aient pu servir d'écran à l'interprétation des modes de sociétés antérieures qui ne disposaient pas, pour perpétuer et emmagasiner leurs traces, d'instruments de communication et de conservation tels que le calcul et l'écriture. Il se pourrait que la société patriarcale, système fondé sur l'exploitation de la nature et la codification d'une culture reposant sur la compartimentation des classes d'âge, de sexe et de travail, ait interrogé le passé à la lumière de son propre système et l'ait investigué avec l'outil de promotion qu'elle s'était donné, l'énoncé d'un discours justificateur de ses pratiques et de ses modes de reproduction sociale.

Dans ces conditions, le rôle joué par les formes d'organisation sociale à prédominance matristique ou même matriarcale, pourrait avoir été sous-estimé. Elles échapperaient à l'analyse en raison de leur passé lointain — les vestiges actuels observables dans les communutés dites primitives ne seraient que des résidus dégradés et déformés —, ou s'y conformeraient parce que tel en a décidé l'analyste moderne. Le trop près occulterait le trop lointain, ou s'y opposerait par pragmatisme idéologique. Nous ne ferons donc ni le relevé ni le procès des traces ethnographiques ou anthropologiques qui paraissent confirmer la prédominance d'éléments matristiques à l'âge néolithique (sculptures et figurines représentant la Magna Mater, les déesses de la fécondité et amazones; appellation de « matrie » par la Crête, récits de géographes arabes et témoignages d'Adam de Brême rappelant la présence de cités des femmes dans la Mer Égée et sur les rivages de la Baltique, passages d'Hérodote et chroniques anciennes incitant à croire que des femmes avaient formé un noyau de civilisation qui se serait répandu des régions des Ibères du Caucase jusqu'en Asie Mineure etc.).

Cela a existé, mais on ne peut pas dire ce que cela représentait en terme de pouvoir, au sens où on l'entend en régime patriarcal. Y-a-t-il eu véritablement des sociétés animées et administrées par les femmes? Des sociétés mixtes, à l'intérieur desquelles des éléments matristiques et patristiques auraient joué un rôle sensiblement égal, ont-elles déjà eu cours? Ou s'est-on simplement trouvé en régime matrilinéaire où le lien généalogique est transmis par le nom de la mère donné aux enfants, et où l'héritage passe parfois par les filles même si le lieu de l'habitat peut être celui du père. Nous aurions là un simple mode de transmission biologique de la filiation, assorti d'un pouvoir social exercé par le frère ou l'oncle maternel jouant le rôle de donneur de femmes.

Chez les Ya du Malawi où le matrilignage existe encore, l'aînée des femmes du lignage exerce son autorité à l'intérieur de la résidence, mais l'héritage et l'autorité extérieure, particulièrement la fonction de chef, sont transmis par le frère de l'épouse. Cette fonction de domination sociale exercée par l'homme est également vérifiable chez les Trobriandais et les Dobu de Mélanésie. Dans la plupart des systèmes matrilinéaires, la prépondérance mâle paraît s'établir par le canal reproductif de la soeur avant que la patrilinéarité ne s'approprie le droit de lignage. Lévi-Strauss aurait alors eu raison d'écrire: « La filiation matrilinéaire, c'est la main du père ou du frère de la femme qui s'étend jusqu'au village du frère » (*Les structures élémentaires de la parenté*). Ce régime illustrerait les rapports que les hommes établissent entre eux par l'intermédiaire de la femme, et non des rapports autonomes que les femmes établiraient entre elles ou vis-à-vis des hommes.

Quoi qu'il en soit, la notion d'inceste reste confuse. Si tout le monde paraît s'entendre sur sa nécessité, il y a divergence d'opinion quant à son origine, sa nature et ses modalités. En pays chrétien, l'Église a longtemps interdit le mariage du parrain et de la marraine d'un enfant, mettant ainsi la parenté spirituelle sur le même pied que la parenté par alliance et la parenté biologique dont le degré de permissibilité a varié selon les époques. La cohabitation d'un veuf avec la soeur de son ex-épouse était considérée comme incestueuse jusqu'au début du siècle. Selon une tradition hindoue et romaine, la parenté par adoption était assimilée à la parenté par le sang. Et chez les Chinois, le mariage était interdit entre personnes portant le même nom de famille même si aucune parenté n'était décelable.

La dynastie ptolémaïque qui se serait perpétuée, dit-on, pendant trois siècles grâce à l'inceste, fait encore problème. La reine d'Égypte était associée à deux hommes. Son frère, roi par la naissance, son époux, roi par alliance. L'exemple suprême nous viendrait de Cléopâtre, dernière reine de cette dynastie, qui épousa d'abord deux de ses frères avec qui elle n'eut aucun enfant, puis le conquérant romain Antoine dont elle eut des héritiers. Les historiciens ont sans doute eu tort d'interpréter l'inceste au sens strict à propos d'une structure familiale d'apparence matrilinéaire, et de ne pas laisser au terme « époux », un caractère plus fonctionnel. Rien ne prouve que la reine, officiellement mariée à deux hommes, ait eu des rapports sexuels avec le frère avec qui elle partageait les privilèges royaux et les droits successoraux aux biens et au trône. Il se peut donc qu'il n'y ait pas eu d'inceste biologique dynastique en Ancienne Égypte, chez les Incas, ou en Grèce hellénique où Alexandre le Grand s'est survécu pendant trente générations grâce au mariage sororal. Mais il semble malgré tout que, tant dans la société européenne que dans les communautés primitives, les grandes familles royales aient favorisé les alliances interparentales permettant le renforcement de leurs prérogatives.

Dans les régimes anciens, on parle davantage de l'inceste frère/soeur que de l'inceste mère/fils. Il fallait d'abord détruire les structures matrilinéaires qui privilégiaient le frère pour pouvoir instaurer le patriarcat qui consacre la prééminence du père. L'inceste mère/fils, d'ordre biologique et filiatif, a été précédé du tabou incestueux frère/soeur, d'ordre politique et économique, qui ouvrait la voie aux alliances exogames favorisant l'étalement des structures sociales. Le temps des femmes basculait ainsi du côté de l'homme qui possédait déjà l'espace. Une fois l'échange consolidé, la fille devenait mère, soudant ainsi le temps biologique à l'espace social. Plus tard, dans les régimes étatiques modernes où des institutions spécialisées prennent en main la gestion des biens et des services autrefois assurés par les systèmes d'alliance et de parenté, on fait bifurquer le désir incestueux du côté de la mère afin de revitaliser la cellule familiale qui a perdu sa fonction première. Et ce désir, institué et propagé par les discours, donne naissance à la superstructure de l'Oedipe.

Mais dans les sociétés anciennes, la prohibition de l'inceste joue un rôle socio-économique et politique important. En demandant à l'homme de renoncer à sa soeur ou à une proche parente pour épouser une étrangère contre accords, prestations, cadeaux ou tribut dotal, le corps social assure la circulation d'ententes et de produits favorisant l'expansion territoriale. Il subordonne le plaisir au morcellement, au découpage et à l'organisation de l'espace.

Il se sert même de ce plaisir pour assurer l'hégémonie de certains clans. Car c'est grâce au plaisir contrôlé que le clan producteur de femmes s'ouvre au monde extérieur et consent à des alliances socialement favorables.

Consensus des fabricants de Toutes Pareilles

Le régime patriarcal garde sous la main un être tampon suffisamment polymorphe pour basculer soit du côté de la nature, soit du côté de la culture selon les besoins de l'heure. Avant tout, cet être doit être mémoire, c'est-à-dire matrice ouverte à l'absorption des lieux distincts du temps et de l'espace que l'on veut juxtaposer. Une femme continue rarement d'habiter la maison paternelle après son mariage. Simple numéro d'attente avant l'échange, elle bascule dans le camp de l'époux aussitôt la transaction matrimoniale accomplie. Elle obéit au donneur de femmes qui la fait circuler en disposant d'elle comme d'un pion sur un damier.

S'agit-il de sceller une alliance entre deux groupes ennemis ou de pacifier un voisin vindicatif désireux d'envahir le territoire? La femme est l'élément mobile que l'on déporte, la princesse exilée que l'on expédie dans une capitale étrangère. Elle sera la belle-soeur du Soleil, la soeur du grand Sioux, Marie Leczinska, Anne d'Autriche, Catherine d'Aragon, Marie Stuart, Marie-Antoinette. On la glisse entre deux noeuds de violence, et le conflit se résorbe. Elle peut faire reculer la mort, tenir les hostilités en échec, les suspendre ou les provoquer selon la façon dont on l'articule. Elle porte en elle la promesse généalogique. Chefs d'État et chefs lignagers savent d'instinct qu'en certaines circonstances il vaut mieux faire l'amour que faire la guerre. Fondre deux lignées rivales en une seule désamorce les conflits et rallie momentanément des intérêts incompatibles.

L'agrandissement de la sphère d'influence, l'annexion de territoires, la neutralisation d'animosités interrégionales et la fusion de peuples rivaux dépendent de la capacité d'introduire, à l'intérieur du noyau tensionnel, l'élément pondérateur susceptible de tempérer l'agressivité étrangère ou d'enrayer ses ambitions. Grâce à la femme cédée, on détourne l'attention du conflit politique pour la cristalliser sur l'alliance sublimée par le rituel.

D'elles-mêmes, les femmes exercent parfois une médiation imprévue. Sous Romulus, quand les Romains invitent leurs voisins sabins à fêter le dieu Consus et s'emparent de leurs femmes, ils déclenchent un affrontement violent parce qu'ils s'arrogent le droit de faire l'amour sans passer par l'échange. Profitant du désordre, les Sabines sortent de leur condition d'objet et deviennent signes parlants. Se jetant entre les deux camps ennemis, elles les supplient de s'entendre. Grâce à l'affolement général désarçonnant la loi phallique, leur voix est entendue. Un bref instant, les Sabines sont culturelles. Elles adaptent la loi du Père à une situation inédite et rappellent à l'ordre les époux sauvages abandonnés à leurs instincts.

Ceci n'eut pas tendance à se répéter souvent, les femmes ne pouvant être culturelles que par accident. La filiation matrilinéaire avait valorisé leurs entrailles comme lieu d'inscription temporelle. Le patriarcat les met au service de la succession territoriale et les convertit en couloir d'accès à la propriété. Du même coup, elles deviennent objet de sauvegarde et de péage. La réglementation dont on les couvre est d'autant plus rigoureuse que leurs corps, symbole et centre du plaisir, risque d'engloutir les énergies mâles et de les détourner de leur fin productive. Ce qui servira d'enjeu et de support à l'économie du travail est couvert d'ordonnances imposées selon un habile dosage d'intérêts matériels et de compromis libidinaux.

L'interdit de l'inceste n'interdit pas le plaisir. Il le diffère et le déplace hors du clan. Il dirige le fils vers la femme étrangère qui représentera l'Ici et l'Ailleurs, l'Avant et l'Après. Non plus l'immédiat dicté par l'érogène, mais le lointain, et l'outre-frontière désignée par le Père. Ces fusions de lignages différents soudent deux temporalités distinctes sur une même surface d'inscription, le pénis ritualisé de l'homme communiquant à la femme les signes d'une fécondité certaine.

L'Un culturel investit les Toutes Pareilles d'une fonction reproductrice bien contrôlée. L'universel, « qui relève de l'ordre de la nature et se caractérise par la spontanéité », est pris en charge par la norme désignatrice qui le convertit en fait de culture et lui confère « les attributs du relatif et du particulier[22]. » L'interdit de l'inceste réunit ces deux pôles antagonistes. En substituant l'ordre culturel à l'ordre biologique, l'ordre patriarcal met fin au règne de la Nature et crée les conditions essentielles permettant à la société des hommes de se constituer.

> « La prohibition de l'inceste n'est ni purement naturelle, ni purement d'origine culturelle [...]. Elle constitue la démarche fondamentale grâce à laquelle, par laquelle, mais surtout en laquelle, s'accomplit le passage de la nature à la culture[23]. » (Claude Lévi-Strauss)

Le Père a exorcisé le sang menstruel, limité l'ouverture à l'homme par l'infibulation. Il a lavé ses mères, les a rasées, soumises au règne du propre. Parallèlement, il a fécondé ses Fils par la parole, les a fait accoucher d'enfants dieux, a converti en ovaires les prépuces sectionnés à l'aube des longs couteaux.

Le sexe, matière première plus ou moins indéterminée, a reçu sa finalité sociale. Mais pour que cette conversion s'accomplisse et que l'opposition nature/culture se résorbe en une totalité pensable, la femme a dû se prêter au double jeu de la représentation commandée par l'Oeil souverain.

Elle relève d'une catégorie générale empreinte d'universalité: « est pareil ce qui est naturel », « une femme en vaut une autre »,

« il y a des femmes et non une femme ». Mais elle endosse les signes d'altérité la signalant comme différente et désirable. Susceptible d'être captée par le culturel, la captivante est tenue captive à la limite du symbole.

L'irréconciliable passe par elle, mais elle doit l'ignorer ou feindre l'inconscience. C'est entre eux que les hommes tiennent des palabres, se distribuent des mots, des cadeaux, des troupeaux, des terres et des filles. La symétrie parachevée entraîne l'assimilation des espèces naturelles. Le Père exulte: « les hommes changent culturellement les femmes, qui perpétuent ces mêmes hommes naturellement[24]. » Puisqu'il y a symétrie, c'est-à-dire équilibre des contraires et alternance binaire, on doit se trouver sur le chemin de la vérité.

La femme donne tous les signes d'acquiescement attendus. Elle se dérobe. Elle se dénude. Elle s'efface. Elle est signe-objet d'un système de signification qui ne vit que de son attachement à la Mère morte. Grâce à elle, l'unité devient bonne à penser. Grâce à lui, la Nature offre la transparence de traces intelligibles.

Après ces transformations au cours desquelles la nature des femmes passe aux hommes, leur cède ses privilèges et leur revient codée et ritualisée, les petites filles modèles sont prêtes pour le mariage. Leur corps, devenu lieu de parole, se détache de la généalogie du père pour se greffer à celle de l'époux. Soutenues par le père ou le frère, elles font le pas décisif. Yeux bandés, bouche et sexe cousus, elles ameutent la cohorte des chasseurs, laboureurs, fous du roi et garçons de courses massés dans l'entre-deux frontière. Ils affluent de tous côtés, prêts à s'entre-dévorer pour satisfaire leur convoitise. Le vendeur de vierges lève le bras et laisse approcher les Pour-Voyeurs munis de biens, de mots et de couteaux. Ceux qui ne possèdent que leurs yeux sont écartés.

Un jeu compliqué s'amorce. Les mots font circuler les biens qui eux-mêmes font circuler le plus extraordinaire des cadeaux, les *femmes belles à lier. On se met donc à fabriquer des biens en quantité. Celui qui en dépose le plus sur la place du marché repart avec le plus grand nombre de femmes et d'alliés.*

Avec le temps, on finit par s'apercevoir que la femme n'est pas un cadeau. On cesse alors d'en meubler sa maison, se contentant d'en placer quatre, puis deux et finalement une seule aux abords de son lit. Néanmoins on continue d'en fabriquer puisqu'il reste toujours des titres, des propriétés et des frontières à départager.

On les fait belles — le cadeau doit être bien emballé —, silencieuses — en dehors des perruches et des perroquets, un cadeau parle rarement —, attrayantes et bien ficelées — on juge de la fortune d'un homme à la valeur des cadeaux qu'il peut offrir ou recevoir.

Femmes, biens et mots circulèrent ainsi pendant des siècles à la satisfaction des Pères qui voyaient s'agrandir leur domaine et s'accroître leur gloire. Le culturel fut d'abord cultural. L'homme découvrit la culture en cultivant ses champs, et cette découverte l'habilita à dire à la Nature où s'étendre, croître et se multiplier.

En choisissant de coucher avec la Nature selon les règles fixées par le discours, les Fils consolidèrent le tabou de l'inceste. Ils cédaient une peur rouge teintée de sang contre une peur bleue frappée de fer. Ils troquaient l'envoûtement de la Nature contre la férule du Père. Telle femme est permise, telle femme est interdite. Tu oublieras ta mère, ta soeur, ta cousine et les femmes de ton clan. La nature ne peut s'accoupler à la culture qu'en telle saison et selon telle forme de bouture.

Bien entendu, cela concernait les gens du peuple. Le Maître Roi qui faisait la Loi n'avait pas à s'y soumettre. Il couchait donc avec la Nature comme bon lui semblait, la préférant de même souche, de même rang et de même renommée. Il n'avait pas à comparaître sur la place du marché pour acquérir le droit de jouxter la Nature à sa généalogie. Commodément assis sur son trône, il tressait son lignage à partir de rameaux fraternels où n'entrait rien d'impur ou d'étranger.

Puisqu'il régnait, il lui suffisait de faire circuler ses volontés par l'entremise de ses garçons de courses. Hermès savait distinguer l'édit royal des dits de basse extrace.

4

RITUELS
D'APPROPRIATION SCRIPTURALE :
LE DÉCOUPAGE DES SIGNES

Écrire c'est avoir la passion de l'origine.
Edmond Jabès

On sait maintenant, à partir d'informations certaines et massives, que la genèse de l'écriture (au sens courant) a été presque partout et le plus souvent liée à l'inquiétude généalogique.
Jacques Derrida

Le signe inscrit sur le corps

Les sociétés n'inscrivent pas leurs règles que dans l'argile ou sur papier. Dans les sociétés primitives, le corps constitue la matière d'inscription privilégiée où se lit le sens et les signes imposés par l'ordre social. En effet, les premiers modes d'expression ne dissocient pas le corps du message qu'ils entendent signifier, soit qu'ils l'utilisent comme instrument de vocalisation, soit qu'ils le choisissent comme surface d'inscription.

Dans le premier cas, les organes de phonation répètent le récit mythique ordonnant les rites et les conduites exprimées par le corps. Faisant appel à divers registres de sensation, ils s'appuient sur la mémoire pour transmettre un message à l'ensemble de la communauté qui le transcende par sa croyance. Le sacré et le mystère investissent l'être de leur puissance et de leur poids, mais la nature reste présente dans sa réalité concrète et charnelle. Nous sommes dans l'ordre du pré ou du para-scripturaire. Il y a expression mais non encore inscription.

Dans le second cas, nous sommes en présence des rites de scarification, de tatouage et de peinture. La chair, le sang et la peau du sujet sont le support et la matière absorbant le signe. Ces marques tégumentaires s'effectuent dans une symbiose qui biffe toute distance entre le sujet et l'objet d'inscription. Loin de faire obstacle à la fusion être-/nature, la peau capte et irradie le message en certains points du corps: torse, seins, ventre, avant-bras, visage. Nous sommes dans l'ordre du tangible et du vécu, ordre que l'on peut comprendre sans aucune conceptualisation.

Ces modes d'inscription commencent en régime sauvage lorsque le signe cesse de s'adresser à l'oreille pour laisser des marques repérables par l'oeil. Comme l'individu vit dans un contact constant avec la terre, il lui emprunte ses outils d'inscription. Silex, éclats d'os, pointes de fer, épines, lames de bambou, plumes d'oiseaux et branches d'arbre aiguisées, servent à pratiquer l'incision de scarification ou les piqûres de tatouages qui scellent à l'intérieur de la peau la marque indélébile arrachant les cris de douleur que ne provoqueront pas la peinture et l'écriture. Car l'occultation progressive du corps et le refoulement de sa puissance érogène conduiront à l'allégement de l'inscription. La peinture la diluera à la surface de la peau, l'écriture la détachera totalement du corps.

Quand surgira le texte, on n'aura plus mal à son corps ou à l'une ou l'autre de ses parties. Les cris se convertiront en é-cri-ture. Un Moi individualiste et tourmenté criera son angoisse des profondeurs d'un inconscient aveugle où se sera perdue la trace primordiale. Ce brouillage ne risque pas de se produire avec les rites de tatouage et surtout de scarification qui inscrivent la trace de façon cruelle et définitive, à un moment précis de l'existence qui ne saurait être oublié. Le sujet sera donc délivré des exercices de mémoire auxquels doivent se prêter ceux qui ne portent pas en eux et sur eux les marques tangibles du moment de l'inscription première de la Loi.

Le marquage définitif est avant tout porteur d'une fonction de différenciation. Il trace dans la chair vive le rapport nature/culture instaurant les rôles sociaux dont les corps d'hommes et de femmes doivent témoigner. De façon générale, le corps mâle porte les marques de pouvoir et de prestige attachés à l'exploit de chasse ou de guerre. La tête, la poitrine, les bras, le dos et les jambes, c'est-à-dire les parties nobles instigatrices de pensée et d'action, forment habituellement le champ privilégié d'inscription. L'érogène, occulté par la force de travail, est rarement souligné. Ces inscriptions sont orientées vers le dehors puisqu'elles traduisent une fonction sociale exprimant l'idéal du groupe: déploiement d'énergie, de courage et d'activités spectaculaires visant à se soumettre la nature hostile et les forces adverses menaçant l'environnement physique et social. Chez les Inuit, le mâle marque son visage d'un point chaque fois qu'il attrape une baleine. Chez les Iatmul, le guerrier qui tue l'ennemi pour la première fois reçoit un tatouage commémoratif qui impose le respect.

L'inscription tégumentaire, indicatrice de travail et de pouvoir chez l'homme, devient, chez la femme, signe de plaisir et de fécondité. Le marquage s'attarde surtout aux parties sexuelles du corps et aux orifices suggérant soit l'origine du plaisir, soit l'origine de la vie. Les seins, les fesses, le ventre, le pubis, les lèvres ou les yeux sont abondamment encerclés, rehaussés, surcodés. L'oeil tente d'avoir prise sur le dedans. Il s'efforce d'en fixer les limites, d'en cerner les frontières et d'en donner une représentation rassurante, parfaitement identifiable et contrôlable.

Comme les mutilations génitales, le marquage précède l'échange. Les Trobiendais se peignent le visage avant de s'échanger des biens. Les oncles maternels Arunta, qui jouent le rôle de donneurs de femmes, peignent la poitrine et les seins des fille impubères afin d'en activer la maturation physiologique. Seul le corps classé et étiqueté par la loi est apte à effectuer l'échange ou à devenir lui-même objet d'échange. Les bédouins d'Irak ne prennent pour femme qu'une jeune fille tatouée des seins jusqu'au pubis. Les Bororo n'apprécient que la cuisine préparée par une femme exhibant un tatouage abondant. La femme primitive doit porter les marques d'un savoir-faire domestique et sexuel induit par les rituels qui la culturalisent. À ce prix seulement est désamorcé l'inquiétant débordement de vie et de jouissance que son corps semble recéler[1]. Chacune des ouvertures visibles est scellée par le trait, le cercle, le losange ou la spirale qui la délimitent, l'empêchant de se répandre au dehors et de subvertir l'ordre social.

Les procédés de marquage corporel visent à cristalliser les rôles sexuels et sociaux. Ils précèdent ou accompagnent les cérémonies initiatiques évoquées au chapitre précédent. Au Dahomey, la première menstruation des filles est l'occasion d'entailles et de scarification au ventre et aux cuisses. À la fin de la réclusion suivant la circoncision, les garçons Tshokivé sont couverts de tatouages prescrivant la répartition des tâches par classes d'âge.

L'inscription tégumentaire est le discours que le corps social tient au corps biologique avant l'apparition de l'écriture. Elle parle, ordonne, prescrit autant que ne le fera celle-ci, mais son langage est immédiat. Il se dit et se capte dans la chair. Ses traces ne départagent pas encore l'endroit et l'envers du signe. Mais une déperdition progressive du message semble s'effectuer au cours de l'évolution des procédés de marquage. Profonde dans la scarification, la trace s'allège dans le tatouage pour devenir superficielle dans la peinture.

Le visuel l'emporte alors sur le tactile qui intervient surtout au moment du choix des matériaux (branches de palmier, traceurs et peignes d'écorce) ou de la combinaison de couleurs (charbon de bois, suc de fruit, poussière d'os, d'ocre ou de calcaire). La peinture est occasionnelle et mobile. Elle suit les événements — fête, chasse, initiation, mortalité, mariage — au lieu d'en désigner un seul. Détachée du moment primordial de l'inscription unique et inaltérable, elle abandonne l'ineffaçable pour se déployer en

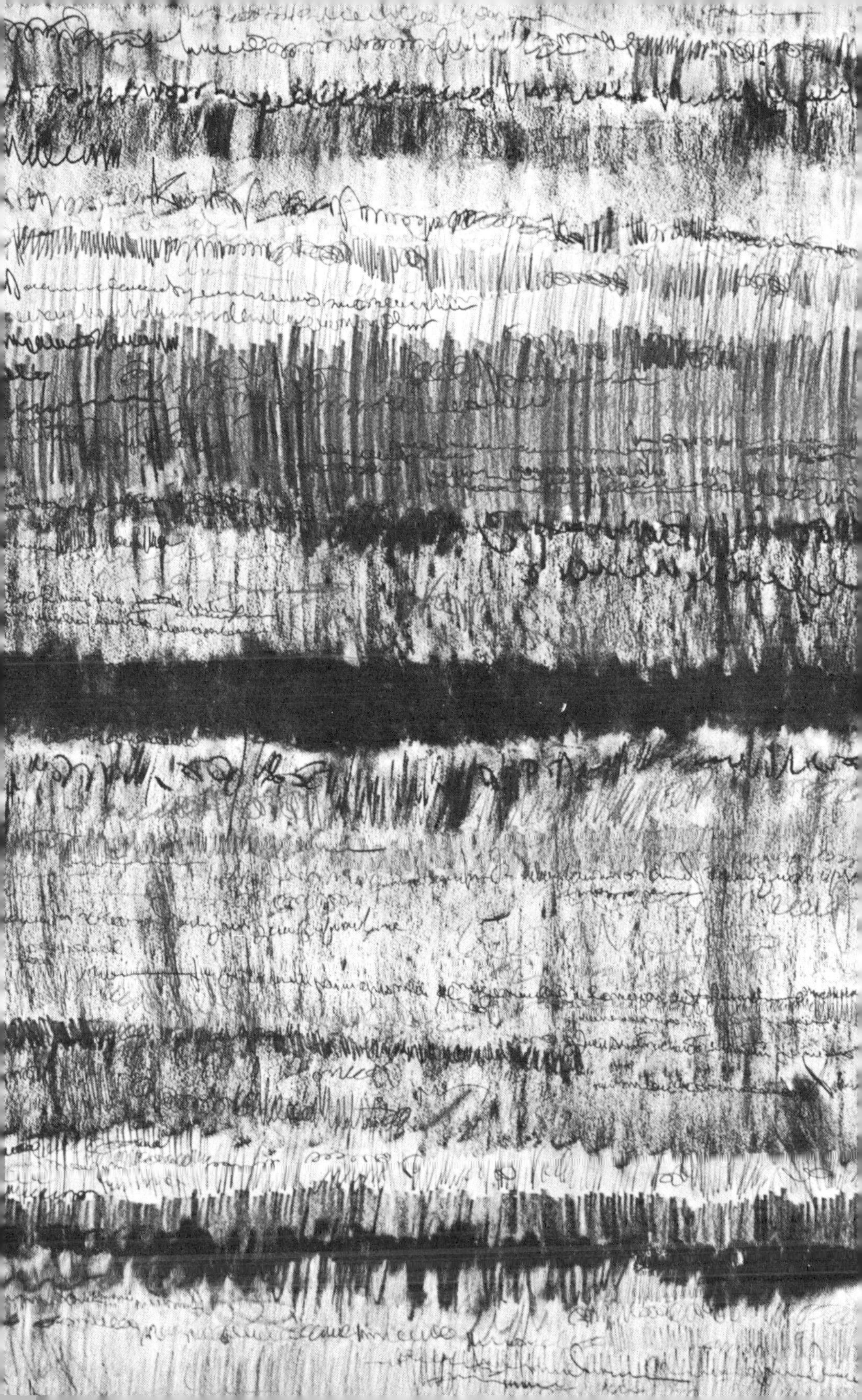

surface. Elle varie ses motifs, joue avec les couleurs. La totalité mythique disparaît, permettant le dédoublement intériorité/extériorité. Le signifiant/signifié cède la place à une profusion de signes éphémères et superficiels.

Ce mode d'inscription semble coïncider avec des périodes de sédentarisation. Dès que les individus se fixent à un espace, des signes mobiles et des biens échangeables peuvent circuler à leur place et parler pour eux. L'insertion territoriale conférant un sentiment d'appartenance et d'identité plus intense, on peut se passer de l'incrustation définitive. L'effleurement de la peau suffit à signaler les temps forts des cycles événementiels. Le tracé n'est plus inaltérable. On donne à voir ce qui ne se donne plus à entendre. La peinture est faite pour le regard. Elle annonce l'écriture, qui se mettra, aussitôt née, à faire le discours de l'Oeil. Nous passerons d'une civilisation du geste à celle du regard. La loi reposera sur l'écrit, bâillonnant les cris qui ne seront plus guère entendus comme expression de la douleur physique ou morale.

En système primitif, la reproduction sociale n'est pas encore indépendante de la reproduction biologique. Son marquage distingue donc les corps mâles producteurs de biens des corps femelles reproducteurs de corps, contrairement à celui des systèmes barbares qui différencie les corps devenus propriété d'autrui des corps propriétaires. Chez les Grecs, par exemple, l'inscription corporelle n'est plus guère utilisée que pour les esclaves et les prostituées. Les premiers, identifiés à leur force de travail, sont étiquetés selon leur poids, leur âge, leur constitution physique et leur résistance musculaire. Marqués au fer rouge ou à la plaque métallique gravée, les corps d'hommes aliénés par l'esclavagisme antique (et plus tard le système colonial américain), circulent sous contrôle. Leur peau, déjà différenciée par la couleur, porte la lettre, le chiffre, le mot ou le dessin figuratif imposés par le maître qui double ainsi le repérage administratif figurant dans le contrat d'achat, le registre de recensement de la main-d'oeuvre, les clauses d'expulsion ou de réintégration des fugitifs et des captifs.

Chez les prostituées grecques, l'inscription émigre en surface. Celles-ci teignent leurs cheveux en jaune safran et portent le costume bariolé qui les signale à l'attention du public. Mais les corps de femmes seront peu marqués en régime barbare. Situées hors de la force de travail, mais toujours affectées à la séduction et à la reproduction des corps, elles portent l'empreinte de leur fonction à la périphérie du corps, dans l'habillement, la coiffure, le maquillage. Le discours des Maîtres philosophes, rhéteurs, penseurs et Docteurs de toutes sortes, les ostracisent et les marginalisent avec beaucoup plus de précision que ne le faisait l'inscription primitive. La métaphysique grecque couvre de discrimination les corps femelles qui enfantent toujours selon la chair dans un monde culturalisé où l'homme engendre selon l'esprit.

Mais comme si le corps mis au ban de la société n'en finissait plus de demander sa réinsertion dans la chaîne des signifiants, les exclus du discours — prostituées, fous, prisonniers, sorcières, clochards, hippies — s'inventent eux-mêmes des modes de marquage corporel lorsque l'inscription de leur marginalisation ne figure plus que sur papier, dans les archives de mairies, les registres des hôpitaux, prisons ou préfectures de police. Ces marquages contestataires réinscrivent à la surface de la peau ou à la périphérie du corps le signe médiateur affichant une liberté perdue. Ceci est particulièrement visible dans le tatouage agressif des prisonniers qui remet le corps en position de désir et lui restitue sa volonté d'affirmation. La contre-culture actuelle ranime en partie le mode de vie primitif dans lequel naquit cette forme de proto-écriture: famille élargie, propriété collective ou vie itinérante, subsistance assurée par une agriculture rudimentaire ou par le troc d'objets artisanaux, cercle réduit d'échange et de communication. Car l'infrastructure détermine dans une large mesure les formes d'expression scripturale traduisant le rapport au monde, à soi et à autrui. Certains jeunes se font des tatouages romantiques, des peintures psychédéliques ou même des scarifications légères. Ils privilégient l'expression orale et picturale, écrivent leurs poèmes sur les trottoirs, chantent dans les parcs publics en s'accompagnant de leur guitare. Il disent non à l'anonymat et la robotisation du système post-industriel. Ils se tournent vers la Terre et tentent d'instituer un rapport fusionnel avec l'être et avec la vie. Ils essaient de rétablir le lien à l'origine sans passer par le discours.

Il est significatif de constater que, dans la plupart des civilisations, les femmes ont conservé certains modes d'inscription tégumentaire — ne serait-ce que dans l'utilisation du maquillage et la perforation des lobes des oreilles — alors que les hommes, sauf peut-être les homosexuels, les ont progressivement abandonnés. Doit-on interpréter cette tendance comme un repliement narcissique de la femme sur son propre corps? Ou comme une soumission au discours patriarcal qui, traditionnellement, ne lui ouvrait l'accès au champ social que par le biais de la séduction et de la procréation?

En dehors de ses grossesses, à quoi pourrait en effet jouer l'intemporelle vouée à la représentation de l'Éternel féminin, sinon à jouer au trompe-l'Oeil. C'est-à-dire à se couvrir de marques la désignant comme corps inaltéré, rivé au point fixe de l'origine inaltérable. Point mort suspendu au Beau fixe. Le point ne vieillit pas. Il tombe comme un poids mort au bout des chaînes de signifiants conçus par le Père. D'ailleurs, le signe délaisse progressivement le corps. Il a trouvé une surface d'inscription moins charnelle.

Sa migration sur la feuille blanche

Si l'écriture est à la fois mémoire, lieu et mode d'inscription d'une culture et d'un savoir, elle est aussi médiation du rapport à la nature et expression du pouvoir qui structure ce rapport dans l'ensemble des systèmes symboliques socio-culturels. Il est donc intéressant de voir comment s'est formée l'écriture, même si son apparition remonte à un moment trop ancien de l'histoire pour qu'il nous soit possible de cerner son émergence et la nature exacte des faits, transformations et bouleversements qui ont entouré celle-ci.

Plusieurs étapes sont franchies entre l'inscription tégumentaire et l'inscription graphique. Déjà, des premiers essais de graphisme à connotation phonétique semblent avoir été tentés dès l'Aurignacien, quelque trente mille ans avant notre ère. Des figures abstraites, peintes ou gravées, portant le nom de mythogrammes, paraissent avoir servi d'aide-mémoire aux initiés. Ces figures, qui ne représentaient aucun objet, aidaient probablement à mémoriser des formules initiatiques, ou à répéter les péripéties formant la trame d'une chronique ou d'un récit mythique. Des peuples indigènes d'Australie utilisent encore ce procédé. Ils gravent sur des pierres sacrées des schémas indéchiffrables pour le non-initié.

À côté de ces graphismes abstraits, il existe des systèmes mieux connus, appelés pictographiques, qui transmettent des messages ou même des récits complets par le dessin d'objets ou d'événements récurrents dans une communauté. Le message est inscrit sur le sol, la pierre, la tablette d'argile, la plaquette de bois. Et, à mesure que la nature du matériau d'inscription se transforme, une distanciation de plus en plus grande s'établit entre l'être et son environnement immédiat, entre l'énoncé et le sujet d'énonciation. Mais nous restons près de la réalité concrète et du rapport direct à la chose peinte. Il y a un signe pour chaque chose ou chaque action signifiée, et ce signe est une image indépendante de la langue parlée. L'objet ou l'acte est d'abord tracé dans son entier: un animal, une plante, une habitation, une démarche quelconque. Plus tard, la partie tend à représenter le tout. À ce stade, trois traits accompagnant le tracé d'une tête de boeuf peuvent, par exemple, signifier «je vous achète trois boeufs» ou «veuillez me vendre trois boeufs». Le dessin est rudimentaire et garde un caractère enfantin. Il se contente d'exprimer un désir ou un ordre. Dicté par des besoins immédiats, il est dépourvu d'intention esthétique même s'il en revêt parfois la forme et paraît se situer plus près de l'art que de l'écriture proprement dite.

Cette forme d'écriture se retrouve chez les Sibériens, les Amérindiens et les Esquimaux. Avant leur intégration urbaine, lorsque ces derniers partaient en expédition, ils laissaient sur le seuil de leur maison un dessin tenant lieu de message où se trouvaient indiquées la direction prise et l'activité exercée. Nous sommes à mi-chemin entre la peinture et l'écriture.

L'étape suivante est franchie par l'écriture idéographique. Aucun dessin pour figurer l'objet, mais un signe qui reste tout d'abord assez près de la représentation animale et humaine. Avec le temps, ce signe devient applicable à plusieurs choses. La notation graphique se rapproche de la phrase parlée que l'on sépare en mots-idées donnant naissance à des signes figuratifs dérivés du pictogramme. Le besoin de réduire le nombre de signes, et d'orienter ceux-ci vers une fonctionnalité plus grande, incite à trouver des modes d'équivalence efficaces. On cherche donc à établir des catégories de signes, et à découvrir entre des signes différents une identité de sens ou de son permettant des regroupements logiques coiffés par un même signifiant phonique. Appartiennent à cette catégorie, l'écriture chinoise et l'écriture égyptienne des quatre dernières classes.

En Égypte ancienne, par exemple, la figure de l'aigle représentait la voyelle a, premier phonème du mot *achor* servant à désigner cet animal. Nous avons donc là la représenation figurative d'un phonème tiré d'un mot de la langue parlée chargé de valeur sémantique — l'aigle représentant le pouvoir —, mais applicable à plusieurs autres mots contenant le même phonème. Signes, voyelles et sons sont encore remplis de la présence de l'objet et de ses pouvoirs sacrés ou magiques. L'abstraction n'est pas encore atteinte, puisque la pensée peut, par rapprochement analogique, réintroduire l'objet dans l'idée exprimée ou le son émis. Mais nous sommes passés de l'illustration pictographique à un mode d'écriture analytique. Ces différentes phases de notation scripturale n'étant pas étanches entre elles, nous pouvons fort bien nous trouver en présence d'une écriture qui chevauche deux étapes successives, comme dans celles des Aztèques où la prédominance pictographique transparaît sous la trame homophonique.

Le dernier stade de l'écriture idéographique ne reproduit plus qu'un signe phonique. Il nous met sur la voie de l'écriture alphabétique qui lui succédera. À ce moment, les signes graphiques ne représentent plus des choses mais des phonèmes ou des sons qui, combinés selon la trame fournie par la langue parlée, arrivent à représenter les diverses choses ou idées que l'on veut exprimer. Ces phonèmes s'articulent d'abord à partir d'une syllabe entière, comme cela se passe en Perse ou en Crète, puis autour de consonnes et, finalement, de voyelles composant ces syllabes. Nous atteignons alors les limites de l'abstraction. L'unité graphique traduit le plus petit noyau décomposable de la chaîne parlée. Sauf dans le cas d'onomatopées présentant un résidu idéographique, nous aboutissons à une séparation totale de l'aspect corporel, tangible et visuel autrefois maintenu entre le signe et la chose signifiée. La table que je vois et l'action même de voir cette table peuvent être rendues par des signes alphabétiques qui n'illustrent plus l'acte de voir ou la chose perçue, mais traduisent l'une des combinaisons d'unités phoniques possibles à l'intérieur d'une langue[2]. À partir d'un même alphabet, l'objet table pourra tour à tour être désigné par le signifié « table » (français), « table » (anglais), « mesa » (espagnol) ou « stoL » (polonais).

Le signe est devenu arbitraire, c'est-à-dire qu'il ne se donne plus comme représentation plus ou moins globale de la nature relevant d'une nécessité physiologique ou physique — la table dessinée telle qu'on la voit, la spirale entourant le mamelon de la femme —, mais comme une transcription culturelle d'un mode de pensée et d'agir propre à une époque et à une civilisation données. Ce n'est plus la table concrète qui est montrée, mais l'idée que l'on s'en fait à travers l'usage social couvert par le graphisme. La combinaison graphique, qui ne tire plus sa signification d'une ressemblance quelconque entre la chose et le tracé, ou entre le tracé et le son, finit souvent par se dissocier de la langue parlée. En français, les mots s'écrivent toujours comme sous Louis XIV, tout en étant prononcés différemment. L'écriture s'est détachée de la parole. Transformée en discours, elle fonctionne à l'intérieur d'un système fermé qui n'entend plus ce qui se dit autour de lui.

Dans cette opération, la nature est couverte des substituts culturels qui se donnent à voir comme l'expression d'une deuxième nature. Pour cette raison, toute écriture analytique, et en particulier l'écriture alphabétique, est oeuvre de traduction et d'occultation du réel. L'écriture pictographique était une transcription fusionnelle de l'univers au même titre que la métaphore. L'oiseau dessiné représentait à la fois l'animal qui volait au-dessus des têtes et le message que l'on demandait de faire porter à tel lieu. À l'opposé, la structure phonique cristallisée dans la graphie désigne un recul de la nature au profit du symbolisme culturel. L'écriture phonétique est une écriture de médiation et de distanciation. Quand j'écris ou lis le mot « oiseau », je ne vois, de l'animal, que les signes désignant son absence.

L'écriture se constitue toujours à partir d'un éloignement, d'une distorsion et même d'une exclusion de la présence. La parole bénéficie encore du privilège de la proximité. L'écriture raconte ce qui n'est pas, ce qui n'est plus, ou ne sera jamais qu'une contrefaçon de l'origine. La littérature est le récit de ce deuil. La théorie, sa justification.

L'effigie du pouvoir absent

Dans les civilisations primitives où le rapport de l'être humain à son corps, à la terre, et au pouvoir est direct, le rituel inscrit sa vision du monde sur le corps même par les procédés d'inscription tégumentaire. Le marquage génital et les rituels initiatiques instaurent la différenciation sexuelle au profit du mâle qui contrôle la reproduction biologique et sociale. Dans les civilisations dites barbares qui leur succèdent et dont la Grèe reste le prototype, les nouveaux modes de production émettent des discours socio-culturels abstraits, parmi lesquels figure l'apparition de la monnaie.

L'anthropologue Marcel Mauss distingue trois phases essentielles dans l'évolution de la monnaie. Une première où l'homme découvre que certaines choses douées de propriétés magiques et précieuses ne sont pas détruites par l'usage et peuvent, par conséquent, représenter un certain pouvoir d'achat. Une seconde où il constate qu'après avoir réussi à faire circuler ces choses à l'intérieur et à l'extérieur de la tribu, il peut les utiliser comme « moyen de numération et de circulation des richesses ». Enfin une dernière phase, inaugurée par les sociétés sémitiques, où il invente « le moyen de détacher ces choses précieuses des groupes et des gens » pour « en faire des instruments permanents de mesure de valeur » dotée d'une portée universelle[3].

On peut fort bien imaginer qu'au stade primitif de l'échange effectué sous forme de troc, ont correspondu les écritures pictographiques où le graphisme reproduit de façon aussi exacte que possible l'objet signifié. Au stade suivant, où se développe une forme substitutive de valeur à partir de certains produits privilégiés tenant lieu d'échange lors des transactions (bétail, maïs, blé, sel, fer, argent, cuivre, or, etc.)[4], correspondraient les écritures de type idéographique combinant les modes de représentation figuratif et phonique. Enfin, au stade final de l'économie monétaire proprement dite, où apparaît la monnaie aristocratique ou étatique tenant lieu d'équivalent général de la valeur, correspondraient les écritures alphabétiques. À ce moment, les échanges universels et généralisés, produits à partir de biens privés, entraînent l'accord réciproque des usagers sur la nécessité d'une convention devant régir la structure linguistique arbitraire permettant une communication de plus grande amplitude[5].

La monnaie, comme l'écriture alphabétique, fut, à l'origine, le propre des sociétés marchandes. Pour satisfaire aux exigences économiques et administratives, il fallait convertir les modes d'échange linguistique et commercial en systèmes graphique et monétaire facilement transportables. Le premier alphabet est inventé par les Phéniciens, un peuple de commerçants. L'infrastructure d'une société est tout autant le schéma symbolique d'activités pratiques que le schéma pratique de l'activité symbolique.

C'est pourquoi la forme de symbolisation exprimée par l'écriture et la monnaie est liée au pouvoir et à ses modes de représentation. L'écriture pictographique est pratiquée par des communautés qui vivent en rapport de proximité. Le chef du clan, de la tribu ou du village est accessible. Son autorité s'exerce à portée de voix. Aucune médiation n'est donc nécessaire entre le pouvoir et les individus qui s'y soumettent. La réalité concrète illustrée par le dessin pictographique présente l'objet dans son entier de la même façon que les scarifications, tatouages, plumes, habits et ornements du chef empruntent souvent à l'ensemble des règnes animal, végétal et minéral leur texture et leur valeur significative. Le rapport à la nature est global. Il s'exprime au niveau des croyances, des échanges et des formes de symbolisation par un constant souci de totalité visant à éviter la fragmentation et la réduction du réel.

Quand l'écriture abandonne la représentation figurative pour s'orienter vers des modes d'expression analytiques et abstraits fondés sur le principe d'équivalence des signes, le pouvoir a perdu de sa concrétude et de son immédiateté. Des groupes intermédiaires se sont formés pour représenter, à divers paliers et dans diverses parties du territoire, l'autorité absente. Le chef habite désormais ailleurs, dans la capitale impériale, et sa puissance s'exprime par signes, délégués et personnes interposées. Son image, substitut de sa présence, est frappée sur les pièces de monnaie qui circulent à la place des marchandises dont elles sont elles-mêmes le substitut. Et la confiance que les gens placent dans cette monnaie est fonction de la foi accordée à l'autorité émettrice. En raison de cette équivalence, la monnaie peut même être parfois utilisée comme une simple unité de compte dépourvue d'existence matérielle. Chez les anciens Égyptiens, le Khat n'existe pas de façon préhensile.

Un procédé analogue préside à la circulation des mots, et à leur représentation graphique désignant ce qui ne se voit plus que par conceptualisation et transcription. La disjonction effectuée entre le signifiant et le signifié, la chair et l'esprit, le signe et l'objet, a pour source une disjonction semblable à l'intérieur du corps social. La volonté des dieux et de leurs représentants laïques ne s'exprime plus que par intermédiaires. Leur parole, reproduite dans un réseau de médiations substitutives, nécessitera le secours de l'interprétation et de l'infaillibilité pour garder l'intelligibilité de l'ailleurs et de l'au-delà imposés à la croyance des sujets. L'écriture a mis fin au monde de la présence corporelle, du noyau communautaire restreint, des échanges à portée de voix. Elle a dépassé les limites spatio-temporelles de la vie concrète.

Les modes d'inscription primitifs sont éphémères. Quand le chef de clan tatoue son corps, il sait, et chacun sait, que l'inscription disparaîtra avec lui, la trace se prolongeant ensuite par le récit mythique qui devra être réactualisé par le rituel, une tradition orale dépassant rarement plus de trois ou quatre générations. Dans ces communautés, on garde ses morts près de soi afin de bénéficier de leur présence le plus longtemps possible. Et l'on se contente de parler des ancêtres et des esprits, c'est-à-dire des êtres qui hantent la mémoire corporelle. Mais puisque l'écriture peut représenter l'absence, elle fera le discours de l'au-delà. Elle invoquera une origine lointaine qui substituera la Loi du Père à l'immédiateté du corps mère. L'écriture donne à l'homme l'illusion de contrôler l'incontrôlable et de nommer le surréel. Elle parle de Dieu, de son enfer et de son ciel. Elle définit l'être, le cerne par une idée, le couvre d'un concept universel dont l'amplitude se prête à divers régimes et à différentes idéologies.

La première substitution du vécu au parlé, puis à l'écrit, s'effectue dans l'ordre religieux. Le récit sacré, qui nécessite le support vivant de la personne, se déroule dans un espace nécessairement réduit. À mesure que s'agrandit l'aire territoriale, on multiplie les intermédiaires pour assurer la diffusion du message. Dans la religion judéo-chrétienne, les clercs sont les seuls personnes affectées à la garde et à l'interprétation des Saintes Écritures. Ailleurs, le dépôt de la révélation divine est confié aux shamans, scribes et lettrés chargés d'en préserver le secret.

Plusieurs de ces spécialistes connaissent les sciences des nombres, les sciences divinatoires, et se livrent à des pratiques de magie ou de sorcellerie. La plupart sont associés de près ou de loin au pouvoir politique souvent confondu au pouvoir religieux. Et pour empêcher que trop de gens ne s'approprient la puissance de ce nouvel instrument de domination, on en limite la divulgation en empruntant à la cryptographie et à l'ésotérisme de quoi préserver l'hermétisme des textes. L'écriture doit rester l'apanage des savants — plus tard, de groupes sociaux privilégiés — qui enjolivent le tracé et en rendent la lecture inaccessible, exprimant ainsi l'orgueil d'une caste et son désir de sauvegarder ses privilèges.

Les premiers textes laïques sont d'ordre juridique et administratif. Textes de lois, inventaires, recensements, ordonnances et mandements. L'écriture orthographique naît de la nécessité qu'a le pouvoir d'être représenté là où il se trouve absent afin de contrôler les biens, les signes et les corps qui circulent sur les territoires relevant de sa juridiction. Le chef primitif affirmait son autorité en demeurant sur place. La force symbolique de la graphie et de la monnaie permet au pouvoir barbare et moderne de se répandre dans le temps et l'espace. Ce pouvoir peut même continuer de s'exercer après la disparition du chef. Des louis et des napoléons restent chargés de leur valeur d'échange longtemps après la mort du roi ou de l'empereur qui les frappèrent à leur effigie.

Contrôler l'impondérable

La plus grande victoire de l'écriture réside dans sa tentative de vaincre l'absence et la mort, c'est-à-dire dans sa capacité d'instaurer et de diffuser un ordre symbolique imposant la permanence et l'universalité d'une loi et d'un code. Lévi-Strauss assiste à la «Leçon d'écriture chez les Nambiwaki». Il en conclut qu'elle est davantage un outil d'asservissement qu'un instrument de libération et d'éducation des masses. Partant du fait que son émergence a toujours coïncidé avec la formaton de sociétés hiérarchisées et d'empires constitués de «maîtres et d'esclaves», il en déduit qu'elle «paraît favoriser l'exploitation des hommes avant leur illumination[6]». Et s'il doute qu'elle ait pu suffire à asseoir les connaissances — car pour lui la révolution majeure s'est accomplie au néolithique avant l'invention de l'écriture —, il lui semble évident qu'elle ait surtout contribué à consolider l'autorité des classes supérieures. Le progrès est né, croit-il, de la capacité de capitaliser le savoir par l'écriture qui devait rapidement devenir un instrument de contrôle au service du pouvoir.

En Occident, l'écriture s'affirme tôt comme l'outil d'expression et de propagation de la culture. L'homme cultivé est celui qui sait utiliser les valeurs de la nature sélectionnées par la culture, et en tirer, grâce au savoir, le plus grand nombre de représentations substitutives possibles. Ce savoir lui vient de sa capacité de regarder à distance les faits de nature autant que de son éligibilité à fréquenter les institutions chargées de conserver et de communiquer la matière culturelle. Il lui vient également d'une aptitude à s'approprier le cadre formel sinon la matière des oeuvres d'arts, répertoires encyclopédiques, chartes, livres et surfaces d'inscription diverses, ayant emmagasiné le dépôt des traces, dits et théories produits au cours de l'histoire.

Présentée sous forme d'acquisition intéressant l'oeil et la mémoire des gens favorisés, et non comme absorption et intégration de la totalité du corps physique et social, la culture-savoir reste discriminatoire envers la marge de nature inabsorbable ou réfractaire à l'emprise réductrice de l'instance culturelle. Tous ceux qui ne détiennent pas les privilèges d'argent, de caste ou d'hérédité en sont écartés. Elle est un luxe qui se transmet par différenciation sociale et sexuelle, son aire d'influence recouvrant le naturel auquel il assigne des limites, une fonction, voire des marques d'exclusion. L'intellectuel occidental est un faiseur de théorie et un fabricant de modèles explicatifs.

Cette conception de la culture est liée à l'histoire même de l'Occident. L'histoire du morcellement de l'espace s'affirme par de nombreuses occupations territoriales conférant au temps le rôle instrumental de mémoire d'événements militaires. L'enracinement dans l'horizontalité paisible fut de courte durée. Bien avant Don Quichotte, la noblesse c'est un nom qui chevauche dans l'espace, porté par le temps d'une filiation. Lorsque l'homme commence à considérer la terre comme un lieu de conquête où étaler son pouvoir, le mot culture subit une migration de sens. Il cesse de désigner l'action de cultiver le sol pour se référer à celle, plus noble, de développer l'esprit par les arts et les lettres.

La bourgeoisie qui détrône la noblesse ne peut s'affirmer sur le même terrain. Ne disposant pas de territoire où se répandre, ni de particule témoignant de son éligibilité à régner, elle se hâte d'endosser la dépouille de la classe qu'elle souhaitait égaler et d'en copier les manières. Puis elle s'invente des marques sonnantes. Elle fait le commerce et la spéculation des biens, capitaux et immeubles qu'elle possède. L'argent devient le signifiant qui informe les objets. Les produits de la culture commencent à circuler. Ils ornent les maisons et les esprits. Lire le dernier roman, acheter le tableau du plus grand peintre, se payer une loge au théâtre constituent autant de façons de se manifester. Les règles du bon goût et du comportement social sont désormais prescrites par ceux qui possèdent le pouvoir de créer des signifiants monnayables. Les institutions laïques épaulent la bourgeoisie montante. Les universités et les grandes écoles dispensent à cette nouvelle élite la compétence professionnelle requise. L'écriture triomphe. La nature prend du recul.

Lieu d'approvisionnement des primitifs, elle avait été convertie par le monde féodal en un grand livre analogique offrant à l'homme un ensemble de signes qu'il n'avait plus qu'à traduire en mots. Absorbé par cette lecture pendant des siècles, il ne se doutait pas que le discours scientifique choisirait la nature comme référent premier de la transformation de la matière, pilier du nouvel ordre social qui opposerait l'homme/sujet à la nature/objet. Cette fonctionnalité de la nature a fait naître le concept de la relativité du pouvoir et du discours. Le pouvoir qui engendrait les discours pouvait subitement se trouver dépassé par eux et devoir en souffrir les leçons et contradictions.

Plus rien n'était certain. Pas même Elle. Car, profitant de ce branle-bas, les a-signifiantes s'étaient mises à parler. Elles bougeaient. Elles se déplaçaient au-delà du mégaron. Le centre était perdu.

> On s'était ménagé en vain des analogies régionales. Le côté hostile, indomptable de la Nature avait pourtant été refoulé du côté de la femme. L'Éternel féminin devait correspondre à la bonne Nature, la femme perverse, à la mauvaise. Même chez les agnostiques, le vieil héritage judéo-chrétien pesait lourd. Dieu avait créé l'homme à son image, et la femme, comme l'ensemble de la nature, à l'usage de l'homme. L'honnête homme était l'Esprit pur qui entrait au bordel, muni des préservatifs nécessaires. Mais la maladie d'amour faisait des ravages.

> L'Oeil ne savait plus de quel côté se tourner pour échapper à l'angoisse du temps perdu et à l'abrutissement de la machine humaine. Car l'on ne s'y reconnaissait plus. Les Pères s'étaient toujours vantés d'enfanter seuls des discours qui reproduisaient le réel et perpétuaient les catégories. Et les mères n'avaient jamais su se passer de l'homme pour faire des enfants qui reproduisaient la nature et perpétuaient l'espace. Mais il leur restait du temps vacant. La loi généalogique comptait ses manques à leurs manquements.

Danse du ventre et illusion de Schariar

> L'écriture faisait le discours de la nature reconstituée. La culture répétait le discours des discours déjà constitués. Elle empruntait à des signifiés usés des signifiants d'occasion qu'elle rafistolait, ajustait et recoupait sous l'Oeil rusé du Père qui distribuait des primes de plaisir aux fabricants les plus doués. En transition entre un monde de représentation et un monde de parcellarisation, l'écriture se cherchait des assises, un support, un ton, une fonction inédite.

Une faille ne laissait d'inquiéter. Avec le temps, on réintroduisait le corps dans le processus de signification. Des hippies s'allongeaient sur la Terre-Mère et traçaient leurs poèmes sur la peau dure de l'asphalte et des trottoirs. Des femmes racontaient leurs montées de lait et de sang, chantaient leurs naissances et leurs accouplements. L'encre sperme avait cessé d'être blanche. Il s'y mêlait du sang, des gravats, des humeurs. L'idée de Platon n'informait plus le réel. Des odeurs entêtantes montaient du continent noir de la femellité.

Tout était à reprendre. Mais on ne savait plus par où et par quoi commencer. La différence échappait à la Loi malgré les actes de contrôle. Le Père finissait par ranger son long couteau et fermer l'Oeil. La Mère déposait son aiguille. Eros rognait les bords de la fente. La mutante avançait. Elle butait sur le lit de Schariar.

> « Chaque nuit, il "consommait" une jeune vierge et, la nuit écoulée, pour se mettre à l'abri de tout risque, il la faisait tuer. C'est ici qu'intervient la fille du vizir. Schéhérazade, qui accepte l'hommage périlleux du roi, à la condition qu'il consente à écouter une histoire. C'est seulement à la fin du conte que le roi pourra la faire exécuter [...] Et l'histoire commence, une histoire à tiroirs, infinie, iridescente, touffue, qui pourrait bien se poursuivre sans limites et sans ennui. » (Lo Duca, *Histoire de l'érotisme*.)

Dans *Les Contes des Mille et une nuits*, le roi Schariar tue chaque jour la vierge qu'il vient de déflorer afin de masquer son impuissance à dominer le temps. La Vierge est l'écrin contenant la promesse de l'inaltérabilité du temps et de l'espace. Une fois l'acte consommé, l'illusion se dissipe et un nouveau symbole doit nourrir l'avidité du dévoreur de signes.

L'attrait de la vierge jeune correspond à une quête d'immortalité. Puisqu'elle est celle sur qui le temps n'a pas de prise, s'en approcher équivaut à se soustraire à l'action destructrice de la mort. Située hors de la durée, elle promet la vie éternelle. Mais à peine l'a-t-on touchée, qu'elle devient objet sexuel et bascule aussitôt dans la durée humaine promise à l'érosion. Il faut alors écarter celle dont la magie s'épuise et approcher une seconde vierge afin de perpétuer l'illusion.

Le récit de Schéhérazade dure trois ans. Il cumule nombre d'aventures saphiques et érotiques ayant pour cadre l'Inde, la Chine et la Perse. En transportant le roi dans l'espace, l'amante lui fait perdre la notion du temps et lui fait oublier la mort. Elle a compris la magie des mots et leur pouvoir d'intervention. Puisque la parole peut nier le temps et la mort, elle dispose d'un savoir qui la sauvera. Non seulement elle vivra, mais elle deviendra reine. Entre la vierge et la mort s'est interposé le récit, sublimation du plaisir sexuel, captation symbolique pouvant transcender le temps.

Ce désir de maîtriser le temps en maîtrisant la femme constitue la toile de fond des *Mille et Une Nuits*. Un peu de la même façon, le roi Omar tente d'assujettir le temps à l'espace afin de dominer l'un et l'autre. Il a trois cent soixante concubines, réparties en groupes de trente, dans douze bâtiments contigus construits dans l'enceinte de son palais. Cet encerclement vise à contenir la totalité du temps dont chaque femme représente une parcelle. Par ailleurs, la structure architecturale coïncide avec les cycles lunaires inscrits dans le ventre féminin. Circonscrire les deux par une muraille désamorce la menace d'un temps illimité éparpillé dans un espace ouvert.

Ailleurs, dans les *Mille et Une nuits*, « L'histoire compliquée de l'adultérin sympathique » nous présente un homme qui s'allie à un génie féminin dont la virginité se reconstitue sans cesse. L'occupation d'un espace vierge inaugure la victoire contre le temps. L'exclusivité et l'inédit de la possession tiennent lieu d'événement. Le premier homme à conquérir l'espace où se joue la représentation du temps croit y trouver le gage de son immortalité.

La grande préoccupation de l'homme a toujours été la conquête de l'espace et la maîtrise du temps. Espace lointain à découvrir, espace voisin à envahir, espace agraire, maritime ou interplanétaire à exploiter. L'homme ne s'éprouve que par son affrontement avec l'espace. Le temps, notion abstraite, n'existe pas comme tel en dehors de la durée mythique ou psychologique qui le représente.

Le temps, c'est la mesure d'un mouvement. Or, le mouvement ne s'exerce que dans l'espace. D'où cette nécessité, pour lui, d'assujettir l'espace afin de posséder le temps. Au moment où il se livre à cette quête, le temps s'intègre à son agir et se dissout dans son geste. Mais dès qu'il s'immobilise, le temps recommence à lui peser. Saisi de vertige, il se cherche une balise indicatrice d'origine, un centre clos où se fusionneraient les extrémités irréconciliables de la vie et de la mort.

Tentatrice, la femme approche en se la coulant douce. Son flux menstruel et son cycle de procréation sont ajustés à la durée cosmique. Elle est près de la nature qu'il évente, bouleverse, détruit. Elle vit le temps. Elle suit le temps. Elle en sera le symbole.

Toute représentation se créant à partir de ce qu'elle exclut, la femme symbolisera le temps à condition d'en être absente. Elle sera atemporelle, située hors de la durée historique, soustraite du présent où s'inscrit l'agir social. Elle sera projetée vers les pôles mythiques de l'origine ou du futur lointain. Hermétisme et divination sont les deux versants qui l'habitent. Elle représentera ce qui a été ou ce qui sera.

Naissance et mort. Commencement et fin. Elle est le lieu où se fige la trace des débuts. Elle est la mémoire de ce qui a précédé l'histoire. Matrice mate, bouche offerte, elle aide le Père et le Fils à répéter « Je me souviens[7] ». La posséder, c'est posséder le temps. C'est fermer l'Œil et jouir enfin de l'origine.

Jusqu'à l'apparition de l'écriture, la déesse Mnèmosyne (La Mémoire) est vénérée en Grèce. Elle est la matrice contenant le passé. Les Muses, ses filles, charment Zeus par le chant des commencements. Elles lui racontent l'origine du monde, la genèse des divinités, la formation du cosmos. Consolatrices et inspiratrices, elles permettent également à Hésiode de revivre les premiers âges de l'humanité et d'oublier les tribulations de l'âge de fer auquel il appartient.

L'âge d'or, c'était le règne de Cronos. Or, Cronos est le temps absolu niant le temps humain. Il est l'élément dynamique et créateur opposé à la fixité de la mémoire. Tantôt, il est la semence qui engendre deux éléments opposés donnant naissance à l'univers. Tantôt, il est le monstre pondant l'oeuf cosmique dont l'éclatement produit le ciel et la terre. Cronos, principe mâle, engendre la vie. La mémoire, principe femelle enregistre les durées qui lui sont confiées et restitue par la bouche de ses filles le chant des généalogies.

> Les hommes meurent parce qu'ils ne sont pas capables de joindre le commencement à la fin. (Aristote)

Voilà à quoi sert la mémoire inscrite dans le ventre des femmes. Permettre le retour à l'origine. Laisser la fin se fondre au commencement et supprimer l'angoisse de l'ouverture, de l'in/défini.

Ancrage des durées fixes, piège du lieu clos, de l'enfermement, de la défloration perpétuelle. Danse du ventre et illusion de Schariar. Les chemins conduisant à l'origine s'égarent dans l'imprévu. Mais où est donc passé la mère. La Grande Mère aux flancs gravides qui abritait jadis ses innombrables enfants?

La Mère se cabre. Elle s'éclipse. Son corps déborde de rythmes jouissifs qui lui révèlent des lieux cosmiques et des durées astrales incommensurables. Mais soudain, elle bute sur la paroi des codes, et surgit l'impression d'étroitesse et d'amplitude, de monde trop proche ou trop lointain, du lit trop large ou trop étroit, de visage à double face, de sexe à double bord. Est-il le Fils, ou bien le Père?

La voilà prise dans une contradiction. Comment donner la vie en restant temps mort d'un espace nul. Comment croire que le Fils se restaure en trimbalant l'Oeil du Père dans son antre. Loi gonflée de signes. Signes de fécondité, de progéniture, de généalogie, de nom, de prix, de sexe, d'origine. Surtout d'origine. C'est trop. Elle n'en peut plus. Elle se répète. Cela dépasse les bornes. Cela crée l'affolement.

L'Oeil qui souhaitait voir est pris au piège du déjà vu. En elle, on aperçoit le vide, le manque, le trou scandaleux. L'homme sort son crayon. Il lui faut combler d'urgence ce trou inquiétant qui néantise les commencements. Un glissement libidinal s'effectue dans la perception/perversion de la trace.

Le parchemin boucheur de trou

> « Le volume, le rouleau de parchemin devaient s'introduire dans le trou dangereux, pénétrer furtivement dans l'habitation menaçante, par un mouvement animal, vif, silencieux, lisse, brillant, glissant, à la manière d'un serpent, ou d'un poisson » (Jacques Derrida, *L'écriture et la différence*)

La pensée occidentale s'est édifiée sur la négation du corps et l'exclusion de celle qui en incarnait une présence trop sensible, mais la nostalgie de l'origine persiste et la hantise matricielle obsède les esprits. D'où la nécessité de s'en remettre à l'écriture pour revenir au lieu forclos afin de recréer la fusion perdue. Le fil du discours aide à reconstituer le cordon ombilical favorisant l'illusion du temps vaincu. Écrire, c'est inventer l'espace où peut s'étaler l'image fascinante de la Mère éternellement conquise. Mère gardienne d'origine à laquelle on s'accroche lorsque les Dieux s'absentent ou se voilent: divinités mythologiques ordonnant les quatre éléments, Dieu d'Abraham masqué par les buissons ardents couvrant le roc sur lequel s'abattra le bâton du législateur qui fera jaillir la source d'eau vive, Phallus égaré dans les redondances du signifiant et les rebellions des signifiés.

La femme est la pièce à conviction attestant que le rapport nature/culture n'a pas été coupé et que le chemin des origines reste praticable. Elle est l'otage garantissant la béatitude originelle, le noyau placentaire d'où le Fils peut s'échapper et revenir grâce au droit de passage garanti par la loi de l'échange. Elle annule l'angoisse qui pourrait se glisser dans les interstices où la pulsion désirante menace la suprématie de la règle. Espace vide portant un temps mort qu'elle a pour mission de revivifier, elle se tait, attendant que l'on écrive sur son compte les deux ou trois choses que l'on sait d'elle et que l'inscription tégumentaire énumérait déjà. Afin d'abolir l'espace qui le séparait de l'autre et créer l'illusion de la proximité des corps, l'homme a inventé le langage. Pour remplir la durée qui isole le moment présent du moment initial, il passe à l'écriture. L'histoire prend corps dans ce double mouvement. D'abord récit mythique de l'origine, elle devient progressivement narration du déploiement de l'être dans l'espace. La femme est le premier espace occupé. On (se) la raconte. On (se) l'épelle. On (se) la dispute.

Champ du désir et support de l'arbre généalogique, elle renvoie à un au-delà du temps qui atténue l'angoisse de la rupture. Elle unit ce qui ne saurait être produit ensemble dans l'espace plat de la représentation. Elle scelle l'espace et la durée au creux de ses entrailles, donnant au Fils-amant-Père la certitude dont il a besoin pour repartir occuper d'autres temps, assiéger d'autres villes, posséder d'autres femmes. Être de l'horizontalité, elle aide l'homme à assumer sa verticalité et à s'en prévaloir dans son dire et dans ses gestes. Elle le prépare à faire l'histoire et à l'écrire. Elle-même se tait. L'histoire ne se construit que dans un espace. La femme, comme les Juifs, les Noirs et les errants, ne possède que le temps. Comme eux, elle ne peut donc raconter que ses exclusions, ses bornes, ses migrations. Ou rêver de Terre Promise.

Le point de repère du propriétaire finissant par devenir le point de vue des serfs, la femme est condamnée au silence et au mimétisme. La femme statique ne peut avoir une histoire et encore moins faire l'histoire. Collée à l'origine, réduite à cet instant et à ce lieu primordial, elle ne peut se raconter ni raconter la suite de ce qui va arriver, puisqu'il ne lui arrive rien que les retours périodiques de son homme. L'écho des explorateurs du Verbe et le bruit des fabricants de signes lui cassent les oreilles. Elle ne s'entend pas penser.

Mais comme cette femme fictive exprime le non-être et le non-lieu, l'homme garde la hantise des commencements et poursuit avec acharnement sa quête de l'origine. Le temps est la distance infranchissable qui l'en sépare. L'espace scriptural, la matrice où s'inscrit l'ardeur de son désir.

> « Qu'il s'agisse de signe verbal ou écrit, de signe monétaire, de délégation électorale et de représentation politique, la circulation des signes diffère le moment où nous pourrons rencontrer la chose même, nous en emparer, la consommer ou la dépenser, la toucher, la voir, en avoir l'intuition présente. » (Jacques Derrida, *Théorie d'ensemble*)

Le signe garde le monde charnel hors de sa portée, y substituant l'écran des réalités culturelles. Il se donne à voir comme phallus, déité, origine, espoir, richesse, beauté, justice. Même en se présentant comme le non-sens ou le non-sexe, il se pare de la vraisemblance du signifiant. Il donne un signe de connivence au lecteur afin de le rassurer sur la validité du système de renvoi généralisé qui s'interpose entre le monde et la conscience du sujet. Car le référent est aussi perdu. Il ne subsiste que par le bon vouloir de l'esprit qui consent à accorder sa crédibilité au texte. L'esprit n'a d'ailleurs pas le choix, le rejet du signe confinant au silence et à l'isolement. Il n'est pas donné à tous de vivre l'expérience de Robinson Crusoé sur son île. Le signe graphique remplit donc sa fonction de boucheur de trou. À l'intérieur du texte, il occupe le lieu, endosse le sens et représente la Loi dictée par le Père. Car les règles et les modes de représentation scripturale désignent autant l'espace social occupé par les législateurs du signe que la dimension des territoires et le volume de capitaux régis par la loi des échanges. L'interdit de l'inceste faisait circuler les femmes et leur demandait d'effectuer la greffe du corps biologique au corps social. Le texte soude le rapport nature/culture au système de communication.

> *Le corps textuel se substitue au corps viscéral et se prête à des effets de prestance et de dissimulation. Il scelle les signes dans la fixité linéaire qui recrée le monde par jeux de substitution. L'écriture s'évertue à remplir les interstices du réseau de médiation. On croit triompher. Le texte s'allonge. Mais lorsque le scribe lève les yeux de sa feuille, la femme a disparu du lieu où on l'avait placée.*
>
> *Effrayé d'avoir à s'orienter seul dans la dérive de sens qui le guette, il appelle la marginale prête à surgir au moindre signe. Elle l'aidera à effectuer la difficile remontée vers les origines. Elle empêchera l'Oeil de buter sur le scandale du vide ou le tumulte de l'ininterrompu. Il dormira enfin du sommeil des justes.*
>
> *Une surprise l'attend au réveil. Il croyait avoir exécuté le Père tout-puissant qui lui dicta ses lois. Il ne se doute pas qu'il le traîne toujours dans son sillage.*

5

ÉLECTION DU SIGNIFIANT MAÎTRE: L'OMNIPRÉSENCE PHALLIQUE

Une femme ça n'existe pas, mais ça peut se produire.
Jacques Lacan

ILS: Ils avaient vu littéralement leur père tuer leur mère, à petit feu. Ils l'avaient vue, elle, ployer, rompre, sous la domination du mâle. Ils en avaient conçu un projet vengeur/sanguinaire: le meurtre du père. Mais petit à petit, ils en prirent l'habitude. Le double meurtre devint chose courante...
ELLES: Elles avaient vu le même meurtre et de plus l'avaient subi (elles, femelles, sous le pouvoir des mâles). Elles, par vengeance de commission, avaient inventé toute une histoire — compliquée jusqu'à l'hystérie... Elles s'y étaient tellement habituées qu'elles ne savaient plus où tout cela avait commencé, dans quel ordre, sur quelle scène et parmi quelles répétitions.
Madeleine Gagnon

L'histoire du Père racontée par Freud

Scène I

(Intérieur bourgeois d'une maison viennoise. Assis sur un fauteuil, le Maître attend, entouré de disciples agenouillés qui font cercle autour de lui. « Racontez-nous l'histoire de l'humanité depuis l'origine! » clament-ils en coeur.)

> « À une époque fort ancienne vivait un père violent, jaloux, gardant pour lui toutes les femelles et chassant ses fils à mesure qu'ils grandissaient...
>
> Un jour, les frères chassés se sont réunis, ont tué et mangé le père, ce qui a mis fin à l'existence de la horde paternelle. Une fois réunis, ils sont devenus entreprenants et ont pu réaliser ce que chacun d'eux, pris individuellement, aurait été incapable de faire. Il est possible qu'un nouveau progrès de la civilisation, l'invention d'une nouvelle arme leur aient procuré le sentiment de leur supériorité. Qu'ils aient mangé le cadavre de leur père — il n'y a à cela rien d'étonnant, étant donné qu'il s'agit de primitifs cannibales[1]. »

Rien d'étonnant en effet. Les cannibales sont capables de tout. Cette mort apaisa la haine des fils, mais elle éveilla en eux un sentiment de méfiance et de culpabilité. Ils s'épiaient chacun du coin de l'Oeil, craignant de s'entre-dévorer.

Pour étouffer leur remords et empêcher que l'un d'eux ne devienne le nouveau possesseur de la loi et des femmes, ils inventèrent une règle à deux faces. D'un côté, ils tenteraient d'apaiser la colère du père en offrant des sacrifices à l'animal totémique choisi pour le représenter. De l'autre, ils s'interdiraient de prendre femme dans le même clan.

> « Le besoin sexuel, loin d'unir les hommes, les divise. Si les frères étaient associés, tant qu'il s'agissait de supprimer le père, ils devenaient rivaux, dès qu'il s'agissait de s'emparer des femmes. Chacun aurait voulu, à l'exemple du père, les avoir toutes à lui, et la lutte générale qui en serait résultée aurait amené la ruine de la société. Il n'y avait plus d'homme qui, dépassant tous les autres par sa puissance, aurait pu assumer le rôle du père. Aussi les frères, s'ils voulaient vivre ensemble, n'avaient-ils qu'un seul parti à prendre: après avoir peut-être surmonté de graves discordes, instituer l'interdiction de l'inceste par laquelle ils renonçaient tous à la possession des femmes convoitées, alors que c'était principalement pour s'assurer cette possession qu'ils avaient tué le père. »

Dans ces temps primitifs, la contradiction était chose courante. La logique n'avait pas encore été inventée. (Les disciples s'esclaffent.) Ni la psychanalyse, cela va de s/moi. Mais force nous est d'admettre que l'interdit de l'inceste s'imposait. Néanmoins, tout n'était pas réglé. Il leur fallait un tabou alimentaire puisque toute loi passe par la bouche.

> « Représentons-nous maintenant la scène d'un repas totémique, en y ajoutant quelques traits vraisemblables dont nous n'avons pu tenir compte précédemment. Dans une occasion solennelle, le clan tue cruellement son animal totémique et le consomme

> tout cru — sang, chair, os; les membres du clan sont vêtus de façon à ressembler au totem dont ils imitent les sons et les mouvements, comme s'ils voulaient faire ressortir leur identité avec lui. On sait qu'on accomplit une action qui est interdite à chacun individuellement, mais qui est justifiée dès l'instant où tous y prennent part; personne n'a d'ailleurs le droit de s'y soustraire. L'action accomplie, l'animal tué est pleuré et regretté. »

(Des étudiants piaffent, hennissent, bêlent. D'autres pleurent. Certains ont le hoquet.) Mais vous ne comprenez rien au sens de la *fête*. Car après le deuil, il y eut la fête, et *l'amour du père* qui marqua le début de la civilisation.

> « Dans la situation créée par la suppression du père il y avait un élément qui devait, avec le temps, avoir pour effet un renforcement extraordinaire de l'amour du père. Les frères qui s'étaient réunis pour accomplir le parricide, devaient avoir chacun le désir de devenir égal au père, et ils cherchaient à satisfaire ce désir en s'incorporant, pendant le repas totémique, des parties de l'animal qui servait de substitut au père. »

(Des étudiants claquent des mâchoires et se lèchent les doigts.)

> « Mais étant donné la pression que les liens du clan fraternel exerçaient sur chacun de ses membres, ce désir devait rester insatisfait. Personne ne pouvait ni ne devait plus jamais atteindre à la toute puissance du père qui était le but des convoitises de chacun. »

(Le Maître lisse sa barbe d'une main satisfaite. Des étudiants reniflent. D'autres dressent le poing. Ils pensent: le Père a survécu. L'un d'eux, saisi d'une convulsion oedipienne, demande: « Mais la mère? Il y eut tout de même des mères? »)

Eh bien, avoue le Maître, pendant ce temps, elles ont fait des enfants. Elles ont hérité « d'une bonne partie de la puissance souveraine libérée par la mort du père[2] ». Ce fut « l'époque du matriarcat ».

Un tel régime ne pouvait durer. Très vite, une contre-révolution redonne le pouvoir aux mâles. Moins puissants que l'ancêtre et occupant un territoire plus étendu, les plus doués des fils se fendent en quatre pour attirer l'attention sur leurs exploits afin de devenir des dieux. Une fente sublime, il va de s/moi.

Avec le temps, ces divinités se fondent en une seule figure qui rappelle le visage du père primitif. On a dès lors besoin de prêtres pour offrir des sacrifices au nouveau dieu. Car les fils n'en finissent plus de se sentir coupables. Pour en avoir le coeur net, ils font beaucoup d'ordre et inventent beaucoup d'autres lois. De tout cet ordre et de toutes ces lois naquirent la religion, la morale et l'art, c'est-à-dire ce qu'on appelle la civilisation. Voyez que les fils eurent raison de tuer le père et de souffrir du complexe d'Oedipe.

(Les fils acquiescent béatement. Habitués à prendre le mot du Père pour du tout cuit, ils ne s'imaginent pas qu'on aurait pu leur raconter une autre histoire. Celle d'Électre, par exemple. Elle est tout aussi cruelle et comporte tout autant de sang. C'est une histoire de famille.)

Histoire de la mère tue/ée

(Agamemnon et Clytemnestre ont trois enfants nommés Iphigénie, Électre et Oreste. Un jour, Agamemnon sacrifie Iphigénie pour apaiser le courroux de la déesse Artémis dont il a tué un cerf sacré. Inconsolable, Clytemnestre assassine l'époux qui a osé immoler sa fille. Mais Électre, la seconde fille, adorait son

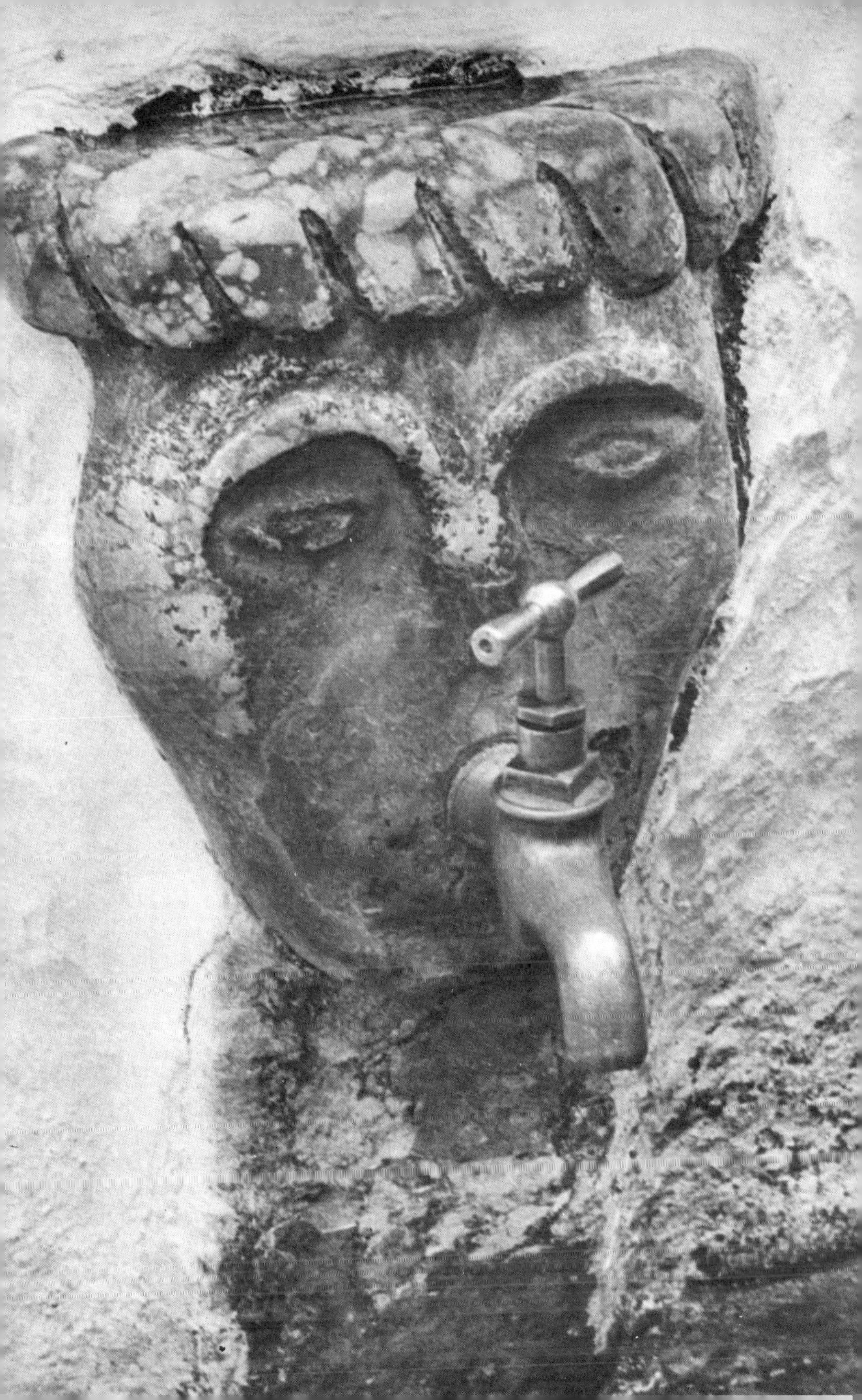

père. Pour se venger, elle pousse son frère Oreste à tuer sa mère Clytemnestre.

Ce meurtre de la mère, accompli par le fils sur l'instance de sa soeur, aurait pu faire pendant au récit de Freud. Rien n'assure que les femmes eussent préféré cette version et que les fils eussent pu s'en accomoder. Rien ne garantit non plus que le deuil de la mère eut été plus facile à porter que celui du père. Mais le complexe d'Électre ne vit jamais le jour. Il n'ébranla jamais la parole du Maître.

Les femmes avortent, elles ne tuent pas. Le meurtre est réservé aux accoucheurs de discours et aux fabricants de signifiants. Au plus noir des ténèbres, dans le rouge de leur bouche et de leur ventre, les femmes abandonnent au néant la part de chair indifférenciée que le Père ne peut nommer.)

Accréditer Électre équivaudrait à décréter la mort symbolique de la mère, c'est-à-dire à mettre celle-ci sur un pied d'égalité avec le père, à perpétuer sa mémoire et son pouvoir par un culte commémoratif et un discours justificateur. Électre et Oedipe, cela donnerait un homme, une femme, et donc deux histoires de désir et de mort possibles. Envisager la dualité de la puissance de désir et de mort oblige à envisage la dualité de la puissance de vie. De cela, les Pères ne voulurent pas. Ils se voulaient seuls Maîtres du destin, seuls possédants de sexe, de mots, de terres et de biens. Seuls grands conteurs d'histoires. Freud se tut donc à propos d'Électre. Ses fils aussi, pour la plupart.

La dure histoire de la horde primitive se répéta indéfiniment. L'existence des fils et des filles n'était qu'un bref interlude entre deux temps forts de la toute-puissance des Pères. À peine ressenties, la convoitise, la peur, l'envie entre deux battements de paupières, que déjà l'allégorie de l'Oeil vous frappait au point nommé par le Père. Car la scène primitive sanglante fut bientôt remplacée par du propre.

Scène II

(Du haut de la scène, deux yeux arrogants s'abaissent vers un mont de Vénus pitoyable. D'en bas, deux yeux honteux fixent le pénis-obélisque offert en adoration par le Maître.)

Au début, c'est comme au paradis terrestre. Les yeux folâtrent en toute liberté et butinent où bon leur semble. Ève n'est pas encore Ève puisqu'à ce moment la petite fille est « un petit homme ». On pourrait dire qu'il n'y a pas un garçon et une fille, mais bien deux petits garçons appelés Adam. Néanmoins, comme cela risquerait de semer la confusion, nous maintenons, pour les besoins de la fiction, qu'une double paire d'yeux de sexe différent s'ébattent au jardin des délices.

Tout près, le Père aiguise son long couteau sur les Tables de la Loi. Les yeux mâles, exorbités, sont frappés du complexe de castration. Le jeune Adam « constate, en voyant les organes génitaux féminins, que le membre viril si précieux *à ses yeux*, ne fait pas nécessairement partie du corps[3] ». Fou de peur, il craint qu'on ne lui coupe le sien. Être un petit garçon castré lui paraît la pire des calamités.

Au même instant, les yeux femelles escaladent le pénis-obélisque et perdent leurs écailles. Sous l'effet du choc, celle qui n'était pas encore Ève devient subitement femme.

> « Elle s'aperçoit immédiatement de la différence et en comprend aussi, il faut l'avouer, toute l'importance. Très sensible au préjudice qui lui a été fait, elle voudrait bien, elle aussi, « avoir un machin comme ça. »

Dieu merci, ce n'était qu'un préjudice. Elle était vierge. Après tout, on aurait pu lui faire un enfant.

Elle en reste néanmoins profondément traumatisée. Dès lors, « l'envie du pénis s'empare d'elle. » Dorénavant, elle ne répondra plus d'elle-même, mais de lui. La voilà capable de se prêter à tous les subterfuges pour s'en procurer un. Grâce à la complicité du Père, cela deviendra un jeu d'enfant.

Mais le jeu sera un peu truqué. On ne tuera pas la mère. On la mettra dans le noir de l'Oeil. Au blanc du discours.

Dès l'instant où la fillette constate le manque qui l'afflige, son sentiment filial maternel se transforme en hostilité. Son amour « s'adressait à une mère phallique et non à une mère châtrée. » Elle se tourne donc vers le bienheureux père qui possède, lui, l'objet convoité.

> « Le désir qu'a la fille de son père n'est sans doute à l'origine que le désir de posséder un phallus, ce phallus qui lui a été refusé par sa mère et qu'elle espère maintenant avoir de son père. »

Délaissant dès lors les jeux de poupée où s'exprimait son identification à la mère, elle souhaite avoir un enfant, « substitut du pénis » tant désiré. Le bonheur goûté dans la maternité réalisera son désir infantile, « surtout si le nouveau-né est un petit garçon qui apporte le pénis tant convoité ». Il ne restera à la femme qui veut consolider son union, qu'à « faire de son époux son enfant. »

Saisissons le glissement onto-biologique. L'époux-pourvoyeur-de-pénis, devient lui-même enfant-pénis. Le Tenant-lieu de Père, qui la gratifie du précieux objet, se transforme en enfant-pénis afin qu'aucun doute ne subsiste quant à la suprématie du Grand Organe qui ne suscite les transports de l'amante que pour mieux consolider sa position d'obélisque.

Est-ce à dire que pour la femme la course au pénis est terminée? Hélas non. Même une fois le circuit pénis-père-enfant/pénis-père-pénis achevé, il se peut que «l'ancien désir viril de posséder un pénis subsiste» et menace encore sa féminité. Car pour Ève, contrairement au garçon, la résolution oedipienne n'est que partielle et provisoire. Le circuit apparaît d'autant plus interminable que cette course au pénis, loin d'ouvrir à la femme une voie vers sa propre origine, l'en éloigne et la condamne à une déroute quasi certaine. Cherchant toujours ailleurs ce que ni elle ni sa mère ne possèdent, elle est vouée à l'errance, à la méprise, à la déportation libidinale.

Le lieu d'origine ne se trouve en elle que pour l'autre, et la haine de la mère castrée occulte l'attachement préoedipien porté à sa semblable. Ce chemin identificatoire est d'ailleurs barré. La loi de l'inceste, trop occupée à baliser les retrouvailles fils/mère par un interdit offrant l'avantage de la transgression réelle ou symbolique, n'a pas prévu un tel retour.

Un jeu fort-da qui s'éternise

Maître et centre du monde, le pénis fait courir la femme et condamne l'homme à une réduction métonymique. Mieux vaut être pénis qu'avoir le pénis. Celui-ci peut s'introduire dans la mère et palper les contours de l'origine. Il peut se loger dans son antre chaud, éprouver la fusion foetale, jouir des noces incestueuses sans que la loi n'intervienne. Mais la crainte de rater le retour aux origines persiste. Mais la menace de castration demeure.

> «Vous rangerez la peur de la castration dans la même catégorie; en effet, perdre le membre viril, c'est être incapable désormais de s'unir à nouveau, par l'acte sexuel, à sa mère ou à la remplaçante de celle-ci.»

L'interdit de l'inceste n'empêche pas de jouir de la mère ou du père. Bien au contraire, il favorise cette jouissance. Par substitution métaphorique, toute femme peut représenter la mère, et tout homme, le père. Sur cette scène jouée en lieu clos, il n'y a qu'un seul acteur, le pénis, autour duquel s'agitent des protagonistes sans visage tenant lieu de faire-valoir. Car le pénis se nourrit de l'adulation qu'il suscite et des effets de mise en scène qu'il s'accorde. Découvert par le regard, il appelle l'ovation constante de l'Oeil.

Marquée par « le manque » qui laisse en elle des « traces ineffaçables », la femme ne cesse d'en souhaiter l'appropriation et d'en mimer la possession dans le coït, la conception, l'accouchement. Voire dans l'exercice de métiers virils et la pratique de certaines activités intellectuelles. Frustrée, elle se fourvoie dans la mascarade, développe des tics compensatoires. Frustrante, elle se rabat sur la vanité pour compenser « sa native infériorité sexuelle », et invoque la pudeur pour « dissimuler la défectuosité de ses organes génitaux. »

> C'est de naissance, avoue honteusement le Père en montrant la malheureuse dont il rabat la jupe. Puisqu'elle n'a rien, on ne peut la castrer. Elle restera donc sans Surmoi. Trimbalant un Moi déchiré entre le désir d'identification au Pénis-Père et le refus de la Mère-Semblable, elle ne possédera qu'un Ça non montrable. Un ça lubrique, gargouillant, dépourvu de turgescence. Déjà peu présentable parce que malformée et modérément douée, la voilà de surcroît dotée d'une incapacité surmoïque.

> « Le surmoi, dont la formation est, dans ces conditions, compromises, ne peut parvenir ni à la puissance, ni à l'indépendance qui lui sont, au point de vue culturel, nécessaires. »

On sait que le Surmoi est nécessaire à l'édification de la morale, de la loi, de la religion, de la culture.

Aussi mal équipée, la femme ne laissera pas de grande oeuvre derrière elle.

> « On pense que les femmes n'ont que faiblement contribué aux découvertes et aux inventions de l'histoire de la civilisation. »

Le Père tient néanmoins à leur rendre justice. Peut-être ont-elles « trouvé » une technique, « celle du tissage, du tressage ». (Et le Père de relever la jupe pour apercevoir le motif inconscient ayant pu déterminer une création artisanale aussi rudimentaire. Il découvre avec stupéfaction que la pauvre insignifiante n'a rien inventé du tout.)

> « La nature elle-même aurait fourni le modèle d'une semblable copie en faisant pousser sur les organes génitaux les poils qui les masquent. Le progrès qui restait à faire était d'enlacer les fibres plantées dans la peau et qui ne formaient qu'une sorte de feutrage. »

Nul besoin de convaincre davantage. Chacun sait que les sous-doués se livrent volontiers à ce genre d'occupation. (Après avoir lancé ce trait de génie, le Père soupire, épuisé d'avoir récapitulé « la préhistoire de la femme ». Il tire derrière lui sa petite idée obsessionnelle.)

> « Si vous pensez qu'en attribuant tant d'importance au rôle que joue, dans la formation de la féminité, le manque de pénis, je suis la proie d'une idée fixe, alors je reste désarmé. »

Désarmé, le Père a perdu l'arme de la signifiance dans les jupons d'une sous douée devant laquelle il eut été préférable de défiler sans rien dire. Mais le discours phallique est tel qu'il ne peut se passer d'interpeller le manque. Le plein ne résonne bien que dans le vide.

(Des disciples s'impatientent. Ils croient que le Maître a été injuste. Sa conclusion se voudra conciliante.)

> « ... individuellement, la femme peut être considérée comme une créature humaine. Si vous voulez en apprendre davantage sur la féminité, interrogez votre propre expérience, adressez-vous aux poètes ou bien attendez que la science soit en état de vous donner des renseignements plus approfondis et plus coordonnés. »

(Les fils sont accablés. La science abhorre les sentiers sauvages du continent noir de la femellité. Et les poètes parlent de femmes sans sexe. Quant à leur expérience, mieux vaut ne pas insister. Des coïts honteux, escamotés entre deux pans de draps glacés (la Mère intouchable et l'épouse intouchée). Ils préfèrent revivre en pensée les délices du jardin des merveilles.)

Le jeune Adam aime sa mère et rêve de la posséder. Il déteste son père, rival insurpassable qui éveille en lui la tentation du parricide et de la culpabilité. Ce père despote peut le castrer comme il le fit aux fils de la première grande famille. Depuis la séance d'anatomie comparée avec la jeune Ève, Adam craint de le voir surgir à tout instant pour lui couper son plaisir. La peur de perdre son pénis l'oblige à renoncer à la mère. Après tout, sa mère n'a qu'un ventre creux invisible, alors que son père exhibe un organe majestueux. Il se range du côté paternel, mettant son pénis en berne jusqu'à sa majorité. La culture exige ce sacrifice à propos duquel il n'entend pas lésiner. Il prendra femme en temps et lieu indiqué par les Pères.

Car les Pères seront toujours sur son chemin, l'obligeant à devenir lui-même porteur de pénis et de Loi, composante héréditaire difficile à assumer. Celui qui n'a pas la Loi n'a pas non plus le pénis/phallus, et qui est dépourvu de pénis/phallus ne peut représenter la Loi. D'où le renforcement de la crainte de castration et l'attachement à la Loi qui autorise le maintien de la suprématie paternelle. D'où cette peur d'être exclu du clan des tout-puissants, cette terreur d'être aperçu dé/bandé.

Mais une récompense est attachée à tant d'efforts. La capitalisation des investissements libidinaux assure une rente à perpétuité. En introjectant la Loi du Père, le garçon hérite du droit de regard et de maîtrise sur l'ensemble des femmes et des lois. La matrice mère n'est rien en regard de la matrice sociale où s'inscriront les traces de son pouvoir. Le Logos, générateur de la matière d'inscription, occupera l'Eros désaffecté. Le désir de toute-puissance qui instaura la Loi s'étalera dans les différents discours qui le proclameront et le dévoileront publiquement. Le Fils deviendra *parlêtre* (expression lacanienne). Il préférera faire la loi à faire l'amour. Du signifiant-sperme sortira de sa bouche.

> « La loi en effet commanderait-elle: Jouis, que le sujet
> ne pourrait y répondre que par un: J'ouis[4]. »

Dans le discours psychanalytique, le miroir occupe une place de choix. Freud a vu son petit-fils, laissé seul dans une pièce, se placer devant la glace et se livrer au jeu compulsif de la bobine de fil lancée devant lui, puis rattrapée avec la main. L'exclamation « fort » (partie) accompagne chaque disparition de l'objet, le cri de joie « da » (voilà!) en salue la réapparition. Ce jeu, mené en l'absence de la mère, représente l'intolérable coupure d'avec celle-ci. La séparation d'avec la mère ayant été perçue par l'Oeil, c'est à l'Oeil que l'on demande de perpétuer ou de résorber le traumatisme. Un jour que l'absence de la mère se prolonge, Freud voit son petit-fils se regarder dans le miroir, puis s'accroupir par terre afin de « se faire disparaître lui-même ».

Les fils de Freud retiendront la leçon. Puisque c'est devant le miroir qu'ils se sont perdus, c'est devant lui qu'ils se retrouveront. S'agrippant au fil de leur discours, ils le relanceront indéfiniment par un jeu « fort-da », qui renouera le cordon ombilical avec la mère disparue. La véritable castration serait qu'on leur ferme l'Oeil ou qu'on leur coupe le fil de leur discours.

Assistons de près à la mise en scène du *parlêtre* et à son insertion dans la matrice symbolique.

L'histoire du Fils mise en scène par Lacan

(Appartement cossu d'un chic quartier parisien. Griffe Cardin. Meubles de style. Le mur latéral de droite est recouvert d'un miroir. Le mur latéral de gauche porte l'inscription « Je bande, donc je suis ». Sur le mur du fond, une affiche en lettres dorées : « Psychanalyse haute couture ». Des mots s'échappent d'un haut parleur placé au centre de la pièce.)

« Peut-être y en a-t-il parmi vous qui se souviennent de l'aspect de comportement dont nous partons, éclairé d'un fait de psychologie comparée : le petit homme à un âge où il est pour un temps court, mais encore pour un temps, dépassé en intelligence instrumentale par le chimpanzé, reconnaît pourtant déjà son image dans le miroir comme telle.

[...]

L'assomption jubilatoire de son image spéculaire par l'être encore plongé dans l'impuissance motrice et la dépendance du nourrissage qu'est le petit homme à ce stade *infans*, nous paraîtra dès lors manifester en une situation exemplaire la matrice symbolique où le *je* se précipite en une forme primordiale, avant qu'il ne s'objective dans la dialectique de l'identification à l'autre et que le langage ne lui restitue dans l'universel sa fonction de sujet[5]. »

(Un ballon en forme de matrice est perforé par une aiguille à tricoter. Long sifflement d'air suivi d'une demi-minute de silence. Un noeud papillon voltige dans la pièce en scandant les mots « Je/Moi » amplifiés par le haut-parleur.)

Séminaire de parlêtres

(Chacun d'eux porte un numéro collé au front.)

(1) La reduplication du Je/Moi me paraît tout à fait géniale. J'y vois là des effets de signifiés appelant des effets de mise en scène pouvant instaurer un registre identificatoire inépuisable.

(2) Voilà qui *soulève peut-être le voile de celle qu'il tient dans les mystères*[6].

(3) La mystérique?

(2) De grâce, n'allez-pas entacher notre réflexion de cet *esprit de boutique* dont la psychanalyse a trop longtemps souffert. Nous n'avons que faire de la pathologie.

(4) Oserais-je avancer qu'il peut s'agir de la mère comme noyau matricial précédant l'avènement du sujet *par une antériorité logique à tout éveil du signifié*.

(5) Référence possible si *ça parle dans l'Autre* comme l'affirmait le Maître à son dernier séminaire.

(2) Mais cet Autre n'est pas la mère. Aussitôt le stade du miroir commencé, la mère devient a-signifiante. Elle cède sa place, ou plutôt sa place est prise d'assaut par l'instance significative qui se nourrit des leurres mêmes qu'on lui propose.

(6) Oserons-nous dire que le signifiant intervient *dans la détermination des effets où le signifiable apparaît comme subissant sa marque*... (il cherche ses mots).

(4) (Enchaînant) *en devenant par cette passion le signifié?*

(2) En effet. Cette *passion du signifiant* est sans borne. Elle forme la dimension majeure de la nouvelle condition humaine. Le Maître vous a déjà confirmé à quel point *dans l'homme et par l'homme ça parle. Ça parle à un point tel que sa nature devient tissée par des effets où se retrouve la structure du langage dont il devient la matière.*

(3) L'Homme Esprit est fait de Matière Langue.

(6) Voilà ce qui s'appelle connaître le Maître et le restituer...

(4) Tel quel.

(5) Sans prétendre vous donner le change, je me sens néanmoins tenu de rappeler que *c'est du lieu de l'Autre qu'est émis son message.*

(2) *Mais si ça parle dans l'Autre, que le sujet l'entende ou non de son oreille,* ne regarde en rien la mère. Par nature, la mère est atone, ou peut-être même sourde et muette. Une chose est certaine, elle n'a pas d'Oeil. Et sa réputation de génératrice est surfaite. Elle n'est grosse que du pouvoir de priver ses rejetons de *cela seul par quoi ils sont satisfaits,* briser la glace où se contemple leur image ou rompre les cordes vocales qui modulent les accords du signifiant Maître.

(4) Mais alors que devient l'Oedipe?

(2) L'objet du désir n'a jamais été la mère, mais le Phallus qui se pose en regard du manque comme seule totalité discourue et discourable.

(5) Seule réponse au corps morcelé aperçu dans la glace.

(3) *Distribuant de l'arène intérieure à son enceinte...*

(6) (Poursuivant)... *à son pourtour de gravats et de marécages, deux champs de lutte opposés où le sujet s'empêtre...*

(5) Comme si l'écart subsistant entre le désir et la demande n'accusait ce *phénomène même de leur refente.*

(3) Attention à l'ombre de la Grande Mère!

(5) Je m'en écarte, bien au contraire. L'anatomie sait désormais se passer du destin. Il n'y a de corps, s'entend de *corps subtil*, que dans le langage, et de trou inquiétant que dans l'absence du Nom-du-Père articulant le désir à la Loi.

(6) Couple désir/Loi fécondé par le signe *pour que s'y produise l'énigme* du signifiant et du signifié.

(3) Cette énigme ne saurait être comblée par une solution toute faite. Combler cette béance *en s'en remettant à la vertu du génital pour* la résoudre est pure *escroquerie.*

(2) Le Phallus seul peut servir de *copule logique* dans cet accouplement du manque et du plein.

(5) *Et comme, de toute façon, l'homme ne peut viser à être entier...*

(4) Autant s'en remettre au signifiant *le plus saillant...*

(3) Capable de représenter *par sa turgidité l'image du flux vital...*

(2) ... du *Un-Père* qui passe d'une génération à l'autre et se transmet au Fils...

(1) à travers la chaîne signifiante de l'Oedipe.

(3) Obligeant en ce lieu même à prendre à la lettre ce qui est *visible à l'oeil nu.*

(3) Fort-da! *De notre halte, il vaut d'indiquer ce qu'on découvre.*

(4) Fort-da! Papa et Moi, on se suffit!

(5) Fort-da! Je/Moi, on est l'Autre... *Les apparitions du double me renversent!*

(1) Je/Moi... Fort-da! Papa et Soi me propulsent dans *la métaphore délirante!*

(2) J'exulte! Fort-da!

Le dandy se métonymise et se métaphorise dans les effets de mirage d'une scène imaginaire. Non plus l'Oeil face à cette ignoble chose qu'était le sexe d'en face, mais l'organe d'appréhension du monde perd dans le déchiffrement de son image réfléchie dans la glace. *Je* deviens celui qui investit le regard de sa présence trompeuse. Un couple se forme entre le porteur de regard et l'objet regardé, conduisant à une apothéose de l'illusion maintenue en suspens dans la mouvance du double qui se contemple. La perception visuelle capte le « noeud imaginaire » soudant l'être à son apparence. Alors s'achève l'expérience qui risque de tourner au drame ou à la psychose, si Narcisse échoue à rompre l'envoûtement.

Au moment du stade du miroir lacanien, l'enfant de six à dix-huit mois n'accède pas à la perception de son corps par la médiation d'un corps vivant et aimant — celui de la mère ou du père comme on aurait pu s'y attendre —, mais par celle d'une surface froide, distante, émettant un message captable par l'Oeil. La glace, objet culturel lisse et propre, est libre des flux, sécrétions, radiations et transpirations naturelles. Il ne communique, dans le processus éducatif, que la platitude spéculaire de ses reflets. C'est à partir du lien visuel établi entre le corps et son image que s'ébauche le rapport à l'autre. L'identification au *je* idéal perçu dans la glace est le modèle sur lequel se grefferont les identifications secondaires subséquentes. Dans le rapport à son semblable, il y aura toujours une distance à combler pour laquelle le dandy devra trouver les mots.

Signifiant de poche pour femmes sans nom

Après le stade du miroir, l'assomption de l'imaginaire au symbolique s'accomplit par le langage, second instrument de médiation entre *je* et le monde. L'homo sapiens étant devenu un *parlêtre* dont l'inconscient est structuré comme un langage, il faut donc tendre l'oreille — après avoir tendu l'Oeil — pour comprendre pourquoi « dans l'homme et par l'homme ça parle » sans cesse. Tout symbole étant le produit du meurtre de la chose représentée, voyons donc ce qui doit mourir pour que naisse l'ordre symbolique structurant le sujet qui n'existe que par et pour le langage.

En premier lieu, la mère. Le moment venu, le Père prononce le mot qui sauvera le Fils. Il décline son Nom, s'immisce dans le couple bien-aimé mère/enfant et dit « Interdite! » Aussitôt, le Fils s'éveille, reconnaît le père porteur de Loi et se détache d'Elle. Elle a fait son temps comme relais de la filiation paternelle. Dorénavant, le Nom-du-Père désignera seul l'origine. Échoue-t-il à se faire entendre? Le Fils reste attaché aux entrailles premières et sombre dans la psychose. Il ne sera jamais sujet social. Jamais *parlêtre*.

En second lieu, les autres femmes. Au sommet du triangle désir-Loi-objet, le Père les déclare non avenues. Les femmes, comme la mère, sont impuissantes à satisfaire l'homme qui les désire pour ce qu'elles n'ont pas. Le manque les constitue comme objet désirable, mais ce manque n'est pas symbolisable dans la langue paternelle. Le porteur de phallus reste donc avec sa demande d'amour sur la langue.

Dans sa quête désirante, il ne rencontre que des substituts décevants avant de découvrir que « ça parle dans l'Autre » et que sa propre signifiance est à chercher dans l'ordre du langage également marqué par le manque. Car le signe se substitue à la chose nommée, sans jamais la représenter totalement. Le discours, nourri par l'imaginaire, n'arrache au Réel que des traces disparates et trompeuses. Le Maître sait que le génital masque la béance du désir. Se rabattra-t-il sur quelque objet sensible qui confirmerait l'inanité du leurre et menacerait le tain du miroir? Se tourner vers Elle? Pourrait-il demander à qui n'est pas présentable, et qui ne se présente pas, d'assumer une part de la représentation symbolique? Quel signifiant pourrait être revêtu des marques de l'infaillibilité sans tomber dans la méprise ou l'escroquerie?

Le Maître capte ce qui fait marque dans le miroir. Le Fils possède «l'organe érectile» pouvant symboliser «la place de la jouissance». Il lui suffit d'en faire le deuil — le pénis doit aussi mourir — pour que naisse le signifiant transcendental commandant l'ordre de la représentation.

> «Le phallus est le signifiant privilégié de cette marque où la part du logos se conjoint à l'avènement du désir.
>
> On peut dire que ce signifiant est choisi comme le plus saillant de ce qu'on peut attraper dans le réel de la copulation sexuelle, comme aussi le plus symbolique au sens littéral (typographique) de ce terme, puisqu'il équivaut à la copule (logique). On peut dire aussi qu'il est par sa turgidité l'image du flux vital en tant qu'il passe dans la génération. (Lacan, *Écrits II*, p. 111)

Voilà le phallus élu Maître de la représentation symbolique. Mais pour que le biologique se convertisse au culturel, ce qui se donne à voir doit se donner à penser. Le paradigme de l'universel émane de la projection narcissique qui constitue le dandy en sujet, et lui donne l'irreprésentable comme objet de discours et de théorie. Car c'est bien à partir de l'a-signifiante que le Mot-du-Père peut être entendu au fond des cuisines et proclamé du haut des tribunes officielles. Sans mot, le sujet qui, par hasard ou par crainte, se serait réfugié «dans l'appartement de sa mère» risquerait d'être frappé de «son premier accès de confusion anxieuse». Ce qu'aucune instance, même psychanalytique, ne souhaite. De tels symptômes ébranleraient la clôture de l'interdit. Ils briseraient l'univocité du sens et creuseraient des fissures par où pourrait s'introduire le visage hideux de la Nature dont on préfère ne plus entendre parler.

Le monisme phallique, qui alimentera les pratiques sociales et les systèmes symboliques, se maintiendra grâce à une libido d'appoint. Produit d'un regard qui cherche son double dans les jeux d'inversion et de réfraction de l'Oeil léchant la glace, la femme ne sait plus où donner du sexe. On l'oriente intelligemment.

La convexité du miroir permet une réflexion rassurante. Puisqu'elle n'a pas ce qu'il a, lui, elle doit se mourir d'envie pour l'organe fétiche qu'il exhibe. Et du fait qu'elle se meurt, il n'en devient que plus vivant. Il présume qu'elle le désire, l'aspire, y aspire, qu'elle le revendique par son simple état de béance. Elle est nature, et chacun sait que la nature a horreur du vide. Le plein fait le procès du manque. Elle n'a rien. Il possède ce qui le fait parlêtre et la condamne à être rien.

Trois siècles plus tôt, Descartes avait pu dire « Je pense, donc je suis » parce que le tain du miroir ne réfléchissait pas adéquatement l'image du sujet. Le perfectionnement de la technique permet d'introduire le cogito lacanien « Je bande, donc je suis ». Il y a, entre ces deux affirmations, plus que l'écart d'un mot d'esprit.

La nouvelle praxis est épuisante. Elle lance aux Fils un défi qui s'avère difficile à relever. Puisqu'ils existent quand ils bandent et que leur statut de parlêtre tient au fait de le dire, ils ne devront pas cesser de bander. Le sexe d'en face aura beaucoup à faire pour investir l'organe fétiche du désir assurant la permanence de l'érection ontobiologique.

Le sort du Père laisse également à désirer. Lorsque ses forces la trahissent, il demande à la fille-Mère de soutenir pour lui le poids de la métonymie phallique. N'eut été son besoin de toute-puissance, il aurait probablement choisi le silence. Comme Noé, il aurait pris une bonne cuite et se serait allongé au soleil. Il aurait joui d'un repos parfait, ri de se trouver dans un corps oublieux de l'appendice chargé d'établir l'exténuant rapport du pouvoir et du Verbe. Il aurait pu congédier le Signifiant-Maître occupé à transvider « le flux vital » transmetteur de « génération ». Après tout, la femme s'en était chargée jusque-là.

Dorénavant, elle sera vestale du Phallus, Maître avant Dieu de l'économie de la parole et de l'avoir. Car si les femmes servent d'objet d'échange dans le réel, c'est bien pour accélérer la circulation de « ce qui se transmet parallèlement dans l'ordre symbolique, le phallus ». Elles accompagnent les pèlerins du Phallus dans leur course à la transcendance. Elles servent de support, d'alibi, voire de pis-aller au signifiant de poche mis de l'avant par le Père.

Aussi longtemps que le Nom-du-Père fait circuler les règles et les femmes le long de l'arbre généalogique qui lui sert de porte-voix, le fils peut reprendre le fil du discours et le dérouler sous l'ombre rassurante du Phallus fondant la légitimité de sa parole. L'arbre généalogique se nourrit des seuls noms propres au transfert des propriétés. La femme porte le nom du père comme simple numéro d'attente avant l'échange, mais elle endosse l'appellation exogame dès qu'elle franchit les limites territoriales du clan et de la famille. Elle est la matrice où se lit l'inscription onomastique légitimant le pouvoir passé, présent et à venir.

Dépourvue de nom et incapable de se symboliser, la femme se voue corps et âme à la répétition du Même et à la reproduction de l'origine. Elle ouvre sa béance à la métonymie paternelle qui la traverse. L'ordre symbolique creuse en elle le trou où seront déposées les clefs de l'économie socio-libidinale. Lieu de rassemblement séculaire du spéculaire, la femme se raréfie. Elle se replie sur l'espace fictif abritant le signifiant-Maître qui lui suce le sang avec lequel le Père signe son nom. « Je suis la servante du seigneur, qu'il me soit fait selon votre Parole. »

Ne pouvant se constituer en je, *elle ne cesse d'en appeler au* tu, *travesti du* il. *Remonter le cours d'une généalogie est l'étape première de toute conceptualisation, la démarche identificatrice permettant à un sujet de se situer dans un espace-temps repérable. Or, sur sa ligne de vie, on ne lui présente que des Pères. Saurait-elle d'ailleurs reconnaître ses mères, elles-mêmes formées à partir du manque et du rien? Il faudrait au moins que quelque chose soit là pour qu'elle puisse s'y reconnaître et se nommer.*

> « C'est pour être le phallus, c'est-à-dire le signifiant du désir de l'Autre, que la femme va rejeter une part essentielle de la féminité. » (Lacan, *Écrits II*, p. 113)

Le passage du crû au cuit a aussi transformé la femme. Au temps de Freud, la mère génitrice, grosse de tous les fils pendus à sa mamelle, ressentait des envies. Des petites envies d'ordre physiologique. Quoi de plus normal. Toutes les femmes enceintes en ont. Elle voulait être pénis puisque tel est le discours dont on la pénétrait[7]. *Instruite du Signifiant-Maître, la voilà maintenant placée en bordure du champ symbolique où pavoise le Phallus. Un prix de consolation est attaché à son asignifiance. Incapable de parler d'elle, elle peut néanmoins parler de Lui ou le laisser parler d'elle ou en elle. Elle peut « signifier ce phallus à divers titres, soit comme vierge, soit comme prostituée*[8] *». Elle peut aussi, si elle possède quelque talent pour le spectacle, se produire dans un « gaiclub » ou dans une « guy association ».*

> « Telle est la femme derrière son voile: c'est l'absence du pénis qui la fait phallus, objet du désir. Évoquez cette absence d'une façon plus précise en lui faisant porter un mignon postiche sous un travesti de bal, et vous, ou plutôt elle, nous en direz des nouvelles: l'effet est garanti à 100%, nous l'entendons auprès d'hommes sans ambages. » (Lacan, *Écrits II*, p. 188.)

La mascarade est bilatérale. L'homme aime son double sous la défroque du travesti. La femme voit son clitoris promu à «la fonction fétichiste du phallus», et se donne l'illusion d'accéder au statut de sujet, une fois réduite à l'espace métonymique créant la spécificité de l'homme. Prise au piège du monisme réducteur, quelle issue lui reste-t-il pour dire ce que son corps voudrait signifier? Soit introjecter le pénis/phallus qui ébranle son désir, et s'identifier à la puissance virile qui instaure et régit la représentation culturelle. Soit tenter de se fabriquer un code de représentation autonome qui traduirait adéquatement son être, ses pensées, ses pulsions. Mais ceci exigerait un remaniement de l'ensemble des systèmes symboliques, économiques et politiques.

Par ailleurs, elle n'est plus encadrée par le triangle gratifiant où Jack dévorait la femme pomme sous l'oeil du mari cocu. Depuis que le signifiant fait l'amour avec ses signifiés, les discours se croquent entre eux. Hésitant entre sa féminité native et sa masculinité interdite, Jackie trébuche sur le Signifiant Suprême et décide de devenir Jill. Mais n'ayant pas d'Oeil, elle ne possède pas le savoir qui permettrait de distinguer l'arbre du Bien et du Mal. Aveuglée, elle fracasse le miroir.

> «Jack peut voir qu'il voit
> ce que Jill ne peut pas voir
> mais Jack ne peut pas voir
> que Jill ne peut voir
> que Jill ne peut le voir[9].»

Jackie échappe-t-elle à la névrose et chosit-elle la féminité? C'est alors Jack qui risque de souffrir et de se mettre un doigt dans l'oeil. Nous aurions:

> «Jack peut voir qu'il voit
> ce que Jackie ne peut avoir
> mais Jack ne peut pas voir
> que Jackie ne veut avoir
> ce que Jack ne cesse de voir.»

Malgré sa bonne volonté, Jackie peut difficilement rester saine de corps et d'esprit. La politique de l'Oeil engendre l'hystérie. Car, ne pouvant ni avancer ni reculer hors du champ de vision qui la comprime, ne disposant d'aucun espace où déployer son désir, terrorisée par les instances parlantes qui la désignent comme manque, Jackie voit son corps commencer à parler à sa place. Là où le noeud de rébellion se forme et où le mot ne peut surgir, éclate la quinte de toux obstruante, la paralysie gênante, la somatisation excédante. Elle créera pour l'Oeil une dramaturgie intime qui ne sera jamais montée sur scène. Elle démontrera l'avidité du vide à se faire centre d'attraction. Puisque la vraie femme est celle qui abandonne la représentation de sa féminité à l'autre qui parle à sa place, elle se livrera à des effets de dévoilement propres à nourrir l'avidité du *parlêtre* qui la déchiffre. Elle relancera l'énigme du mystère, exhibera l'affolement du sang perdu dans sa course à la circularité. Transgressant les bienséances les plus élémentaires, elle stupéfiera le savoir médical étranger à ce langage. Car tous ces symptômes montrent du doigt les faux-semblants que l'on agite en elle et autour d'elle, point aveugle où la Loi s'articule au désir.

Impossible à piéger parce que piégeante, l'hystérique met en jeu l'instance patriarcale qui l'institue. Tentant de se frayer un chemin du côté de l'origine, elle force la clôture qui l'a coupée de sa propre jouissance et jette des bâtons dans les roues du bon ordre symbolique. Puisqu'elle n'y a pas de place, si ce n'est dans les interstices pouvant se glisser entre chacun des signifiés qui l'annulent, elle n'a rien à perdre. N'étant nulle part, elle peut disparaître et réapparaître où bon lui semble. Elle peut sauter d'un système symbolique à l'autre, enjamber le Mot-du-Père ou se coucher, parfaitement amorphe, entre le naturel et le culturel, les empêchant ainsi de communiquer. Le porteur de Phallus la prie de se lever. Il la somme de recommencer à fonctionner selon les normes du bon usage domestique. Le voudrait-elle qu'elle en serait incapable. Affectée à la répétition de la scène originelle, cette scène de séduction dont elle dit avoir été victime, elle joue de la réminiscence impossible. Elle vit son corps à l'imparfait. Il était une fois un père qui l'avait séduite sur une scène et à une heure dont sa mémoire n'a pas gardé trace.

Dora, auprès de laquelle Freud tend l'Oeil et l'oreille, ne fait que réactualiser le mythe de l'inceste. Elle répète pour le Maître le schéma de la horde primitive, où le père tout-puissant possédait toutes les femmes, toutes les terres, et toute la Loi. Mais il faut sauver le père pour sauvegarder l'ordre symbolique. Le Père, porteur de Loi et de Phallus, ne peut mentir. Il se prononce. Dora ment, et toutes les hystériques, qui projettent sur lui leur envie du pénis et leurs fantasmes de viol, mentent aussi. L'ordre symbolique est sauf. Freud ne court plus aucun risque. Il peut multiplier les séances de libre association de sa fille putative, en dresser le compte-rendu dans son *Étude sur l'hystérie*. Son prédécesseur Breuer pouvait aussi se taire, sur les ordres d'Anna O. qui le priait de la laisser effectuer en paix son petit ramonage de cheminée. Ce silence, momentanément consenti à la nature délirante, alimentera le corpus psychanalytique.

La polysémie est refusée à l'hystérique dont il faut épargner le père. Renvoyée à la monosémie de la loi, elle s'en remet à la métaphorisation du corps pour confondre le voyeur inapte à lire les inscriptions cachées derrière les signes.

Ça parle dans l'homme

> « Il n'y a de femme qu'exclue par la nature des choses qui est la nature des mots. Simplement elles ne *savent* pas ce qu'elles disent, c'est toute la *différence* entre elles et moi. » (Lacan, *Séminaire XX*)

Dora résiste, et toutes les hystériques derrière elle. Sa corporéité est vécue sur un monde trop intime et global pour se plier aux visées réductrices du signifiant métonymique proposé par l'Oeil. Elle s'amuse à dérouter le Maître. Ce jeu Fort-Da, qui consiste à soustraire de la forme corporelle ce qui tombe sous le regard pour l'investir dans une suite de représentations substitutives, lui demeure étranger. C'est entière qu'elle se meut dans le champ du désir. Et le porteur de Loi le sait, qui s'affole de ne pas savoir ce qui se passe en elle et renvoie au vide cette part de réel qui lui échappe.

> *La femme fait scandale parce qu'elle incarne le lieu concret d'une jouissance dont les modalités d'expression excèdent l'acte sexuel: menstruations, grossesse, allaitement. Elle peut jouir du rapport à son corps et au corps de son enfant sans que la Loi n'intervienne. Ce n'est pas comme manque que la femme inquiète, mais bien plutôt comme excès, plénitude, débordement.*
>
> *Le constat du manque trahit moins la surprise que l'appréhension d'une puissance et d'une jouissance refusant de se laisser cerner par l'Oeil. Parce qu'il ne peut être vu, le sexe féminin excède le Mot-du-Père et reste imperméable à la castration symbolique. Dans une conceptualisation voyeuriste, on ne peut perdre que ce qui fait l'enjeu du voir et de l'avoir. Ou se perdre à vouloir traduire des pulsions pour lesquelles il n'existe pas de signes produisibles. Ou égarer les pistes de l'origine.*
>
> *La femme a l'évidence de l'origine par son propre corps qui réactualise le lien biocosmique à la mère, et à la vie, à chaque étape de sa maturation physiologique. Mais, condamnée à représenter l'origine de l'autre, elle se prête à des effets de leurre et de caricature dont elle s'amuse quand elle ne sombre pas dans le délire. Sa jouissance est ailleurs.*
>
> *Elle peut fuire le jeu des amateurs de synecdoques, en appeler au besoin de leurs discours pour expliquer la con/fusion dont son corps éprouve l'attraction. Elle riposte par un grand éclat de rire aux théoriciens de la castration qui entendent se servir de leur métonymie pour définir sa métaphorisation. Elle se suit*

> *vivante, en accord avec des lois biologiques non perverties par le culturel. On pourra la croire agie de l'extérieur par le signifiant-Maître. C'est du dedans que lui viennent ses évidences et son plaisir.*

La représentation scénique établie par le *parlêtre* à partir du paraître aboutit à la comédie de la copulation qui laisse ouverte l'insatisfaction du désir. Tous les êtres ne partagent pas l'extase de la « copule logique », jouissance dangereuse pouvant conduire à l'impuissance le fils absorbé par la « tendance centrifuge de la pulsion génitale ». Le porteur de phallus, poursuivant celle qui n'en a pas, rentre souvent bredouille de ses expéditions. Et le psychanalyste, forcé de souscrire aux nouveaux codes, peut ne plus savoir où donner de l'oreille. Il peut répugner à adopter la voix de Trissotin pour discourir, dans l'antichambre des nouveaux hommes de Lettres des mille et une intrigues, conjurations et mutineries animant le Signifiant-Maître et ses signifiés serfs.

Mais pourquoi une telle profusion de paroles et un tel besoin de théorie, sera-t-on tenté de se demander? Quelle menace veut-on conjurer? Quel doute s'efforce-t-on de dissiper? Que cherche l'Oeil dans cette mise en scène de la différence qui a déjà été définie, glosée, diagnostiquée par les discours antérieurs? Partie du corps, la différence a déjà agité les mythes, investi le Logos, imprégné la philosophie. Pourquoi ce retour au corps avec la psychanalyse qui emprunte à la linguistique sa terminologie opérationnelle?

Granoff, dans son analyse des textes freudiens mis en rapport avec certains incidents biographiques ayant marqué l'enfance du père de la psychanalyse, en dégage des considérations épistémologiques intéressantes. Il établit de la façon suivante la séquence habituelle animant le raisonnement mâle après la connaissance de l'autre sexe effectuée par le regard: « Voir, n'avoir rien vu, affaiblir ce qu'on a vu, chercher une théorie révolutive[10]. » L'impuissance à nommer ce qui est vu, ou que l'on ne veut pas voir, nécessite alors la mise en place d'un appareil théorique devant sauver de la castration symbolique. L'inquiétante étrangeté ressentie à la vue du sexe féminin précipite le jugement, le contraint, et incite à peupler de mots l'espace vacant symbole de tout savoir non exprimé ou non inexprimable. Ce qui s'applique à la psychanalyse s'applique aux autres sciences. Toute théorie naîtrait, selon Granoff, du refoulement de l'impuissance à nommer le point aveugle d'une réalité inaccessible, de l'incapacité à délimiter les frontières du dedans et du dehors.

Nous saisissons ici l'utilité du discours. La langue fait du sexe autant qu'elle fait du sens. Elle surdétermine les choses en les définissant. Le même discours qui suspendait le sang des filles et donnait de fausses menstrues aux garçons, marque désormais la femme du manque, et l'homme, du phallus. On enlève encore à l'une ce que l'on donne à l'autre: les caractères apparents d'un sexe reproducteur, la saisie d'une origine dont on s'arroge le contrôle. Le *parlêtre* est moins un être anatomique qu'un artifice de la superstructure qui dispose du pouvoir de nommer la différence et de l'utiliser à ses fins.

Il est bien probable que si le *parlêtre* pouvait avoir un enfant du jour au lendemain, il cesserait d'imposer l'Oedipe comme crise ou comme structure. Le vieux rêve grec qui souhaitait enfanter sans la femme n'est pas mort. Puisque le théoricien ne peut enfanter des corps de chair et vivre sur un mode existentiel la fusion à l'origine, il se rattrape ailleurs. Quoi de plus normal pour le Père, au moment où le pouvoir réel lui échappe pour bifurquer vers la science et la technologie, que de se rabattre sur la fabrication de signifiants afin de compenser sa perte de signifiance.

Mais l'oligarchie du Signifiant Suprême a le bras long même si des doutes persistent quant à sa validité. Aux grands maux, les grands remèdes. Lacan ne propose rien de moins que «d'inséminer artificiellement les femmes en rupture de ban phallique avec le sperme d'un grand homme[11]» afin de pouvoir donner un verdict sûr de la fonction paternelle. Et son disciple Moustapha Safouan rêve du «jour où la science aura fait des progrès qui permettront de dire qui est le père, c'est-à-dire des progrès qui dispenseront le sujet d'accorder foi à toute parole qui le nomme[12]».

Une telle évidence faisant toujours défaut, le Mot-du-Père est encore prononcé. Il court les amphithéâtres et les antichambres. Il vide le flanc des filles pour remplir la bouche des disciples.

> «Ainsi, l'homme peut-il "concevoir". C'est-à-dire engendrer un autre parlêtre en fonction de mots (mythes, lois, discours) et pas seulement en fonction de la poussée d'un rut; ainsi peut-il, à la différence des autres vivants, engendrer aussi des mots, produire, avec des "gènes" signifiants, de nouveaux agencements symboliques[13].» (Serge Leclaire)

Ces agencements symboliques sont soumis à la *fonction générative* du phallus qui, non seulement crée la spécificité sexuelle, mais détermine le rapport de chacun à son sexe et les rapports sociaux des êtres sexués. Mi-dieu, mi-organe, le phallus est *l'opérateur à double face* arraché à la matérialité corporelle qui, une fois promu Maître de la matérialité *signifiante*, reste l'agent et le témoin de la superstructure qui l'engendre.

«L'inconscient est le discours de l'autre», mais reste à savoir qui parle lorsque ça parle dans l'Autre. Le discours psychanalytique, comme les discours philosophique et anthropologique, se donne pour mission la recherche des origines et pour but la localisation et la maîtrise du lieu où s'effectue le passage du biologique au social et du naturel au culturel. Il n'y a pas à s'étonner si, avec une terminologie différente, il se présente comme le discours du Même et la reproduction de l'identique. La transcendance n'est pas morte. Elle s'est laïcisée et a changé de modèle. Mais elle repose toujours sur l'idéologie de l'exclusion. Quand c'était important d'avoir une âme, la femme n'en avait pas. Lorsque le corps est promu objet de science, elle est désappropriée du sien. Dès que l'homme devient *parlêtre*, il la pétrifie dans l'a-signifiance.

Entre le pénis/Phallus et son manque — l'origine inaccessible — s'est glissée la langue du scribe, l'oreille du confesseur. Certains se sont étonnés d'apprendre, à la lecture de l'*Histoire de la sexualité* de Foucault, que la civilisation occidentale ait entouré le sexe de procédures de gestion et ait fait commerce de l'aveu des pratiques sexuelles par l'intermédiaire des confesseurs, sexologues, analystes, psychiatres et psychologues. Cet étonnement étonne. Dès l'instant où le monde des signes se substitue à ce qui représentait le pouvoir et les modes d'échange instaurés par celui-ci, il faut bien s'attendre à ce que de nouvelles instances viennent administrer la nouvelle valeur mise sur le marché, équilibrer la fluctuation de son cours et parer à son effondrement. Une fois devenu effet de langage, le sexe ça s'administre, ça se voit, ça se parle et ça s'écoute. Le *ça* ne s'en porte peut-être pas mieux, mais un nouveau discours est né.

Les dessous politiques de l'Oedipe

Si l'Oedipe pose des problèmes de sens, c'est peut-être qu'il pose des problèmes d'usage. Il suffit à un mythe de remplir sa finalité pour avoir du sens, mais pour qui et pourquoi veut-on avoir du sens? À quel besoin correspond le discours freudien, élaboré après l'assomption de la famille bourgeoise, dès la fin du 19e siècle? Pourquoi l'Oedipe? Pourquoi a-t-il trouvé toujours son corps de légionnaires, de scribes et de praticiens? Si l'Oedipe est un fait de nature universel et non un fait de culture régionalisée, pourquoi fait-il surtout ses victimes dans la famille nucléaire urbanisée?

Comprendre la structure oedipienne, c'est peut-être comprendre du même coup le fonctionnement de l'idéologie patriarcale à un moment donné de son histoire. Freud a fondé sa théorie à partir d'un mythe grec, vieux de plus de deux mille ans, dans lequel le fameux complexe dont il nous entretient semble singulièrement absent. Examinons de près la trame d'*Oedipe Roi* de Sophocle.

Oedipe, fils du roi Laïos et de la reine Jocaste, est un descendant de quatrième génération de la maison de Thèbes fondée par Cadmos. Dès sa naissance, son père l'abandonne, pieds liés, sur le mont Cithéron, parce que l'oracle Tirésias a prédit qu'il commettrait le parricide et épouserait sa mère. Recueilli par un berger, il est conduit à la Cour de Corinthe où le roi, sans enfant, l'adopte comme sien. Informé à l'âge adulte de la funeste prophétie qui pèse sur lui, il quitte aussitôt Corinthe. En route, il tue un vieillard inconnu et belliqueux qui est, en fait, son père Laïos.

Arrivé par hasard devant les portes de Thèbes, il apprend que Créon, frère de Jocaste et successeur de Laïos, donnera sa soeur en mariage et la couronne royale à qui pourra résoudre l'énigme *de la* Sphinx qui dévore toute personne incapable de répondre à la question: «Qu'est-ce qui marche à quatre pieds le matin, à deux pieds à midi et à trois le soir?» Oedipe trouve la bonne réponse. «L'homme» répond-il aussitôt, comme le ferait encore aujourd'hui n'importe quel jeune homme doté d'un esprit le moindrement jovialiste. Il épouse donc Jocaste qui est, à son insu, sa véritable mère, et lui fait quatre enfants.

Après des années de bonheur parfait, voilà qu'un fléau terrible ravage le pays. L'oracle d'Apollon, consulté par Créon, révèle que ces désastres prendront fin si le parricide commis dans le royaume reçoit son châtiment. Oedipe, rongé par le soupçon, découvre la vérité. Sa mère Jocaste se tue, et lui-même se crève les yeux. Banni par l'oncle maternel qui a repris le pouvoir, il quitte Thèbes en compagnie de ses deux filles. Par la suite, ses deux fils se disputent le royaume et s'entretuent. Dans *Oedipe à Colone*, suite dramatique d'*Oedipe-Roi*, nous voyons Oedipe se réfugier dans la forêt avec ses filles et rêver d'être accueilli par les déesses de la Terre qui le « feraient asseoir ».

S'agglutiner au lieu fixe, s'asseoir, c'est demander statut de femme, c'est rentrer dans le ventre maternel, toucher l'origine sans la contrôler du dehors. C'est aller à la mort les yeux fermés. Oedipe disparaît de façon mystérieuse. Le messager qui rapporte sa mort dit avoir vu Thésée, qui a assisté à cette disparition, « tenir la main devant son visge, pour se couvrir les yeux, comme si quelque prodige effrayant lui était apparu, dont il n'eût pu supporter la vue[14] ». Le règne des Mères est terrible. Terreur ou jouissance, il oblige à fermer l'Oeil.

Ce mythe de Sophocle illustre moins le drame oedipien que la lutte pour le pouvoir, menée sous l'instigation de la parole toute-puissante qui en détermine l'ascension, la chute ou le renversement. À l'instar des mythes de Médée, d'Antigone ou d'Électre, il révèle les tensions et rivalités qui ébranlent la société grecque lorsqu'elle remplace la famille à prééminence maternelle par la famille à prééminence paternelle dans le transfert lignatique. Ce Créon, frère de la reine Jocaste, qui donne celle-ci en mariage à Oedipe, les unit et les fait ensuite déchoir pour devenir régent, appartient au régime matrilinéaire déclinant divisé, ou à ce qui s'en apparente.

Par ailleurs, le désir qu'a Laïos de supprimer son fils, la haine d'Oedipe pour les deux siens qui deviendront rivaux et, plus tard, celle de Créon pour son fils Hémon, répètent une trame configurative connue dans les luttes d'appropriation de la puissance paternelle en régime patriarcal. Affubler Oedipe d'un désir incestueux pour une mère qu'il ne connaît pas, et lui infliger la haine d'un père dont il ignore l'existence paraît un non-sens. En toute logique, c'est bien envers ses parents adoptifs, le roi et la reine de Corinthe avec qui il avait noué des liens affectifs capables de déterminer l'apparition du dit complexe, qu'il aurait pu nourrir de telles pensées.

Oedipe n'est pas retourné à Thèbes parce qu'il brûlait d'envie de coucher avec une mère inconnue. Il s'est rendu là-bas, poussé par l'ambiguïté qui le faisait osciller entre deux systèmes de parenté: la structure patriarcale montante et la structure matristique déclinante. Et c'est à cette dualité politique que se réfère le « connais-toi toi-même » gravé sur le temple de l'oracle de Delphes où il tente de déchiffrer son identité. Oedipe conduira sa famille à la catastrophe, échouera dans sa mission historique et mourra comme une femme parce qu'il n'a pas su discerner le Mot-du-Père entre les paroles *de la* Sphinx et celles de l'oracle Tirésias. S'il avait pu s'insérer dans un arbre généalogique libre d'embranchements maternels, il n'aurait pas épousé sa mère, ne se serait pas castré en se crevant les yeux, et n'aurait pas abouti à la Terre des déesses pour y demander un siège ou s'asseoir. Il n'aurait douté ni de son identité socio-sexuelle ni de celle de ses enfants. Après sa chute, il leur confie:

> « [...] leur caractère et leur genre de vie sont en tout semblables aux coutumes de l'Égypte! Là-bas, les hommes restent assis dans la maison à tisser, et celles qui vivent avec eux vont sans cesse au dehors pour se procurer ce qui est nécessaire à la vie. De vous quatre, mes enfants, ceux qui devaient s'occuper de leur père, restent près du foyer comme des vierges, et vous deux à leur place, vous supportez douloureusement les misères de mon infortune[15]. »

Puis il ajoute à propos de ses filles: « elles sont des hommes et non des femmes. »

Une lecture attentive d'*Oedipe-Roi* et d'*Oedipe à Colone* nous révèle un destin moins anatomique que ne l'a vu Freud. Le complexe d'Oedipe est le revers posthume dont le discours psychanalytique affuble le fils de Laïos vingt-cinq siècles après sa mort, sans tenir compte des difficultés politiques auxquelles il dut faire face. Un tel complexe ne pouvait naître que dans la famille nucléaire moderne qui en favoriserait le développement. Un noyau familial rétréci, par rapport à l'ancienne famille élargie, qui favorise la dépendance émotionnelle et la fixation hostile ou régressive à l'un ou l'autre des parents. Vers qui en effet pourrait aller la fille si ce n'est vers celui qui nourrit maman de son pénis/argent. Et quelle femme peut émouvoir le fils si ce n'est la seule et unique maîtresse de maison avec qui couche papa.

L'inceste concernait la soeur quand celle-ci soudait l'échange fondant l'exogamie. Mais dès que les systèmes de production peuvent fonctionner sans les structures de parenté, l'inceste bifurque vers la mère. La superstructure revitalise alors par le désir oedipien la cellule familiale, résidu des anciens systèmes parentaux sur lesquels reposaient l'économie et le pouvoir. Les systèmes symboliques sont passés de la matérialité corporelle à l'abstraction du signe. Des endogamies familiales se reconstituent comme support moral et affectif de la société capitaliste naissante. La mère, qui n'avait autrefois qu'une valeur d'usage sous-estimée, accapare soudain l'attention. Elle cautionnera la validité du pénis/phallus élu signifiant-Maître lorsque même l'argent sera devenu représentable par un signe plus abstrait que lui. Et comme toute validité trouve sa source dans une généalogie, elle représentera aux yeux du fils l'attraction de l'origine interdite par le Père mort qui promulgua la loi des signes et des corps.

Mais la mère n'est que le faux-semblant du signifiant. Ce qu'il faut désirer ce n'est pas elle, mais le pénis/phallus de son désir qui renvoie au pouvoir paternel. Dans cette configuration intimiste où la mère reste forclose, un nouvel espace/temps est créé. Le phallus, signifiant de poche aussi aisément transportable que les dollars, les francs ou les yens, est la dernière valeur proposée par le marché des échanges en système industriel. Il soude la loi à l'inconscient des hommes et des femmes quand la majorité des gens n'ont plus rien à céder ou à échanger que leur propre force de travail. Le jeu subtil de l'idéologie travestit le culturel de naturel — avoir envie d'une mère qui a elle-même envie d'un pénis —, et rabat le code symbolique sur la famille biologique comme tentative de diversion. Car moins les rapports de parenté sont indispensables à l'organisation communautaire, et plus l'idéologie doit les cimenter par le désir oedipien qui deviendra la grande aventure de la vie. Il faut empêcher de voir que les structures de classe ont depuis longtemps remplacé les structures de parenté. Faire croire à l'ouvrier Tremblay, ou Dupont, qu'il fonctionne mal à cause de sa mère ou son père l'empêchera de s'en prendre au système. Culpabiliser les mauvaises mères qui travaillent à l'extérieur — de l'Oedipe — les retiendra d'affirmer leur désir de libération.

La psychanalyse freudienne a ceci de révolutionnaire. Elle a découvert l'inconscient ou ancrer le discours monothéiste et monosexiste qui planait à la conscience claire de la société patriarcale depuis des siècles. Freud en décrit la phase ascendante: la montée du capital, la répression du corps viscéral par le corps social, la femme agie par l'homme. Lacan en relate le déclin: la montée des signes, l'homme agi par l'ordinateur et les codes. Quoi de plus normal, lorsque le capital échappe aux possesseurs de biens et de titres pour glisser dans le giron étatique et les entreprises multinationales, que de trouver en l'homme une nouvelle source d'investissement.

> « La superstructure sont des actes manqués qui ont socialement réussi. » (Claude Lévi-Strauss)

Le pénis/phallus est le nouvel étalon de valeur de la cote boursière idéologique. Si on l'a, on possède quelque possibilité de produire des signifiants et du capital pouvant circuler dans les champs du pouvoir et du savoir. Dans le pire des cas, ça console de ne rien posséder d'autre. On a mis plus d'un demi-siècle à persuader les femmes qu'elles ne l'avaient pas et souhaitaient l'avoir. Cette envie des femmes est capital(e). Elle garantit l'investissement des possédants.

La nouvelle idéologie sera l'idéologie du manque. On a amputé l'homme de ses terres, de son nom, de son corps, de ses titres. La société post-industrielle l'a dépouillé de son identité et l'a réduit en numéro programmé par l'IBM. Il a tout de même réussi à sauvegarder son Oeil, l'organe du savoir légué par le Maître Platon. Tout n'est donc pas perdu. On repère la femme a-signifiante. On osculte son vide. Elle sera le terrain idéal où planter le nouvel arbre de vie. Elle sera dépositaire d'un désir et d'un temps qui valideront l'espace phallique. Le récit psychanalytique du manque se donne à lire et à entendre comme plénitude de savoir et de science.

L'Oedipe est le discours du mode d'emploi de l'inconscient dans les sociétés patriarcales. Il se prête à des interprétations et à des finalités diverses selon les époques et les régimes. Plus rude en société totalitaire où l'on affiche la Loi, il donne au père un visage de gendarme ou d'inquisiteur, le munit du *Manuel du grand tortionnaire* ou du *parfait confesseur* sur fond de chants grégoriens ou de rumeurs de Goulag. Plus permissif en société démocratique, il laisse les vierges et les putes rôder autour du fils en autant qu'elles se limitent à représenter ce qu'elles peuvent donner ou refuser de la mère interdite. Le père parle dans les deux cas. Mais si on doit l'avoir comme amant, le dernier est naturellement préférable.

> «Si nous transposions les paroles du Sphinx du langage symbolique en langage clair, nous l'entendrions dire: "Celui qui sait que la réponse la plus importante que l'homme puisse donner à la question la plus diffi

cile qu'on lui pose, est l'Homme lui-même, celui-là peut sauver l'humanité." L'énigme elle-même, dont la réponse ne requiert rien d'autre que de l'habileté, fait office — et c'est son seul rôle — d'un voile cachant le sens latent de la question: l'importance de l'homme[16]. »
(Eric Fromm)

Oedipe, en dépit de ses malheurs, aura été utile. Il aura proféré la parole essentielle. Il aura dit « l'homme » à temps. Le mythe d'Électre n'avait aucune chance d'illustrer le fonctionnement libidinal de la société capitaliste patriarcale. Cette fille, aimant son frère Oreste, resta pure dans le mariage. (Et sa mère Clytemnestre, briseuse de lignée paternelle, tua l'époux, prit amant et fonda sa propre lignée, la maison des Atrides!). Euripide eut beau corriger Sophocle et donner à Électre tous les traits de la bourgeoise, il eut beau lui faire armer le bras d'Oreste et l'inciter à crier « Que je meure pourvu que j'égorge ma mère! » On ne pouvait choisir ce modèle pour illustrer le complexe parental et en imposer la crise aux fils et filles de la société des hommes. Voilà une libido et une origine qu'il eût été difficile de contrôler.

Rien donc de moins révolutionnaire que l'Oedipe freudien dénaturant celui de Sophocle. La transcendance a chuté de la tête au pénis, puis s'est transportée vers le Phallus, grâce au Signifiant-Maître qui la ramenait vers les hauteurs. La psychanalyse redouble le monisme des discours théoriques antérieurs, qui récitent le discours du Même favorisant la reproduction de l'identique. Il n'y a pas eu décentrement du sujet comme on l'a d'abord craint. L'homme est toujours guidé par l'Oeil, enfermé dans l'univocité parolière du sujet discourant face à lui-même.

Les mythes Malaita qui opposent le vagin de la femme, receveur et donneur de vie, à la tête de l'homme, receveur et reproducteur de parole ancestrale, résument bien l'essentiel de cette dialectique. La théorie psychanalytique, qui propose l'opposition vagin/pénis-phallus, déplace le problème sans le résoudre. D'une part, le vagin paraît mieux constitué que le phallus quant à sa capacité virtuelle et concrète d'absorption et de formation de vie. D'autre part, la culture était peut-être plus en harmonie avec la nature quand l'homme situait le siège du raisonnement dans la tête et ne faisait pas porter au pénis/phallus tout le poids du discours et des systèmes symboliques. C'est de là que naîtrait la castration des fils et l'infibulation des filles.

La Loi du Père, étalée dans les différents codes symboliques, répète toujours le même premier récit mythique qu'elle relance, annote, convertit à des terminologies diverses. L'Homme se croit investi d'une puissance totémique, le pénis/phallus que le clan étranger des Femmes veut posséder. Souhaitant se préserver de la désappropriation, il marque toute pratique économique, religieuse et sociale du précepte d'infaillibilité et d'immortalité de ce sexe-signe, objet fétiche que la Mère reproduira dans ses enfants et auquel elle devra respect et adoration.

La psychanalyse freudienne répond par l'Oedipe à la question primordiale qui hantait l'esprit grec: naît-on d'un seul ou bien de deux? — le même naît-il du même ou d'un autre différent? Le complexe d'Oedipe est l'instrument opératoire qui plie l'inconscient à la finalité conceptuelle de l'origine justifiant le pouvoir. La femme est soumise au Père qui contraint le fils, de qui naîtront d'autres fils qui perpétueront le cycle de subordination.

Une fois l'ancêtre disparu — car l'ancêtre ne meurt jamais complètement — les fils élisent l'officiant du culte phallique. Imitant Ptolémée qui fit transporter dans les rues d'Alexandrie un phallus de cent vingt coudées, Lacan compose un rituel chargé d'hymnes sibyllins et de jeux de miroirs qui modulent avec emphase le Nom-du-Père devant sauver l'humanité en péril. Quelques initiés ont l'auguste privilège d'approcher le Maître et de déposer à ses pieds une tremblante demande d'Amour. Des foules se bousculent sur son passage, personne n'osant demander « Qui va là ? » lorsqu'il se livre, phallus en main, à la torture de Sisyphe, répétant « Je suis celui que je suis ».

Personne sauf peut-être une femme qui se souvient d'avoir lu dans les *Écrits* du Maître ce verset de la Genèse : « L'inconscient est ce chapitre de mon histoire qui est marqué par un blanc occupé par un mensonge : c'est le chapitre censuré. Mais la vérité peut être retrouvée[17] ». Derrière la masse de monuments, documents, traditions, légendes, signes, mots, fossiles, miroirs et obélisques des Pères, gît le « chapitre adultéré » qui manque à son histoire.

L'inconscient est le lieu où se terre le refoulé d'un temps proscrit. L'enclave où la nature se ménage le dernier mot. Lorsque ce mot sera trouvé, le récit du manque fera rire ou bâiller.

6

PROMULGATION DU CULTE: LA MÈRE ET SES DOUBLES

Faust.— Les Mères!
Méphistophélès.— Tu frémis?
*Faust.— Les Mères! Les Mères! cela sonne
d'une manière étrange!*
Méphistophélès.— Étrange mystère, en effet.
                                    Goethe

Le discours des Pères n'avait pas attendu l'élection du Signifiant-Maître pour endiguer les alluvions libidinales qui déportaient depuis longtemps la clôture du sens au-delà du déjà vu.

Des efforts avaient déjà été déployés pour cadastrer l'élan pulsionnel des fils et des filles échappant à la perpétuation de l'élu.

Tuer le Père et convertir son Phallus en veau d'or avait été l'opération ultime. Car on n'a pas cessé de s'occuper de la Mère, de prêter son flanc au sex/ionnement binaire départageant le naturel du culturel, l'éphémère de l'éternel, l'universel du multiple. Mais il restait toujours du signifiant flottant. La coupure n'était pas assez nette. Il fallait renforcer l'opération de différenciation. Le Un entendait se rincer l'Oeil dans un entre-deux sans équivoque.

Dès lors, la femme dut exhiber deux visages. Celui de la vierge, seuil de la déesse Mère. Ou celui des anti-Mères: la prostituée, l'hystérique ou la sorcière. D'un côté, la culturelle, de l'autre, la naturelle. L'endroit et l'envers d'un même masque dont la Loi et l'écriture se disputaient le double usage et le double symbole. Pendant un certain temps, on crut la partie gagnée. Les fils triomphaient. Ils couchaient avec la Nature dans les plates-bandes de la

Culture sans que l'instance phallique n'y prenne ombrage. Ce mariage morganatique faisait le bonheur de tous. Du premier des souverains au dernier des éboueurs, en passant par l'intendant municipal, les garçons de courses, les douairières, les technocrates, les dames patronesses et les petites secrétaires de la rue Saint-Jacques.

Au beau milieu du ventre, des connivences s'établissaient qui paraissaient faire le bonheur du plus grand nombre. Trimbalées dans un réseau d'intrications, de dénégations et de contradictions, la femme prêtait le flanc à toute statue, à tout discours, à tout partage. Elle ne voyait pas la fissure s'élargir sous sa langue et son sexe.

La Grande Mère génitrice

> « Du moment où elle ne sert qu'à représenter sa jouissance à *lui*, elle n'existe pas pour *elle*. » (Julia Kristeva, *La révolution du langage poétique*)

Plus la loi refoule la Mère hors du champ culturel, et plus la hantise de la mamelle tourmente l'âme des fils.

À l'époque néolithique, lorsque la mère accapare seule le pouvoir procréateur, on la révère sous le nom de Grande Mère ou *magna mater*. Son règne est absolu. Elle a droit de vie et de mort sur les êtres et les choses. Son influence s'étend des rivages méditerranéens jusqu'à l'Inde septentrionale, marquant tout particulièrement les civilisations de la Crète et de la vallée de l'Indus.

La Grande Mère règne seule. On ne lui connaît ni époux, ni frères, ni soeurs. Nombre de sculptures et de dessins la montrent hermaphrodite, forte de taille, portant barbe et pénis[1]. La mythologie égyptienne en donne une représentation exemplaire avec Hathor, déesse guerrière portant le Soleil entre des cornes de vache, qui exige des sacrifices humains et des castrations symboliques. Les déesses

Mères changent de nom d'une civilisation à l'autre et d'une époque à l'autre, mais leur pouvoir est partout redoutable. Elles s'appellent Géa, Cybèle ou Rhéa pour les Grecs, Isis pour les Égyptiens, Astarte pour les sémites, Ishtar pour les Babylonéens. Les cultes qui leur sont rendus traduisent la volonté d'intégrer à la cosmogonie le respect et l'horreur qu'elles inspirent.

Dès que les déesses Mères deviennent associées à un dieu mâle, leur puissance décline. On tente de leur arracher le secret des forces créatrices qui font leur grandeur. À la question de son fils Horus qui veut savoir comment s'est accomplie l'alliance de la terre et de Dieu, Isis répond: «Je refuse de rapporter cette naissance [...] de peur que jamais, à l'avenir, la génération des dieux immortels ne vienne à la connaissance des hommes.» Isis sait que la connaissance de l'origine permet de s'en approprier le fruit et d'en déterminer l'usage. Cette prérogative assure aux Grandes Mères le contrôle du temps et des périodicités cycliques. Elles règnent donc sur la Terre où s'accomplissent les cycles de naissance, de mort et de fertilité.

L'âge de bronze met un terme à ces pouvoirs. Le feu prométhéen, convoité depuis longtemps par l'homme, peut fondre le métal et le transformer en outil favorisant le progrès des techniques agraires. Aussitôt, les rapports à la nature et à la mère se transforment. L'homme possède des biens, des bras, une parole. Il légifère sur la sexualité qu'il connaît peu, mais qui lui paraît liée de quelque façon à l'origine. Ses ancêtres chasseurs-cueilleurs ont déjà mis au point l'essentiel des procédés de marquage et de contrôle génital. Dotée d'avoir et de pouvoir, l'oligarchie patriarcale se réappropriera l'origine par le nom des enfants, la réglementation sociale et le contrôle du système symbolique. On proclamera ce qui, de cette origine, peut animer les corps publics et investir le lit des fils. La Grande Mère est tour à tour la bonne Mère qui enfante, nourrit, accueille et reçoit en son sein. Ou la mauvaise Mère phallique qui châtie, rejette, détruit ou castre ses enfants.

Dans beaucoup de mystères anciens, la castration et la résurrection passent par elle. C'est à l'aide de la faucille tendue par Gaia que Cronos mutile son père Ouranos et le détrône. C'est guidé par une déesse que Nabu libère son père Marduk de l'emprise de la mort. Osiris perd son pénis dans la mer et n'est sauvé que par l'union-résurrection avec Isis, sa soeur, épouse et mère. La mère singulière désigne la cassure d'avec le corps mère originel, mais elle possède le pouvoir d'entretenir l'illusion de la permanence dans l'interdit de l'acte sexuel fusionnant les pôles extrêmes de vie et de mort. Chez les Rwanda, le roi ne reçoit son investiture qu'en s'unissant à sa mère.

En déplaçant la jouissance sexuelle vers les signifiants, le christianisme tend à écarter la mère de l'origine. Le Fils a pour géniteur l'Esprit Saint, et l'ange sert de porte-parole au Père. À douze ans, il se rend au temple où les Docteurs de la Loi l'initient au Verbe. L'énonciation et l'accomplissement de la vie se fait entre hommes. Le rapport à la mère n'est rétabli qu'après la mort, et s'exprime par des soins d'hygiène corporels rappelant les gestes déjà prodigués à l'enfant. L'oblitération sexuelle qui a présidé à l'enfantement du Fils de Dieu marquera la doctrine des Pères de l'Église. D'un côté, il y aura les hommes régnant, parlant, agissant, soumettant le corps aux finalités supraterrestres. De l'autre, les femmes pécheresses ou enfanteuses qui s'affaireront autour des chargés de discours.

> *Marthe et Marie ont choisi la meilleure part. L'une range, l'autre écoute. Suaves. Innocentes soeurs siamoises.*

> *Marie-Madeleine, pécheresse repentante, parfume les pieds du Maître et les couvre de ses cheveux. Le versant trouble de la Mère s'épanche dans les flancs de la fille publique et se répand en torrents de larmes. Une fluide féminitude forme flaque devant le Maître.*

> *Au matin de Vie, les pleureuses n'entendent pas le Fils s'arracher au linceul et bondir vers le Père. Aveuglées, elles ne voient*

69

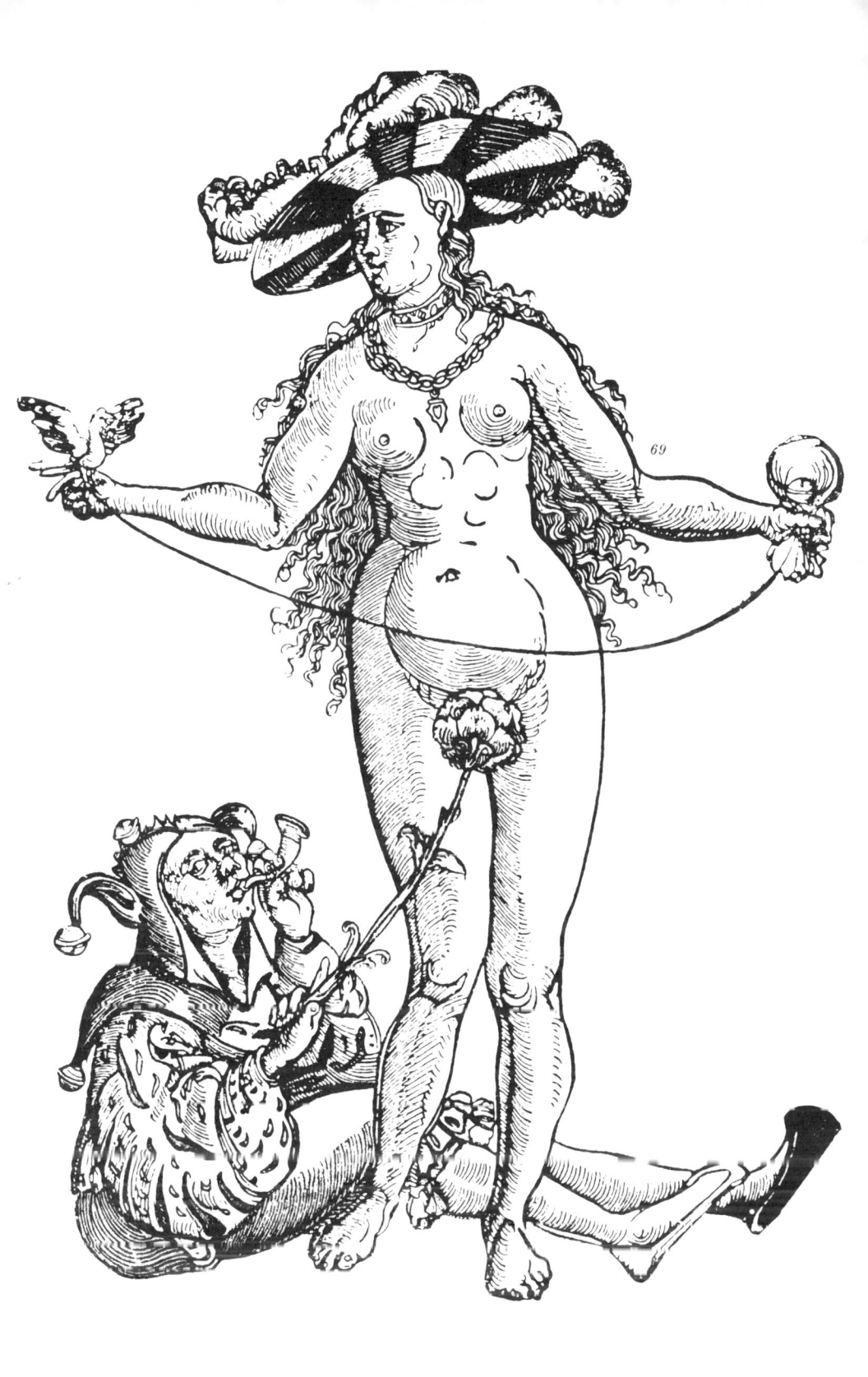

> *pas non plus venir l'Ange qui leur apprend la bonne nouvelle. Hermès a parfois des ailes. « On aime ou on n'aime pas l'Ange » susurrent aimablement Jambet et Lardreau. Sans rien connaître à la philosophie, les Saintes Femmes prennent le parti d'obéir à l'Ange et d'attendre leur Seigneur.*
>
> *Par la suite, circulent en place et lieu du corps les langues de feu, instruites par le Souffle Parleur, qui parcourent la Terre Sainte en conjuguant le Verbe à tous les modes et à tous les temps. La Loi, l'Esprit, la Langue, forment triangle. Sur une histoire de mort, se déploient les phalanges célestes, tandis qu'alentour de la Mère assassinée, se déchirent les voiles du temple et se descellent les pierres.*

Nous voilà loin des récits cosmogoniques orientaux qui fusionnent le désir et l'intellect, et n'ont pas par conséquent à inséminer la Mère d'un Verbe clandestin. Quand le sensible et le divin recherchent l'assouvissement du désir comme voie procréatrice, ou tendent à sa maîtrise mais non à son refus, l'origine et son genre sont moins bavards.

Le tantrisme, développé en Inde et au Tibet, considère la rencontre sexuelle comme expérience religieuse et magique permettant d'atteindre une perception fusionnelle du cosmos et de l'individu. Les techniques d'interaction sexuelle proposées dans les manuels érotiques visent à assurer au couple une extase libre d'opposition conceptuelle et de différenciation sexuelle pouvant entraver la conscience réceptive et unitaire du monde. Dans nombre d'auteurs indiens, l'univers paraît avoir été créé à partir d'incarnations successives des modalités du désir: « Le Désir apparut le premier errant au-dessus de tout. Il existait déjà avant le germe de la pensée[2]. » À l'encontre de Platon, la libération de l'être vient par l'union de l'intelligence et de la jouissance sensible: « Lorsque la Divinité-de-la-Vie (prâna) et celle de l'intellect (bouddha) qui sont réunies dans l'homme ne sont pas [...] en train de jouir l'une de l'autre, quand elles n'ont pas trouvé leur équilibre, l'être ne peut se libérer[3]. » La femme du tantrisme bouddhique est initiée aux rites sexuels puisqu'elle participe à la transcendance du Bouddha qui fait de l'acmé le seuil de l'illumination parfaite.

De même dans la mystique hébraïque, certains écrits cabalistiques présentent l'acte sexuel comme voie d'accès à l'annulation des oppositions et à la reconstitution de l'unité cosmique. « Si l'homme et la femme s'unissent, s'ils deviennent un dans le corps et dans l'âme, alors l'humain est appelé un et le Saint, qu'il soit béni, prend domicile en cet un et engendre pour lui un esprit saint[4]. » De son côté, le taoïsme chinois cherche moins, dans sa mystique érotique, l'unité extatique que l'harmonisation des énergies complémentaires féminine et masculine, le yin et le yang fondant sa cosmologie.

Ces doctrines, qui ne dissocient pas la théologie de l'érotologie, proposent l'union de l'homme et de la femme comme condition de connaissance et d'assomption mystique. Rien de tel en Occident où des clercs célibataires glissent les tables de la Loi, ou allument le feu de l'enfer, entre les sexes non occupés à la fonction procréatrice. Dans un tel contexte, une casuistique inquisitrice et une faune scribouillarde auront à l'oeil les usagers du sexe. Les confesseurs disposent de Clefs d'or pour verrouiller les obsessions, perversions et déviations de l'onanisme reproducteur. Cela s'appelle *Manuel du Parfait Gendarme des âmes, Catalogue des Malices sexuelles*, etc. La faute a ses intendants, le manquement, ses exégètes. Freud et Lacan n'auront plus qu'à laïciser une pensée qui a déjà emprunté au judaïsme la discrimination sexuelle de la femme, à l'Égypte le phallus artificiel d'Osiris et la notion de conception sans tache, à Rome l'attrait du bordel, à la Grèce la théâtralité d'une sexualité dualiste, hiérarchisée, marquée par l'ontopédérastie des philosophes.

Après une vie semée d'embûches, corps et âme se retrouvent, le temps d'entendre prononcer le verdict du jugement dernier. Puis les justes montent au ciel, enfin délivrés du sexe qui alimenta la problématique de leur passage sur terre.

La Mère s'en lave les mains. Toute cette affaire regarde le Père et les Fils. Elle s'est sauvée malgré eux. Elle sut toujours où trouver le paradis sur terre.

Les mères n'ont jamais mis le Verbe au monde. Elles ont enfanté dans la douleur et la joie des hommes et des filles de chair qui se sont détachés d'elles pour articuler, aussitôt le cordon ombilical coupé, la langue paternelle.

Dans cette faille, il avait fallu invoquer le secours de l'Esprit Saint. On devait expliquer le meurtre du couple par le Verbe. La foi n'exige pas d'être sain d'esprit. Rapidement, sur les décombres de la chair morte, les langue de feu s'étaient multipliées. Elles racontaient à oreille que veux-tu comment la mère s'était ouverte et s'était laissée traverser par le Souffle reproducteur.

La Mère connaissait bien la force du désir. Mais elle avait tu son ardeur et celle de ses enfants. Yeux baissés, elle trahissait l'origine. De tous côtés, on l'assommait de bulles, d'ordonnances, de préceptes. On la sommait d'être noyau matriciel, antre pur, surface immaculée offerte aux fabricants de syllogismes et de synecdoques.

La Mère n'avait pas le choix. Elle devait faire le jeu du tout et du rien, se prêter au transvasage du vide et du plein. Jeu d'autruche. Une femme qui aspire à être ventre gravide ne se souvient de rien. « Je suis la servante du Seigneur, qu'il me soit fait selon sa parole. »

La mère scelle l'alliance du Souffle et de la Loi. Elle sait que le Verbe s'exténuera à répéter sa réussite. Comment il se fit chair de concept, comment il la parcourut pour enfanter le Fils d'une généalogie parfaite.

La Vierge au sexe scellé

> Hippias: «Ce qui est beau, c'est une belle vierge.»
> Socrate: «Si une jeune fille est belle, c'est qu'il existe un Beau, par quoi les beautés sont telles.» (Platon)

Dans les hauts lieux de la culture occidentale, la vierge occupe une place de choix.

Elle est l'incarnation de la filiation parfaite. L'union incestueuse du père et de la fille déporte l'extase vers l'autel du sacrifice. La vierge fait don de son hymen à l'époux céleste qui la féconde. Elle sera corps transparent, matrice sans tache. Aucun homme ne la possédera. On lui épargnera la honte de la défloraison.

La Vierge Marie est chrétienne de la tête aux pieds. Fécondée par l'Esprit Saint, elle connaît l'engendrement sans sexe. Le Fils ne sera pas de même chair que Joseph, père putatif impuissant qui se soumettra à une loi dont il ne connaît ni les fondements ni l'articulation. En un sens, tous les Joseph de la terre sont des femmes. Les règles de reproduction leur échappent.

Au commencement était le Verbe, et le Verbe était Dieu. La Vierge est éternellement muette. Elle laisse parler le Père tout-puissant, le désigne par son silence comme seul lieu d'origine. Un obscur interdit pèse sur elle, signe de l'omnipotent pouvoir qui s'exerce au-delà de son corps.

Elle se laisse contourner et traverser par cet interdit. L'exclusivité du don filial la ravit. La prégnance du désir paternel qui entretient en elle une jouissance occulte indicible la préserve de la déportation exogame.

Cela fait son mystère. Le mystère n'est rien que cette jouissance clandestine et inconsciente sur laquelle la Loi ferme l'Oeil. Et la vierge, le lieu qui permet d'exorciser le mystère et d'en apprivoiser les bords. Les contours précis de l'innocence font reculer les limites de l'inatteignable. Le Maître se dit: « Puisque je ne peux posséder tout de la femme, je me réserve cette part d'ombre où projeter mes lumières. »

Cette mise de côté prudente assure à la loi de l'échange son efficacité. Une femme connue en son entier serait sans intérêt. La femme intouchable fabriquée par le discours valorise les valeurs colportées par la transaction matrimoniale et l'économie symbolique. Hestia, déesse du foyer, ne connaît pas les hommes. Sa nièce Artémis, chaste et vindicative, transforme en cerf le voyeur Actéon qui la déflore à distance. Le chasseur qui ose lever les yeux sur la fille de Zeus devient gibier. Car, avant tout, la vierge appartient au Père et à ses substituts. Une femme est vierge pour l'époux ou le dieu à qui on la destine. Et elle doit rester intacte afin de garantir l'intégrité du don[5].

> *Avant la femme, il y avait le Beau qui se contemplait dans le miroir et regardait ses doubles lui faire cortège. La Vierge vient, flanc collé à la synecdoque paternelle, statue édifiée à la gloire du grand Un.*
>
> *Elle attend tout du Maître. Il l'initie à la science du laisser voir. Il lui dicte la joie de l'ascèse et les débordements de l'abandon. Il lui apprend l'attente, la pudeur, la retenue, le mensonge. Il la guide vers les couloirs secrets de l'extase où il lui refile son savoir-faire. Car c'est bien pour lui qu'il s'est ménagé cette enclave, ultime espace à conquérir.*
>
> *Le donneur de femmes encercle la Vierge de son bâton. Sent-elle la ceinture de chasteté lacérant ses flancs? Voit-elle la circonscription du sexe par le fer? Non, elle est innocente. Elle est toute innocente. « Grande innocente, dit le Maître, sans moi, tu ne sauras jamais rien. »*
>
> *La blanche innocente s'assoit, se fait belle et bête à trop vouloir être rien. Elle regarde passer le temps. Elle lisse ses cheveux et parfume ses aisselles. Elle blanchit sa peau de lait.*

> *Chez les fils, la Loi répète: « Tu te garderas de toucher à ta mère, à ta soeur, à ta cousine. Mais tes efforts seront récompensés. Tu auras droit à cette Vierge que l'on te destine. »*
>
> *L'innocente continue de démêler ses cheveux. Elle ne sait pas que l'on se dispute son rien. Le Verbe, lui a-t-on dit, naîtrait de la plus désirable des vierges.*

Pour jouer ce rôle — car il s'agit bien d'une représentation idéale de la féminité —, la vierge doit être belle et jeune[6]. L'âge, les rides, les vergetures et la cellulite de la femme de chair et de sang défigureraient la Beauté. Par ailleurs, le temps de la figuration ne pouvant se prolonger indéfiniment, une vierge ne saurait vieillir sans mettre en péril la validité du mystère. Ou elle se marie, et alors le concept cède le pas à l'échange. Ou elle est choisie par les dieux et se trouve, de ce fait, placée hors commerce. Seule la virginité prolongée par mandat céleste commande le respect et la vénération. Toute autre se voit disqualifiée, objet de mépris ou de suspicion. De quoi en effet pourrait bien témoigner une vierge âgée? De son indignité ou de son incapacité à satisfaire aux lois de l'échange? De son refus de se soumettre à l'homme? D'une allégeance avec le diable qui l'opposerait aux dieux? Schariar n'aurait jamais passé la nuit avec une vierge mûre.

Dans les mythes primitifs, les vierges suscitent la répulsion ou la crainte. On n'ose pas s'en approcher parce qu'elles n'ont pas de menstrues. Si aucun flux ne s'écoule du corps, c'est donc qu'elles échappent au rythme de la nature en raison de quelque malédiction ou malformation inquiétantes. La femme féconde arrose la terre de son sang, souligne le passage de la lune, promet la venue des récoltes, des pluies, du gibier, du poisson, toutes choses qui poussent, croissent et se développent en accord avec le vent, les marées et les cycles. Plus personne n'a peur de la vierge dans les mythes barbares et la poésie moderne. Plongée en pleine nature, elle inquiétait. Maintenant que la voilà toujours sans flux, mais lavée, décrassée et parfumée, convertie au culturel, elle envoûte les conquérants d'espace et les déchiffreurs d'énigme. Écrin, joyau, porte scellée, fenêtre close, elle recèle des trésors cachés. La pierre philosophale n'a de prix que pour l'homme d'esprit capable d'y aspirer et de la reconnaître.

La vierge est l'étiquette accolée à la jouissance sélectionnée, régie, différée. Elle enrobe l'acte sexuel d'un aura référentiel qui discrédite la triviale rencontre anatomique. Elle tranquillise les chargés de culture occupés à départager le propre et l'impropre, le stable et le fluide, le beau et le laid, le durable et le putrescible. Enfin, et peut-être surtout, elle neutralise le désir incestueux. Dans une civilisation répressive, elle est le rampart des faibles. Le rescapé de l'Oedipe est au moins sûr de ne pas coucher avec sa mère quand il déflore une jeune vierge.

La pute et ses demi-soeurs

> «Elle est l'impure même car sur elle résonnent les signes ambiants. Elle fait pour l'oeil caméra des coupures et n'a d'incidence autre que son unique déplacement. Elle inverse les signes. Elle chahute les impressions. Ni sauvage, ni apprise, trouée à même la ville.» (France Théoret, *Nécessairement putain*)

L'érotisme, défini en termes de procréation et de péché, aboutit à la dualité mère/pute. L'une enfante, l'autre fait jouir. La mère s'oppose à la courtisane dans la mesure où l'instrument de filiation nie l'objet sexuel.

Ces deux femmes ne doivent jamais se rencontrer, mais une gamme de visages intermédiaires sont tolérés en marge de l'être reproducteur: secrétaires, hôtesses, amies, amantes, concubines. Ces figures substitutives incarnent le flirt anodin, l'amour épisodique et superficiel auquel peut s'adonner le Fils lorsqu'il échappe à la Mère, pilier de la mystique familiale et de l'ordre bourgeois intimiste. Leurs allées et venues pourvoient la structure sociale d'un réseau libidinal secondaire qui renforce l'échange monogame.

La prostituée, par contre, doit rester dans l'ombre. Niant la maternité, elle troue le contrat social de brèches exhibant une chair brute non accréditée par le bon usage culturel. Le spasme automatique de la femme ouverte aux hommes qui passent en elle sans y trouver trace de la Mère, désigne une cassure irréparable. La putain est l'âme damnée qui biffe le nom de toutes les mères, à commencer par la sienne, et démonte la mécanique de l'Oedipe. Renvoyant l'homme à lui-même et à son sexe non désiré, elle tourne en dérision l'omniprésence phallique. La pulsion sauvage qu'elle génère menace l'ordre social.

Si toutes les putes racontaient leur histoire, il ne se trouverait plus personne pour perpétuer le culte phallique. De façon inverse, une visite au bordel rendrait probablement atones bon nombre de chantres platoniciens de l'Éternel féminin. Car ces corps de femmes instrumentalisés, soumis aux détresses et disjonctions des flux érotiques marginalisés par le réseau de sexualité marchande institué par l'économie patriarcale, manifestent des béances et des abjections irréductibles à la sublimation archétypale. Ils lancent au visage des clients l'horreur de la dislocation corporelle, le scandale du déchaînement animal maintenu hors de la turbulence instinctuelle et de la fantaisie ludique. La prostituée incarne le morcellement du corps et l'émiettement spatio-temporel. L'arbre généalogique se corrompt dans ses entrailles copulatrices. Mécanique entretenue par le marché noir du sexe, que peut-elle raconter de l'origine qui ne soit fiction, mensonge, dédoublement. Elle ne connaît que l'écrasement perpétuel de son ventre par les fils maudits qui viennent y ranimer la parodie de la jouissance.

La Mère voit ses fils dessiner la carte du Tendre et disserter de tout et de rien — la longue et morne dissection/dissertation du tout et du rien — entre deux sauts au bordel.

Elle ne sait pas que le bordel est l'envers de l'Esprit Saint. Que la pute s'y meut et s'y tait comme elle, vaquant à ses occupations, à demi-consciente, à demi-belle, à demi-bête.

Comme la Mère morte, la pute s'ouvre, laisse l'homme explorer ses bords, le regarde tenter de se faire chair, et le voit repartir Verbe.

La putain est la passoire où s'effrite le rêve d'aventures initiatiques, l'étang où s'englue la soif des territorialités sacrées. Négation de la procréation, elle sème la confusion. Un corps stérile exhale des transparences dégradées qu'une jouissance caricaturale porte à son paroxysme.

L'extase primordiale se corrompt. Elle attire dans l'enfer orgasmique le fils déchu. « Mon enfant de chœur, attends un peu que je t'en fasse voir de toutes les couleurs! » La prostituée brouille les pistes de l'origine. Sans nom, adresse et identité repérables, elle annule l'espace social et coupe le fil du temps généalogique. Du fond de son corps disloqué, elle entend le cri primal de naissances illégitimes non souhaitées.

Le Pur Esprit qui fréquente le bordel ne rémunère pas la fille qui exécute pour lui tel passage lubrique non inclus dans le tragique racinien ou la tirade cornélienne. Il se paie le luxe d'un décodage culturel biffant la trame symbolique conventionnelle. Il ne dit plus: « De votre hymen, Madame, mon âme ne saurait ambitionner sans courir à sa perte. » Il prend congé de l'alexandrin, de la litote, de l'hyperbole. Il se déleste de son carcan de PDG, de sa carapace d'honnête homme, de son froc de bon citoyen.

Il écoute, regarde, touche. Comme un enfant, il déchiffre des formes, palpe des contours, absorbe des odeurs, des rythmes, des sensations. Il s'offre une séance naturiste. Il provoque l'émiette-

ment des corps dans les frénésies brûlantes des divagations séditieuses.

Moment de répulsion et d'effroi. À peine le Fils a-t-il vu un corps parler qu'il passe sous la douche et court se jeter dans les jupes de sa Mère. Bref triomphe de la pute qui range entre ses cuisses les miettes de phallus éclaté.

La prostitution a pour première fonction d'absorber l'excès d'érotisation, de décharges émotionnelles et de poussées névrotiques non assimilables par la culture. Elle établit dans l'espace résiduel échappant à la famille et au corps social, un rapport à la nature stabilisateur. Puisque tous les citoyens ne peuvent coucher avec la culture 365 jours par année, il vaut mieux tenter de canaliser l'excédent sexuel par une structure différenciée que de l'abandonner au nomadisme de la pulsion rebelle. L'échange sexuel non compatible avec l'échange matrimonial doit trouver un terrain occulte où s'exercer. Au lieu d'avoir un père ou un frère qui cède toute une femme en échange d'un troupeau de vaches ou d'un champ de bananes, on a un proxénète qui débite les parties basses de ses filles à cent francs ou vingt dollars la passe. Si bien qu'un économiste non rompu aux catégories idéalisantes pourrait y voir la simple conversion du système de troc au mode capitaliste de fractionnement du produit et de multiplication du capital.

Chaque fois que le désir sexuel du Fils échoue à s'insérer dans la structure libidinale instituée, la maison close lui ouvre ses portes, libérant la place publique de tensions corrosives et anarchiques. Le plaisir lui est découpé en tranches consommables à heure fixe dans un système clandestin parallèle au système ouvert dont il peut se débrancher périodiquement sans en perturber le fonctionnement. Divers modes de gestion préservent l'étanchéité des deux réseaux et en neutralisent les transvasages et contaminations possibles. D'un côté, se trouvent les femmes réglées qui circulent sous contrat les constituant gardiennes du foyer. De l'autre, les femmes libres attachées aux boîtes, clubs et lupanars qui font courir les hommes sans les déraciner. Une normalisation du deuxième groupe s'effectue par l'intégration partielle ou totale du réseau de prostitution aux structures étatiques ou privées qui en assurent le contrôle grâce à une habile délégation de pouvoirs: agents de police, médecins, proxénètes, entreprises spécialisées dans le recrutement et l'entraînement des filles.

Vu sous cet angle, le bordel est moins un lieu de jouissance qu'une maison de correction. En absorbant le flux érotique nomade ou pervers qui circule en-deça et au-delà de la loi, il enraie la clochardisation sexuelle. La pulsion désirante est captée par un régime disciplinaire qui lui donne des horaires, un lit et un objet de défoulement. À mi-chemin entre le pensionnat et la caserne, le bordel est le centre éducatif où des petites putes modèles et des grands-mères libertines dispensent des cours d'érotisation rapide et des séances d'immersion libidinale aux aveugles de Platon et aux éclopés de l'Oedipe.

La mère et la putain finissent donc par se rejoindre. L'une et l'autre soutiennent les pôles d'une économie forclose liée aux valeurs d'échange et de productivité. La première enfante les forces productives requises par le système. La seconde les restaure en répétant l'acte de procréation sur un mode réducteur, presque caricatural, qui restitue néanmoins au corps travailleur l'influx dynamique indispensable à son équilibre. Qui restitue également aux faiseurs de capital la plus-value aussitôt réinvestie dans la machine de production érotico-pornographique: cinéma, littérature, sex-shops, eros clubs, studios de massage, cabarets, maisons de passe, publicité, etc. La prostituée en profite peu. Payée à la pièce, elle est, comme la mère dont le travail est considéré «inestimable» c'est-à-dire non rétribué, exclue des régimes de prestations sociales et allocations de retraite consentis à la population dite «active[7]».

L'utilisation de la matière sexuelle à des fins productives fut l'apanage des lieux de culte avant de devenir affaire étatique ou privée. Deux mille ans avant notre ère, la prostitution sacrée est pratiquée en Égypte, en Phénicie, à Babylone, aux Indes, chez les Hébreux, et assure à plusieurs temples des grands empires orientaux une part substantielle de leurs revenus. Considérée comme un acte religieux offert aux divinités de la reproduction — Astarté, Vénus, Aphrodite, Mylitta —, elle oblige la vierge à dispenser ses services sexuels pendant une nuit, ou tout au moins une heure, à l'amant choisi par la déesse qui bénit cette union mystique.

Selon Hérodote, toute femme de Babylone devait, au Ve siècle avant Jésus-Christ, aller au temple de Mylitta une fois avant son mariage faire don de sa virginité à un étranger contre une petite pièce d'argent (*Histoires*, 1, 199), et il accuse les filles de Chyptre d'utiliser ce procédé pour se constituer une dot. Pindare nous apprend, de son côté, que l'argent touché par les filles sert à l'entretien du culte, c'est-à-dire à nourrir les classes sacerdotales. Et comme l'homosexualité est fortement répandue, des hommes exercent aussi ce métier dans des temples d'envergure comme, par exemple, celui d'Isthar à Babylone.

Solon, législateur grec, eut, le premier, l'idée de séculariser la prostitution. Au VIIe siècle avant Jésus Christ, il achète à vil prix des femmes asiatiques esclaves qu'il enferme dans les *dictérions* d'Athènes situés près du temple de Vénus, et s'approprie leur gain. Des femmes grecques, déchues de leurs droits sociaux, viennent plus tard s'y adjoindre, et le réseau privé ouvre ses *kapailéia*, établissements affichant un priape rouge sang comme enseigne, où travaillent des courtisanes libres de basse classe. Au sommet de la pyramide, les Aulétrides et les Hétaïres bénéficient d'un statut privilégié. Femmes du monde indépendantes et cultivées, elles connaissent un meilleur sort que l'épouse grecque. Les premières sont appréciées pour leur danse et leurs talents de musiciennes — en particulier Lamia, tour à tour amante de Ptolémée l'Égyptien et de Démétrius Poliorcète, roi de Macédoine. Les secondes se lient publiquement aux notables grecs dont elles partagent la gloire et attendent le respect. À Rome, la prostitution n'est pas moins florissante. Le nombre des mâles excédant celui des femmes, on pare à la rareté du marché en accordant à l'homme le droit de vendre la femme, l'épouse, la fille ou la femme dont il veut se défaire.

À côté de ces deux formes de prostitution, il en existe une troisième, dite hospitalière, dont l'origine, aussi ancienne que la prostitution sacrée, paraît se situer en Chaldée. Le maître de maison honore son visiteur en mettant à sa disposition sa femme, ses filles ou ses servantes, escomptant en contrepartie un service, une faveur, un cadeau, une reconnaissance quelconque. Cette pratique semble encore en usage chez certains peuples des Indes, d'Océanie, d'Afrique et d'Amazonie, de même que chez les Esquimaux non occidentalisés. En Occident, cette coutume disparut au début de la civilisation romaine, pour réapparaître au Moyen Âge dans certains pays européens, dont la France.

Selon les époques et les régimes, la loi oriente les prostituées soit du côté de l'ouverture, soit du côté de l'enfermement. Tantôt elle les ostracise et les oblige à afficher les marques extérieures de leur avilissement: la prostituée grecque doit porter un costume bariolé et se teindre les cheveux jaune safran; Henri IV oblige les femmes publiques à porter une plaque dorée à leur ceinture (d'où « bonne renommée vaut mieux que ceinture dorée »). Tantôt elle ferme l'oeil et leur donne statut d'utile sinon d'honnête femme. Les femmes mariées romaines vivent cachées alors que les courtisanes des classes supérieures sont intégrées à la vie de la cité. Cette tolérance s'explique. Caligula institue l'impôt d'État sur les revenus des filles publiques, son successeur utilise cette taxe pour restaurer les monuments publics.

Dans la France du Moyen Âge, les prostituées circulent avec les expositions commerciales des marchands étrangers qui les embauchent, vagabondent de village en village, suivent les foires, pèlerinages, marchés et travaux agricoles. Le Sud a tôt ses lupanars et hôtels de classe, construits et administrés par des seigneurs ou tenanciers avec la bénédiction des autorités publiques et municipales. Abbesses et maquerelles se partagent l'hébergement des filles. Foyers de Madeleine, maisons de « repenties » et de « pécheresses » s'emploient à leur réhabilitation. Des communautés sont créées à cette fin. Les Filles du Bon-Pasteur, en particulier, initient les ex-prostituées à la prière et aux tâches ménagères devant les aider à trouver un mari. Lorsqu'à la fin des Croisades[8], les filles délaissent les grandes routes conduisant vers l'Orient pour rôder aux abords des villes, on endigue le flot en les enfermant dans des maisons publiques sous surveillance policière. À Avignon, ville papale, l'une d'elles, baptisée l'Abbaye et placée sous le patronage de la reine Jeanne de Naples, regroupe des filles astreintes aux actes de dévotion en dehors de leurs heures de service auprès des clients dont les juifs et les païens sont exclus. En pays chrétien, le sexe est confessionnel[9].

Les premières mesures de réglementation de la prostitution avaient été prises à Rome dès le deuxième siècle. Marcus avait mis au point un système de cartes qui finit par tomber en désuétude pour réapparaître un peu partout dans le monde au dix-neuvième siècle. En France, Napoléon 1er prescrit l'enregistrement, l'inspection et la régularisation des prostituées, mesures qui s'accompagneront, un peu plus tard, d'une escouade de moeurs attachée à un corps de police. Mais l'ostracisme des « folles femmes de leur corps » avait commencé, beaucoup plus tôt. Sous son règne, Charlemagne condamne le recours aux sorcières et aux prostituées. Les récalcitrantes subissent la peine du fouet, les entremetteuses sont marquées au fer rouge et tournées au pilori, les clients sont passibles d'emprisonnement ou d'exposition au carcan. Saint-Louis prend la relève au 13e siècle par souci d'hygiène médicale, car la syphilis fait des ravages. L'ordonnance de 1254 chasse les prostituées des villes et des villages, les dépouille de leurs biens et de leurs vêtements. Mais à peine les a-t-on chassées qu'elles réapparaissent ailleurs. Louis XIV, qui ne peut souffrir de voir des putes faire tache sur le soleil, les boucles à la Salpétrière avec régime de bagnard. La philosophie des lumières rejette la Nature honteuse qui échappe à l'Eros spectaculaire de la représentation monarchique. Proxénètes, clients et prostituées paient une amende à la première offense; la récidive peut leur coûter la flagellation publique, l'emprisonnement ou la mutilation du nez ou des oreilles.

Mais vider les rues remplit les maisons clandestines. À Londres, sous le règne de la prude Victoria, on estime à mille deux cent quatre-vingts le nombre de bordels, clubs sodomites, maisons louches et établissements spécialisés dans la flagellation et la nymphomanie. L'Autriche, au même siècle, détient un record. Dans la capitale, on compte 20 000 prostituées sur une population de 400 000 habitants, et la moitié des enfants de Vienne sont des bâtards. La police ferme l'oeil et profite de l'avalanche. Le tiers des filles doivent être traitées pour maladies vénériennes. C'est dans ce pays que naîtra la psychanalyse.

Le contrôle de la prostitution a suivi les fluctuations du marché. Selon que l'offre excède ou non la demande, l'animalité sauvage passe du lieu d'enfermement à la migration rebelle et à la prolifération anarchique. De différentes façons, le pouvoir recycle, reclasse et redistribue les flux d'érotisme marginaux qui envahissent la trame sociale et risquent, s'ils ne sont constamment détruits ou parcellarisés, d'éroder les institutions communautaires.

Fait intéressant à noter. L'encadrement institutionnel de l'éros se diversifie et englobe le foyer lorsque le mariage absorbe la majeure partie de la sexualité. Dès l'instant où des mutations socio-économiques rendent caduque la nécessité d'augmenter la force de travail par le nombre d'enfants, on fait émerger la femme en réduisant la mère. Hestia prend un visage aimable et enjôleur à qui la virginité sied mal. Il est même souhaitable qu'elle fasse ses preuves avant l'engagement définitif qui l'installera au centre du mégaron domestique où elle entretiendra la flamme de l'éros matrimonial.

Mais la Nature qui se glisse dans un lit jaugé par l'ordre social, perd de sa terreur et de son envoûtement. L'accessibilité et la familiarité engendrent la routine. De nouveaux modes d'érotisation doivent être créés pour capter la part de libido nomade qui sommeille en tout mari sédentaire. Puisqu'à trop voir sa femme, l'homme perd son phallus de vue, et que, parallèlement, la putain perd des clients chaque fois que la mère accouche de l'époux-père au lieu d'accoucher d'un enfant, on reportera sur la scène de la représentation théâtrale la concurrence entretenue entre l'instinct rebelle et l'éros domestique. Une fille créée pour l'Oeil donnera à voir ce que l'épouse donne à toucher sous le coup du devoir ou de l'attirance sexuelle. Elle fera signe en laissant croire qu'elle fait chair. Elle relancera le code symbolique sur ses rails.

Le cabaret ouvre ses portes aux cadres, clercs et commis de la petite, moyenne et grande entreprise. Le strip tease, la danse et le cinéma pornographique offrent non plus le contact direct avec la chair brute, contaminante et dévoreuse du bordel, désormais réservée aux déviants et travailleurs manuels, mais une prudente et hygiénique distanciation entre la pulsion désirante et son objet. Le plaisir, devenu désir de voir, est étranglé dès son surgissement. Il ne franchit pas la rampe où se dessinent les figures d'un jeu fictif. L'échange sexuel, devenu factice effet d'altérité joué dans le croisement impossible de deux regards, se réduit à la représentation d'une jouissance tronquée. Le manque à jouir renvoie le spectateur à la menace d'une castration que cette fille, absente et fuyante, désigne symboliquement dans un ailleurs d'elle-même qui ravit et inquiète. Est-on bien sûr que le manque est en elle lorsque le regard s'aveugle dans un fantasme en miroir qui dissipe le corps à corps révélateur. L'épreuve de vérité est différée comme le souhaitait l'Oeil.

La parcellarisation spectaculaire de l'éros comporte des avantages. Elle émiette dans un espace découpé par les réflecteurs les signes d'un désir fictif que peuvent se partager chacun. Grâce à cette sémiologie mouvante, une seule femme peut assouvir le désir de plusieurs hommes et proposer aux épouses modèles une scénographie intime dont on espère qu'elles retiendront quelques séquences. On fait d'une pierre deux coups. D'une part, on emprisonne les pulsions nomades dans une captation gestuelle qui les cristallise sur le regard où elles sont aussitôt captées par l'économie marchande du sexe. De l'autre, on rapproche le couple dans une complicité délictuelle récupérée par l'instance sociale qui instaure ce langage et souhaite ces représentations.

Ainsi, Hermès voyeur peut se reposer entre deux courses sans trop investir de ses ressources émotives et pulsionnelles. Ni demande d'amour, ni refus, ni abandon à la jouissance, ni déturgescence. Simplement se rincer l'Oeil. Se gaver des signes et signaux qui envahissent la rétine, figures captantes se nouant et se dénouant dans un halo incertain qui laisse planer le doute sur la réalité du geste. C'était bien ce qu'enseignait le Maître. Saisir l'idée plus vraie que le réel. Suspendre le voir à la lumière submergeant les ombres. À l'intérieur de la prostitution, la migration du toucher au regard a suivi la trajectoire culturelle empruntée dans les autres champs discursifs et sémiologiques. L'Occident a de la suite dans les idées. C'est toujours par l'Oeil qu'il effectue le transfert du naturel au culturel.

Car si la putain incarne le versant noir du mystère, la stripteaseuse en indique le lieu de fuite. Tout en paraissant démasquer l'opacité charnelle, elle restitue, dans tout voyeur, le désir d'obliger la Nature à aller se rhabiller en coulisse. D'où ses limitations. Une demi-pute ne peut représenter qu'un demi-mystère et un demi-mythe.

L'épouse moderne souffrira de cette indétermination. Devant incarner tantôt la fixité de l'Éternel féminin, tantôt la mobilité de la call girl, elle deviendra lieu de contradiction. Ni tout à fait mère, ni tout à fait pute, elle échappera à la classification binaire et confondra l'Oeil. Auparavant, les choses étaient plus simples. La nature ou la culture l'emportait. La mère ou la vierge triomphait. Les porteurs de phallus savaient à quoi s'en tenir.

L'hystérique et la sorcière

> « Elle naît Fée. Par le retour régulier de l'exaltation, elle est Sybille. Par l'amour, elle est Magicienne. Par sa finesse, sa malice (souvent fantasque et bienfaisante), elle est Sorcière et fait le sort, du moins elle endort, trompe les maux. »
> (Michelet, *La Sorcière*)

Vénérée ou profanée, la femme restait signal d'alarme ou de délectation, signifiant de signes étrangers, objet d'échange ou d'usage dans une société qui l'excluait comme sujet. Désignée par le vide dans l'ordre symbolique, elle ne pouvait représenter que l'infraction ou l'anormalité dès qu'elle entreprenait de gommer les signes appris et d'inventer son propre langage. La sorcière est la charnière qui saute entre les signes convenus.

> *L'élan pulsionnel en quête d'intégration signifiante pousse la migration symbolique hors des systèmes institués par la Loi. La sorcière s'évade du cercle domestique et s'élance vers les terrains vagues où ne se voit plus la frontière délimitant le culturel. Elle déporte cette frontière au-delà du permissible, du convenable et du propre. Elle dépasse les bornes. Elle défie l'Oeil du Maître.*

Elle parle, agit, mélange les philtres, les herbes, les excréments et les décoctions. Elle hypertrophie la médecine et s'approprie les rites de guérison. Démunie du savoir et des autorisations requises, elle empiète sur les pouvoirs, interpelle les corps, les galvanise et les jette hors des rails de l'habitude et du bon fonctionnement. Elle les vide de leur morgue, de leurs excroissances, de leurs foetus et de leurs larves. Elle les précipite dans l'enfer des orgies paradisiaques, renouant le cordon ombilical incestueux, renvoyant la fille au père et la mère au fils hors des cadres et des règles.

Elle se tatoue du sang de ses propres règles, transvidant ses flux au gré de ses fantasmes et de ses appels. Elle est cri, délire, menace, tentation. Elle prédit, prévoit, se ravise, se contredit. Elle confond l'inquisiteur qui l'accable de ses préventions. Elle est insaisissable. La voilà hors d'elle-même. Hors de son rôle. En marche vers les fagots de bois jetés sur son chemin. Elle est malade, accablée du mauvais sang qu'elle leur cause.

> « Chaque mois, elles sont pleines de superfluidités, et le sang mélancolique leur bout et fait sortir des vapeurs qui s'élèvent en haut et passent par la bouche, par les narines et autres conduits du corps et jettent une qualité ensorcelée sur ce qu'elles rencontrent[10]. »
> (Léonard de Vair)

La sorcière monte sur le bûcher parce qu'elle subvertit la reproduction biologique et sociale. Avorteuse et sans famille, elle empêche la race de se perpétuer. Émettant des signes inédits, elle échappe au discours codificateur et s'approprie un espace spatio-temporel qui corrode l'entre-deux socio-biologique où elle devrait se tenir. En supprimant tout clivage entre le démoniaque et le sacré, l'imaginaire et le réel, la putain et la mère, la médecine et la liturgie, elle supprime l'étanchéité binaire et met l'ordre symbolique sur ses gardes. On ne peut lui demander, comme Freud à Dora en état de crise: « Qui copiez-vous là ? » Elle nie toute copie, déchire toute image, récuse tout modèle.

Il faudra exorciser cette prêtresse, subjuguer sa force, anéantir sa parole, en empêcher la dissémination. Il faudra brûler la femme-flamme, souffle chaud, voix putride, qui empoisonne l'ordre social. Jean Bodin, humaniste contemporain de Jean Devair, écrit en 1580: « La loi de Dieu a voulu montrer que les hommes sont moins affectés de cette maladie et que pour un homme, il y a cinquante femmes [...]. Les têtes des hommes sont plus grosses de beaucoup, et par conséquent, ils ont plus de cerveau et de prudence que les femmes [...] la sorcière doit être mise à mort [...][11] ». Sur dix personnes accusées de sorcellerie, huit sont des femmes. L'Europe en brûle trente mille en un seul siècle[12], et c'est à ce titre que Jeanne d'Arc monte elle-même sur le bûcher.

L'outil de transmission du pouvoir est détruit lorsqu'il échappe aux tractations de l'échange. Jeanne d'Arc n'était ni la soeur, ni la mère, ni l'épouse de Charles VII qu'elle conduisit au trône. Cette bergère ressemble trop aux femmes démunies sur qui s'abat la répression. Les sorcières sont, pour la plupart, ou très jeunes, ou très vieilles et veuves, c'est-à-dire situées hors du temps génésique. Exclues de l'espace biologique reproducteur, elles sont signe d'une absence de signification inquiétante. Non utilisables comme objet d'usage ou d'échange, elles errent à la limite des territoires contrôlés par l'hégémonie patriarcale[13]. Elles sont également pauvres. Les témoins et déposants sont, par contre, aisés ou à l'emploi de gens fortunés dont ils veulent garder la faveur. Le clivage socio-économique est d'autant plus net entre la victime et ses accusateurs que, dans ces populations illettrées, le juge est souvent la seule personne à manier l'arme redoutable de l'écriture.

La sorcellerie faisait depuis longtemps partie de la vision du monde et des pratiques sociales des populations paysannes occidentales. Croyance magique liée aux forces surnaturelles et cosmiques, elle était la réponse aux malheurs, épidémies et catastrophes qui s'abattaient sur des communautés vivant dans une étroite dépendance de la nature. En plus de fournir une explication cohérente de l'univers, elle promettait, par ses rituels et ses interventions, de vaincre les forces adverses s'opposant à la réalisation des désirs d'amour, de richesse et surtout de vie, la mort et la maladie étant une menace omniprésente. Dans ce contexte, les ruraux, qui disposaient de peu de ressources communautaires et vivaient dans une relative autonomie culturelle par rapport aux autorités — lointaines à l'exception du seigneur et du curé, eux-mêmes souvent enclins aux superstitions —, demandaient à la sorcellerie et aux guérisseurs de leur attirer un sort favorable et de les aider à combattre un univers hostile. Intégrée à la vie communautaire, cette sorcellerie alertait rarement les autorités religieuses et civiles.

Elle commence à faire problème au 15e siècle lorsqu'on invente le concept de sorcellerie démoniaque qui déclenche, au siècle suivant, une vague de persécutions massives et crée le stéréotype de la sorcière forniqueuse et rebelle, suppôt du diable et des puissances maudites[14]. Curieusement, les références à Satan viennent des juges et non des témoins qui imputent à l'accusée des faits concrets et précis concernant un problème de la vie quotidienne. Le Prince du Mal et du Mensonge introduit par la torture et les interrogatoires, est la réponse terrifiante et terrifiée des autorités, face aux mutations et chambardements qui bouleversent la société. Il est bon de se souvenir que les phases aiguës de la chasse aux sorcières coïncident avec l'agitation sociale et les révoltes paysannes qui ébranlent le féodalisme européen entre les 14e et 17e siècles.

La conquête religieuse et politique des campagnes, qui conduira à l'absolutisme royal, exige des réaménagements économiques et des orientations défavorables aux classes rurales: reclassements sociaux, redistribution des pouvoirs locaux et national, uniformisation des croyances et des comportements. Toutes ces mesures ébranlent les anciennes structures villageoises et entraînent des résistances et des révoltes. Face aux tensions croissantes, il faut trouver un bouc émissaire. La chasse aux sorcières sera l'élément de diversion qui masquera la subversion. Dans la déstabilisation générale des rapports sociaux, il est facile pour l'Église de lancer, de concert avec l'État absolu, une offensive contre le paganisme rural. La vision du monde unitaire et centralisatrice, que l'on veut imposer, repose sur la croyance aux dogmes, la rigueur d'une morale puritaine stigmatisant la chair, le péché et les déviances sexuelles.

Dans les sociétés primitives, la sorcellerie et la magie sont des fonctions craintes et respectées, majoritairement et ouvertement exercées par des hommes. On peut se demander pourquoi l'Europe chrétienne a créé le mythe de la sorcière et pourquoi ses juges, ses inquisiteurs et ses théoriciens furent exclusivement des hommes. C'est que la sorcière, comme l'hystérique ou l'infibulée, est le produit d'un discours et d'un rituel. La femme est de longue date désignée par la tradition judéo-chrétienne et l'héritage gréco-latin comme l'élément obscène et perturbateur faisant obstacle à la culture. Brûler la sorcière, c'est exterminer la part de nature sauvage, irréductible à la Mère, qui a résisté aux discours antérieurs: celui de Platon et de Socrate, celui de saint Paul, celui des Pères de l'Église et de tous les autres Pères. Le pape Innocent VII en est l'écho décuplé. Sous son instance, est composé en 1487, par Sprenger et Institor, le *Malleus Maleficarum*, ou *Marteau des sorcières*, qui stipule, entre autres choses, de quelle façon les sorcières s'approprient le contrôle de la sexualité et de la procréation.

> «Il y a, tel que décrit dans la Bulle Papale, sept façons différentes par lesquelles les sorcières souillent l'acte sexuel et la procréation:
> 1. en poussant les hommes à des passions désordonnées;

2. en faisant obstacle à la procréation;
3. en faisant disparaître le membre approprié à l'acte;
4. en changeant les hommes en bêtes par leurs pouvoirs magiques;
5. en contrôlant les pouvoirs de procréation des autres femmes;
6. en pratiquant des avortements et
7. en offrant des enfants, des bêtes et autres fruits de la terre au diable... » (*Malleus Maleficarum*)

Cet ouvrage décrit les désordres, ruses et dissimulations de la sorcellerie, et propose des méthodes de dépistage et des procédures répressives pour endiguer le fléau[15]. Ce code policier germanique, qui contient en germe l'esprit et les procédés de la future gestapo, aura une diffusion internationale et connaîtra vingt-huit éditions. Il sera adopté par Alexandre VI, Jules II et Léon X, principaux papes de la Renaissance.

Le Mot-du-Père est entendu. À la fin du 17e siècle, l'absolutisme triomphe. Tuer l'anti-Mère devient superflu. Les bûchers s'éteignent, l'ère des persécutions collectives est close. Le nouvel ordre social a vaincu la dissémination culturelle, la fragmentation des croyances et la parcellarisation des pouvoirs. Son élite déclame le consensus social selon les règles du parfait usage théâtral. La dissidence tient à la langue et non plus au sexe. Les nouveaux ennemis seront les émetteurs de parole antinomique. Les philosophes, fils incestueux de l'ancienne sorcière, suivront la laïcisation de la pensée et la montée des signes. Ils conduiront le couple royal à l'échafaud. Troublante inversion du signifié qui fait passer de la tiare à la cocarde.

La chasse aux sorcières est donc autant discours sur l'histoire, c'est-à-dire, récit de l'occupation d'un espace géographique et culturel par le pouvoir, que narration d'une pathologie collective engendrée par l'effraction du double temps cosmique et social. Les sorcières échappaient à l'un et l'autre de ces paramètres. Sans époux ni enfants, elles se situaient hors de l'espace et du temps patriarcal. On ignore la portée politique des rencontres collectives qu'elles organisaient et que certains écrivains présentent comme de simples célébrations païennes ou démoniaques. Mais le fait de faire partie d'une organisation secrète de paysannes pouvait suffire à les rendre suspectes aux yeux des pouvoirs concernés[16].

Par ailleurs, une deuxième raison peut avoir contribué à les discréditer. À une époque où seule l'élite pouvait bénéficier de soins médicaux, elles ont probablement créé une forme de médecine populaire mal vue du corps médical en voie de constitution. Les sorcières, sages-femmes et guérisseuses, souvent confondues dans l'esprit et les propos des inquisiteurs, ne pouvaient s'approprier sans danger un savoir et un pouvoir dispensé et exercé exclusivement par des hommes. Dépositaires d'une tradition orale, elles s'opposaient aux praticiens de l'époque que l'université initiait surtout à la théorie des humeurs de Galien, médecin de l'Antiquité, et aux écrits de Platon, d'Aristote et des grands théologiens.

On sait qu'en raison de la collusion des pouvoirs religieux et séculier, un médecin ne pouvait soigner un patient qui refusait la confession. Ce qu'on a appelé traitement magique chez les sorcières a pu être simplement l'exclusion de la prière comme agent principal de guérison, ou l'utilisation de plantes médicales, inconnues des médecins, dont plusieurs sont passées à la pharmacopée moderne comme la belladone, l'ergot ou la digitale. Paracelce, médecin et alchimiste suisse du 16e siècle, que certains considèrent comme le père de la médecine moderne, admit leur devoir ses connaissances en pharmacologie et leur rendit hommage en brûlant ses manuscrits.

L'autodafé fut la métaphore de la sorcellerie. Détruire la sorcière, c'était brûler sa peur de la différence. Cuire le cru de sa terreur du Diable avec qui la sorcière copulait, image du Dieu vengeur châtiant les enfants restant sourds à sa parole.

La possédée

> « Mais pourquoi le Diable, après avoir pris possession de ces malheureuses victimes, a-t-il forniqué avec elles et cela d'horrible façon? Pourquoi les aveux extorqués par la torture ont-ils tant de ressemblance avec les récits de mes patients au cours du traitement psychanalytique? Il faudra que je me plonge dans cette littérature. » (Lettre de Freud à Fliess, 21-1-1897)

Il s'y plonge. Les récits démonologiques le passionnent. Son idée fixe le tient déjà. Il écrit à Fliess: « J'ai trouvé l'explication du "vol" des sorcières; leur grand balai est probablement le grand seigneur Pénis. » Il a relevé des éléments intéressant l'érotisme sadique-anal. La séduction du diable lui paraît exprimer la quête du père (le sien vient de mourir). Mais une chose le tourmente: « les sorcières ne manquent jamais de déclarer que le sperme du diable est "froid". J'ai commandé le *Malleus Maleficarum* et vais me mettre à l'étudier avec ardeur... »

Lorsqu'il en a terminé la lecture, il s'exclame: « Je comprends maintenant la thérapeutique rigoureuse qu'appliquaient les juges aux sorcières. » Il a saisi non seulement le rapport possédé/névrosé, mais aussi l'antagonisme bourreau/victime et la complicité patient/thérapeute. L'analogie pressentie entre la cure psychanalytique et l'expérience exorcisante le rend suspect aux yeux de ses contemporains, qui voient dans la théorie cathartique de la « purgation » valorisant l'acte d'expulsion psychique, une résurgence de la croyance en la possession.

Dans l'esprit des juges du Moyen Âge et de la Renaissance, comme dans celui du Père de la psychanalyse la sorcellerie et la névrose diabolique sont à peu près synonymes. Elles désignent, chez la femme, la part de nature obscure et terrifiante échappant à l'entendement de l'homme, l'enclave mystérieuse où des forces aveugles fomentent les malices et délits du corps traqué par l'Oeil. Une culture fondée sur la négation du sexe en garde une obsession maladive qui incite à développer des discours investigateurs et substitutifs. Là où ne peuvent se rencontrer l'homme et la femme de chair, s'affrontent la sorcière-putain-hystérique et le maître-juge-assassin. L'interdit projette dans le champ de la conscience théorique un rival satanique menaçant. L'ombre du refoulé rôde derrière l'Esprit Pur, dégageant une inquiétante étrangeté dont la possédée semble porter la trace obscure et familière.

Si la sorcière affole, la possédée ravit. Elle induit une image passive de la féminité qui stagne comme une eau morte devant le discours exorcisant. La première, agent actif du destin, s'allie de son plein gré avec le Diable dont elle est l'interlocutrice privilégiée. Elle déploie sa parole et son agir dans un espace ouvert qui nie l'intervention secourante et la représentation théâtrale liant la victime à son sauveteur. La possédée, au contraire, est le lieu où des hommes se livrent un combat, la scène où s'affronte le vouloir antagoniste d'une puissance mâle dédoublée entre le bon et le mauvais Père. Comme l'hystérique, elle est enfermée dans un couvent, rivée à sa maison, cloîtrée dans un Oedipe sans Mère. Elle est séduite par le Père, par ses Mots. Par l'Oeil et la langue qui lui soufflent la scène de la possession, tout comme Freud soufflait à Dora la bonne manière d'être hystérique.

On tue la sorcière mais on laisse vivre la possédée. Cette tolérance dissimule une destitution. La première vient des basses couches de la société. Elle exerce un contre-pouvoir qui la fait homme et femme. La seconde est souvent religieuse, issue de famille noble ou bourgeoise. Éduquée, elle est la féminitude s'exerçant à être réceptacle de la parole/pénis qui la possède. Elle ne jette pas de sorts. Elle est ensorcelée par les rituels langagiers qui désignent aux spectacles envoûtés le point du corps où se terre le Malin qui disparaît dès qu'il rencontre plus malin que lui.

Son corps est réduit à la partie fétichisée qui nourrit la représentation du féminin exclu. Entre la sorcière et la possédée, se désigne le parcours franchi de la pute à la stripteaseuse. La transgression est passée du corps à l'Oeil, de l'agissante à l'agie. Une forme active est transformée en forme passive par le Verbe qui en fait le discours.

L'agissante se tait. Elle s'immobilise à l'image de l'hystérique. Voilà la rebelle devenue victime. Théologiens et médecins applaudissent. Il n'y a plus la terreur, mais le mépris — la méprise. Il n'y a plus de femme coupable, mais des matrices à guérir, des entrailles à exorciser.

> Je l'appelle avec tous les médecins mélancolie ou bien raiverie de matrice: mélancolie si elle est avec crainte; raiverie ou manie si elle est avec audace; surtout il faut bien distinguer cette maladie dans les suffocations ou fureurs de matrice, et ne se laisser pas tromper à la ressemblance des noms. » (R. Mandrou)

Hippocrate, le plus grand médecin de l'Antiquité, définit l'hystérie comme la maladie de l'utérus[17]. Lorsque l'organe féminin, explique-t-il, n'est pas assez souvent arrosé de sperme, il se produit une montée de sang vers les parties hautes du corps, qui peut affecter le cerveau et les voies respiratoires. Un remède simple est proposé: «qu'elle se marie et la maladie s'enfuira.» Pour les praticiens du 19e siècle, l'hystérie reste un «langage d'organe», mais on intercale désormais le père entre la matrice hurlante de la femme et l'objet de son désir. Cette prothèse provoquera plus d'un spasme et d'une rebiffade chez la pauvre fille qui ne saura plus dire de qui et de quoi elle est enceinte. Elle sera féminine dans sa passivité masochiste et maladive. Il sera viril dans son intervention parolière curative.

La disjonction maman/putain, issue de la disjonction reproduction biologique/jouissance corporelle, se vérifie dans l'occlusion de l'hystérique et les débordements de la possédée. Elle en est la métamorphose, c'est-à-dire la figure, symbole désarticulé d'un détournement pulsionnel de l'instinct de vie et de mort. L'hystérique de la fin du 19e siècle, à partir de laquelle s'élabore la théorie psychanalytique, n'a pas plus accès au code symbolique que la sorcière, mais elle peut au moins s'approprier les tics et l'étiquette du beau monde qui l'entoure. Elle peut en somme organiser une dramaturgie supportable pour l'Oeil qui attend d'elle cette représentation d'un sexe en état de manque et de convulsion, permettant au Maître de produire un savoir et d'énoncer un discours.

Le corps de l'hystérique mime le signifié d'une évidence pulsionnelle égarée dans les bras du Père. Celui de la possédée l'expurge. Seule, la sorcière brouille les anciens codages et déplace le lieu d'échange des corps, des mots et des pouvoirs. À la fois mère, pute, prêtre, juge et assassin, elle cumule des rôles historiquement contradictoires et dangereusement polyvalents. Une seule et même femme joue de l'esprit et du corps à des fins irrecevables par l'ordre social. C'est pourquoi elle en meurt.

> La vierge, l'hystérique, la putain et la possédée sont le fruit d'une division qui prend corps dans la Mère, mais que le Verbe peut récupérer, sinon unifier. La sorcière en est le refus. Elle dépasse le clivage féminin/masculin en inaugurant par une bisexualité non clôturée par le discours un réseau de signes et de signaux interdits.

> Mais l'ordre symbolique ne se survit que dans son adéquation aux structures sociales qui le génèrent. Dès l'instant où il se constitue en système autonome, il risque l'éclatement, la censure, la cassure. On brûle la sorcière, façon radicale de réduire en cendres le cru du geste et de la voix qui pervertit l'ordre culturel. La femme est faite pour être traversée et dite par l'instance parlante qui la constitue gardienne de l'origine. Non pour traverser et dire elle-même ce qui la rive ou l'expulse du lieu nommé sans lequel aucun ordre et aucun discours ne sauraient tenir.

Dans leur effort pour se constituer en sujet, les anti-Mères échouent. Elles ne peuvent inscrire dans le réel l'alphabet symbolique qui leur monte aux lèvres. La vierge récite les oraisons apprises. L'hystérique n'écrit pas. La sorcière trace dans le sable des hiéroglyphes éphémères qu'effacent la pluie et le vent. La possédée et la putain dissimulent dans leurs entraillent l'aculturel du prélangage.

Les grandes civilisations patriarcales se sont édifiées dans la pierre, l'argile et le papyrus avant d'émigrer sur la feuille blanche. La préhistoire des femmes s'est de tout temps inscrite dans la chair. À l'écart de la scène où s'écrivait l'histoire et se constituaient les idéologies. La Mère, prise en otage par le Même, fut entourée d'égards, libellée par les redondances du Verbe, comblée par les complaisances du Père. Cette créature avait un envers. Une femme entretenue expurgeait de son ventre, de ses mamelles et de ses lèvres, l'excédent de désir non capté par la fonction procréatrice.

Tôt s'échappèrent de son lit des figures ensorcelantes et déroutantes qui interceptaient la remontée vers l'origine. Des Fils succombèrent aux feintes de la pour-fendue avant de reprendre en main le bâton de Moïse et le texte de loi ouvrant la longue marche vers la Mère promise.

Mère forclose, infibulée par le Mot-du-Père qui n'en finit plus de raisonner à son oreille l'énoncé de sa mort lente et de ses trompeuses réincarnations.

7

ÉNONCIATION DE LA GESTE DES PÈRES: LES AVENTURES DE L'OEIL

Tout pourtant aura été tenté pour que l'oeil, au moins l'oeil, ne soit détruit par les feux du désir.

Luce Irigaray

Malraux: « Le moment saisissant de la peinture, c'est celui où le peintre découvre l'Éternel féminin contre la Vierge. »
De Gaulle: « D'où la gloire de La Joconde? »
Malraux: « C'est le seul tableau auquel s'assimilent les fous, même masculins, le seul sur lequel on lit. S'il n'était pas protégé par le verre à l'épreuve des balles qui le rend verdâtre, il serait troué depuis longtemps. »

André Malraux

Une fois devenus Pères, les fils écrivent. Leurs discours s'interrogent, engendrent de nouveaux énoncés, promulguent des concepts et des préceptes qui s'interpellent. Une corrélation étroite s'établit entre ces différents savoirs. La Mère inculte est cernée par l'instance théorique qui assiège la nature sauvage jusque dans ses derniers retranchements. On exige que l'indicible se nomme, dévoile son visage, émette un signe que l'Oeil saurait capter. L'institution littéraire est née de ce désir et de cette impuissance à citer l'innommable.

La littérature est le lieu privilégié où s'énoncent les rapports de production et de reproduction. Une fois mises en place les structures de gestion du fait littéraire, la nature, bien assujettie à la culture, aurait dû connaître l'assomption promise par les signes. Une fois la sauvage réglée et Hestia rivée à son mégaron, que trouvèrent à nous raconter les descendants de Moïse, d'Hermès et de Platon? Abandonnèrent-ils les jeux de miroir pour se lancer dans une traversée des signes conduisant à des noces qui déportaient le corps hors de la matrice-mare de la Mèr(e) Morte?

Avaient-ils oublié la scène fictive de l'assassinat du Père et renoncé au plaisir coûteux de la représentation du Même? Que disaient-ils de celle qu'ils recevaient dans leur lit entre deux recueils? Avaient-il percé son mystère et exhumé l'Éternel féminin? Avaient-ils enfin trouvé la femme, ou couraient-ils toujours de la Vierge à la Maman et à la Putain?

Remontons au Moyen Âge pour suivre l'évolution d'une pratique dont nos anthologies témoignent, et voyons de quelle façon s'est ébauchée la geste des Pères qui nous fut donnée comme exemplaire.

Le fin'amors de la midons

On a beaucoup glosé sur la nature de l'amour courtois, dans lequel certains reconnaissent l'incarnation de l'idéal platonicien. Le chevalier serait l'Oeil énamouré de la Dame inaccessible, forme idéale de pureté et de beauté. D'autres y ont vu un palliatif à la tension sexuelle menaçant la société médiévale. De nombreux hommes célibataires habitent la maison seigneuriale où se trouvent peu de femmes, mariées pour la plupart. Ils se livreraient à l'adultère symbolique, sinon réel, pour apaiser leur désir. On a aussi interprété ce culte de la Dame — *la donna* — comme un besoin de féminisation appelé à tempérer la masculinité de la culture féodale.

Par ailleurs, on a invoqué l'influence arabe. La poésie courtoise provençale, apparue au début du 12e siècle aussitôt après la Première Croisade, serait un calque ou une prolongation de la poésie amoureuse arabe et andalouse des siècles précédents qui alliait une sensualité retenue à une spiritualité idéaliste.

Chacune de ces théories est probablement juste, mais aucune n'explique pourquoi la poésie des trobairitz d'Occitanie semble contredire celle des troubadours ni pourquoi l'élévation de la femme exprimée dans la poésie courtoise contredit sa situation sociale. Certes il est difficile de comparer la trentaine de poèmes provençaux des trobairitz, occultés pendant huit siècles et dont Meg Bogin a fait la traduction et la présentation[1], aux quelque trente mille chansons de troubadours répertoriées par la tradition littéraire. Mais on décèle chez les trobairitz, pourtant favorisées par la naissance, le droit à l'héritage et un statut privilégié par rapport aux femmes du Nord ou seule Marie de France arriva à se faire connaître, des attitudes qui démentent celles prônées par le *fin'amors*.

En effet, leur ton est personnel puisqu'elles parlent en leur nom, contrairement aux troubadours qui représentent les chevaliers. Elles expriment ouvertement leur désir et se plaignent du manque de tendresse et d'attention de l'aimé. En outre, elles souhaitent être reconnues comme femmes et non transcendées dans l'irréel. Par ailleurs, elles reprochent souvent à l'amant ses trahisons et sa perfidie:

> Elias Cairel, il m'apparaît
> que vous avez tout d'un fourbe
> tel un homme qui, de souffrir, feindrait
> alors qu'il n'a nulle souffrance
>
> Isabella

ou bien

> Que lui font ma bonté et mes belles manières?
> ma beauté, mon mérite et mon entendement?
> aussi bien ai-je été abusée et trompée
> Comme je le devrais, si j'étais à blâmer...
>
> Comtesse de Die

À lire les poèmes des trobairitz, on croit saisir que l'idéologie de l'amour courtois accorde à la Dame le prestige d'une reconnaissance symbolique qui est refusée à la femme de chair. Riche ou pauvre, la femme médiévale appartient à la classe sociale de l'époux et ne possède qu'exceptionnellement le pouvoir d'intervenir dans son propre destin. Mais la femme du seigneur partage la renommée de son maître et devient, par le fait même, centre d'attraction d'une cour à majorité masculine. Il lui arrive de le remplacer lorsqu'il part pour les croisades, ou de présider certains divertissements culturels. Ce qui ne signifie pas nécessairement que les brûlantes déclarations qui lui sont faites s'adressent à sa personne.

Les premiers poètes de cour sont d'origine modeste. Plusieurs sont d'anciens jongleurs qui vivent de la générosité de leur seigneur. Ils prennent pour modèle l'épouse du protecteur dont ils flattent le rang et la puissance par l'intermédiaire de la femme. En plus de plaire au Maître des lieux et à sa Dame, ils souhaitent s'attirer les bonnes grâces des courtisans qui fréquentent le château. Car la bourgeoisie montante, composée des nobles sans terres et des descendants d'anciens serfs, n'occupe pas une place encore nettement définie dans la féodalité mutante. En présentant l'image de la noble Dame qui daigne accepter pour vassal un poète de rang inférieur, on lance l'idée d'une noblesse d'esprit pouvant égaler celle donnée par la naissance ou acquise par les faits d'armes. Le troubadour qui feint de s'incliner devant la Dame s'incline en fait devant son suzerain.

> Gente Dame, je ne vous demande rien,
> Que de me prendre pour votre serviteur,
> Car je vous servirai comme un noble maître,
> Quelle que soit ma récompense.
> Bernart de Ventadorn

On peut croire qu'il s'est agi souvent moins d'un flirt sexuel que d'un flirt social. La Dame est la médiatrice permettant le transfert symbolique de classe entre deux hommes de rang différent. L'inspiration qu'on lui prête est la litote d'une aspiration dissimulée. Le sexuel exprime avant tout le social à prééminence mâle. Cette *midons* est, comme son nom l'indique, femme et homme. L'ambiguïté du possessif féminin *mi* (contraction de *mia*) joint au masculin *dons* (latin *dominus*) traduit le lien qui unit le troubadour à son Maître auquel la femme sert d'approche.

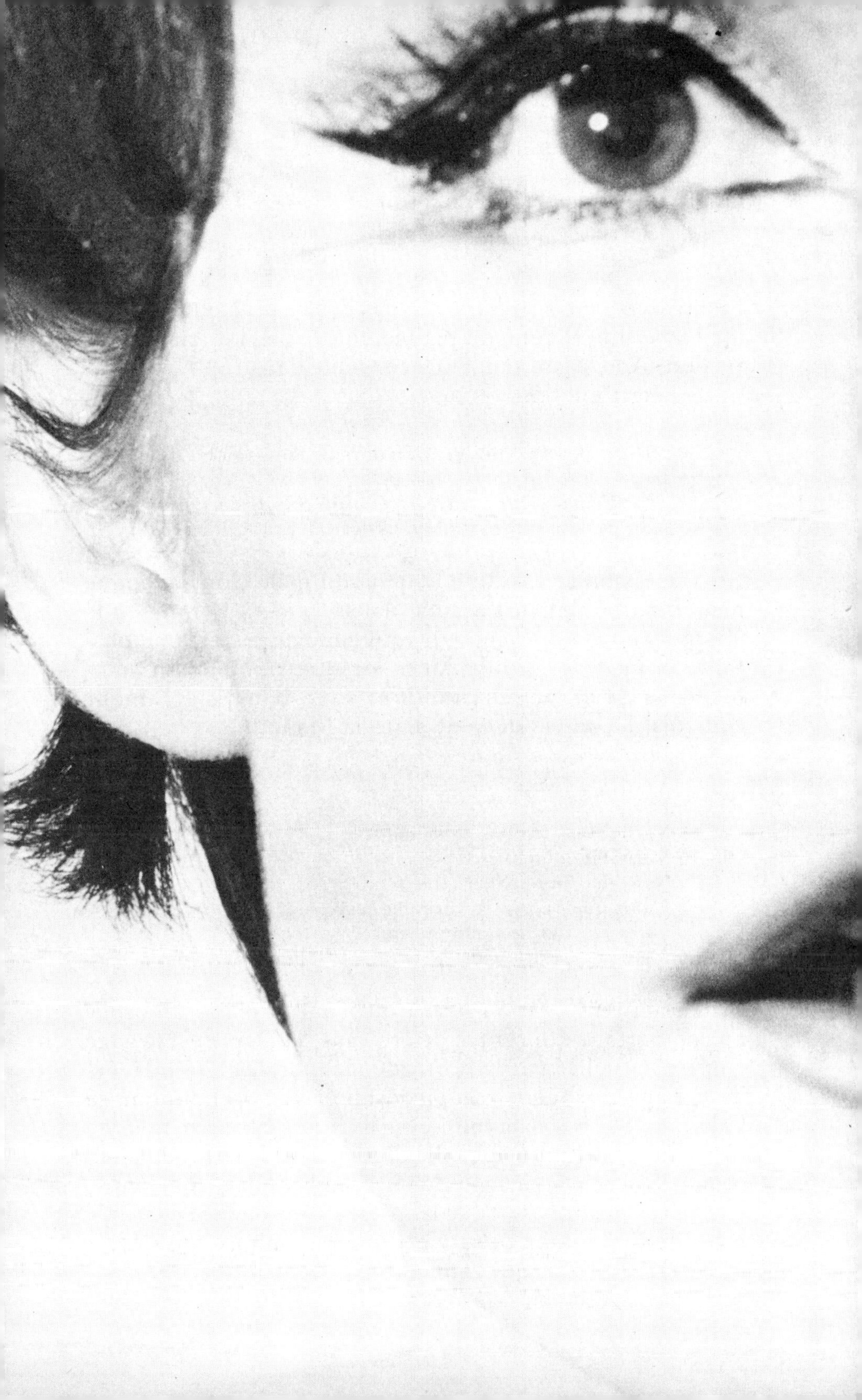

> J'aime Midons et la chéris tant
> Je la crains et la respecte tant
> Que jamais je n'ai osé lui parler de moi
> Bernard de Ventadorn

Le fin'amors ne s'embarrasse pas de ces précautions lorsqu'il vise une femme du peuple, incapable d'offrir sa protection. Andreas Capellanus conseille dans *L'Art de l'amour courtois* écrit en 1184 :

> « Si, par hasard, vous étiez amoureux d'une femme de la paysannerie, couvrez-la de compliments, et puis, quand vous aurez trouvé un endroit commode, n'hésitez pas à prendre ce que vous désirez, et à la violer[2]. »

L'intercession en faveur d'un pouvoir mâle, dont la femme peut être la clef, est visible dans certains hymnes à la Vierge, épouse du Seigneur, qui supplante la Dame profane de bien des troubadours lorsque l'inquisition commence à sévir en Occitanie et taxe d'hérésie l'amour courtois. La *midons* devient alors la Madonna.

> Véritable vierge, Marie
> [...]
> Véritable vertu, véritable chose,
> Véritable mère, véritable amie
> Véritable amour, véritable merci,
> Faites que par votre véritable merci
> votre héritier me fasse hériter[3]
> Peire Cardenal

Instrument d'élévation sociale ou prime de plaisir accordée au combattant qui rentre de croisade, la Dame est le gage culturel ritualisé par le protocole, la morale et les intérêts de lignage. Juchée sur le piédestal élevé en l'honneur de l'homme, elle regarde celui-ci se livrer à l'épreuve de l'Oeil et accepte ses hommages. Le dard atteint l'amant en plein coeur. Il se relève, armé pour le grand combat. S'il meurt, elle ne lui survit pas. Aude trépasse en entendant narrer la mort de Roland. La beauté est une métaphore qui s'exténue hors du Beau qui l'engendre.

Un même lien unit Chrétien de Troyes à d'Arnaut Daniel, Machaut, Deschamp, Charles d'Orléans, Guillaume de Lorris, Chartier ou Jean de Meung: le souci d'une théâtralité amoureuse affirmant une supériorité morale et sociale cautionnée par la féminitude en état de représentation. L'objet d'amour confirme l'excellence du sujet amoureux et son aptitude à convertir le naturel en culturel. Guillaume de Lorris transforme sa Dame en fleur exhalant les effluves de «l'art d'Amors». La nature est odorante. L'art du bouquet imprègne le vers. La chair aimée se fait bouton, nervure, pétale:

> «C'est celle qui a tant de prix
> Et est si digne d'être aimée
> Qu'elle doit être appelée la Rose.»

La nature est éternelle. Guillaume IX, duc d'Aquitaine, célèbre la promesse d'immortalité attendue de l'aimée:

> «Celui-là vivra cent ans
> Qui réussira à saisir
> La joie de son amour.»

Il part tout de même en croisade avec des hétaïres. Les chevaliers transportent avec eux l'idéal culturel dont ils produiront des marques visibles à leur Dame au retour des campagnes, mais c'est avec la Nature qu'ils s'accouplent.

Et cette nature, non médiatrice et non médiatisée, se trouve chez le peuple aussi bien du côté de la fille de joie que dans l'épouse légitime. Les fabliaux, qui nous présentent la femme bavarde, gourmande, avare et infidèle — c'est-à-dire produit naturel brut et non transformation culturelle — donnent une version plus réaliste de la féminité. Il faudra attendre Villon, mauvais garçon né de mère «pauvrette», qui ne possède ni biens ni logis, pour voir se dessiner un portrait plus égalitaire des rapports amoureux. La beauté ne sera plus célébrée comme un mythe. Elle s'incarnera dans un visage particulier et fera partie des attributs humains qui se dégradent avec le temps. « Tous mes charmes s'en sont allés, écrit-il en pensant à la belle Heaumière; ainsi s'en iront les vôtres, et de cette beauté qui vous rend si fière, que restera-t-il, quand ridée et décrépite, parcheminée, recroquevillée, vous évoquerez, la tête branlante, le bon temps qui ne reviendra plus[4].

16e siècle: La Nature en pièces détachées

À la Renaissance, la *Querelle des Femmes* à laquelle participent Louise Labé et Marguerite d'Angoulême, n'empêche pas la radicalisation de la scission amorcée au Moyen Âge entre la femme naturelle et la femme culturelle. La belle et la bête s'affrontent. L'une et l'autre s'opposent et s'imposent par la force de leurs contradictions. La femme sublime immortalisée par le sonnet pétrarquisant n'a rien de commun avec la pétulante et robuste accoucheuse de Rabelais.

En marge de l'aristocratie, la tradition agraire perpétue l'image d'une Femme Nature agie par le hasard, manifestant une sauvagerie optimiste et une fécondité débordante. Dans *Gargantua*, Gargamelle fait peur. La Femme Nature possède une force génératrice qui se rapproche de l'auto-engendrement. Elle paraît aussi incontrôlable que la grêle, le vent ou les cataclysmes. Par la voix de Rondibilis, on tente de mettre la Nature au pas afin de permettre à l'époux Panurge, héritier issu d'une longue généalogie, de léguer son nom et ses acquêts conformément à ses intérêts.

> « Quand je dis femme, je dis un sexe tant fragil, tant variable, tant muable, tant inconstant et tant imperfect, que Nature me semble (parlant en tout honneur et révérence) s'estre esguarée de ce bons sens par lequel elle avoit créé et formé toutes choses, quand elle a basty la femme[5]. » (Rabelais)

Rondibilis exprime son dégoût à l'égard des « humeurs salles, nitreuses, bauracineuses, acres, mordicantes, lancinantes, chatouillantes» qui se dégagent du corps féminin en mal d'accouplement. Il craint par dessus tout que la Grande Mère phallique ne possède « en lieu secret et intestin un animal, un membre» différent de celui des hommes, « tout nerveux et de vif sentiment.» Cette mère a grand appétit. « Nous [...] n'avons pas toujours bien de quoi payer et satisfaire au contentement» avoue finalement le médecin qui craint de devenir cocu et ne dispose pas encore de la psychanalyse comme planche de salut. Le membre mâle, que Pantagruel appelle «le laboureur de nature», se sent quelque peu excédé par la largeur du sillon.

Face à Rabelais, la Renaissance prend peur. Trop de gloutonnerie, de sécrétions, de passion brute et de présence corporelle circulent dans ses mots. La puissance génitrice de ses femmes réveille d'anciennes terreurs que les exploits de Picrochole, la sagesse de Grandgousier et les énoncés de Rondibilis n'arrivent pas à faire oublier. La Femme Nature doit évacuer le champ littéraire. Elle disparaîtra au profit du fait d'écriture qui la convertira en objet d'art par ses blasons, sonnets et redondances pétrarquisantes. La synecdoque inaugure l'art de la dissection/disjonction. La femme totale fait peur. « Coupons là en menus morceaux, elle deviendra inoffensive», dit le poète qui focalise avec son Oeil telle ou telle partie du corps redouté.

Marot taille, le premier, dans la globalité de la corporéité. « Le Blason du beau tétin » coupe le flux de lait qui passait de la mère au fils. Parler par la suite des mains, du coeur, des yeux ou des chevilles de la femme assassinée deviendra un simple exercice de style. Brantôme pourra ironiser « Sur la Beauté de la belle jambe et la vertu qu'elle a», Molière arrivera à point pour proposer Arnolphe, le pédagogue de L'École des femmes. Celui-ci rappellera aux petites filles modèles qui s'indignent des torts qui leur sont faits « du côté de l'esprit», et paraissent sur le point de s'égarer dans les voies de la science et de l'impertinence: « votre sexe n'est là que pour la dépendance». Son contemporain

La Bruyère verra dans la femme savante « une pièce de cabinet » faisant tout au plus les délices du collectionneur.

La femme blason, objet d'amour ou de curiosité, ornera pendant longtemps les joyaux de la couronne ducale, princière ou royale. L'aristocratie met la Nature dans un écrin et l'entoure de parures, de perruques, de protocole, de déclamations. Le principe d'identité, qui a codifié et fractionné la différence, continue d'ordonner les êtres en une hiérarchie cohérente au sommet de laquelle trône le Roi Père. Classer les êtres, leur donner un siège, un carosse et une tirade inaugure le début d'une ère de représentation qui trouvera dans le théâtre sa parfaite expression.

17e siècle: Le Verbe monte sur scène

> Ce qu'on ne doit point voir, qu'un récit nous l'expose.
> (Boileau)

Jusqu'au 17e siècle, le morcellement du pouvoir permet aux signes d'errer dans le monde avec une certaine liberté. Don Quichotte et Pricrochole courent l'aventure en lançant à droite et à gauche leurs mots et coups d'épées. Une certaine naïveté leur fait croire que le monde des choses sera conquis avec autant de facilité que celui des mots pour autant que Rossinante veuille bien continuer de trottiner.

La centralisation du pouvoir met un terme à cette illusion. Désormais le langage se détache des choses, s'articule en discours et se donne en représentation. On ne court plus ici et là explorer ce qui se passe ailleurs. On braque son attention sur la portion d'espace délimitée par la scène et on regarde ce que l'instance régnante donne à voir. La réalité vient à la conscience, filtrée par l'Oeil royal. Le Verbe parle, et on l'écoute. La monarchie absolue, qui impose l'assujettissement de tout espace mental et physique à sa suprématie, donne la scène du voir et du paraître comme lieu de duplication du monde.

Les spectateurs qui délaissent leurs appartements pour « s'aller voir ailleurs », comme le note si justement Madame de Sévigné, n'attendent pas, dans cette projection narcissique du Même, une illustration de la Nature débridée.

Dans le théâtre classique, on ne vit pas son destin personnel, on joue le drame d'une fonction sociale assujettie à la volonté des souverains ou des dieux. Les grands montent sur scène. Agamemnon, Oreste, Oedipe appartiennent à des lignées royales antiques consacrées par le culte et la légende. Cette pérennité mythique valide le concept d'autorité. Raconter le sacre de Louis XIV pourrait éveiller des soupçons sur sa légitimité ou sur la façon dont il exerce le pouvoir. Narrer un mythe grec vieux de deux mille ans désamorce la conscience critique et neutralise, dans la référence à un passé lointain, les motifs de tensions sociales contemporaines.

Par ailleurs, l'emphase verbale effectue une distanciation au second degré. Le héros cornélien ou racinien ne s'exprime pas comme l'homme de la rue ni même de la cour. Il débite des figures, des métaphores, des métonymies. Il déclame des alexandrins. Plus exactement, l'alexandrin le réclame. Aux deux millénaires qui séparent le citoyen français d'Oreste ou d'Oedipe, s'ajoute l'écran du langage, substance plus opaque que le temps. L'alexandrin est le corps de garde dressé entre le souverain et ses sujets. Ce n'est pas Colbert, Louis XIV, ni même Oedipe, Andromaque ou Oreste qui parlent. C'est l'alexandrin mesuré et policé, qui occupe les tréteaux. La scène a enfin trouvé son personnage idéal. Que peut-on contre le roi et la noblesse lorsque les mots deviennent la seule réalité palpable? Lorsque l'Oeil n'a prise que sur des signes agencés en code, selon une structure hiérarchisée qui illustre le principe d'ordre prescrit par l'étiquette de cour, le *Discours de la méthode*, l'Académie française, les jansénistes et les grammairiens de Port-Royal?

Quand la centralisation du pouvoir royal arrache la noblesse à ses terres et à ses châteaux, la maîtrise du langage remplace la maîtrise des armes. Les marques de distinction émigrent du côté du signifiant royal qui se pare des anciens signifiés subjugués et permet à la théâtralité parallèle de se travestir dans les acrostiches, tirades, sonnets et mots d'esprit anodins. Faute de pouvoir croiser l'épée, les ducs et barons matés s'initient au marivaudage, abdiquant ainsi leur propre pouvoir.

Dans la Grèce ancienne, la tragédie était une sorte de fête civique. La cité se jouait, comme entité politique, devant les citoyens, mais elle situait la part mythique du pouvoir au-dessus de son incarnation immédiate. Le héros, représentant de l'ordre ancien, occupait le haut de la scène et ne rencontrait jamais le choeur symbolisant le peuple. Aux deux niveaux scéniques, correspondaient deux ordres de langage. L'un chantait, l'autre parlait. Et celui qui parlait pouvait, à volonté, susciter le chant ou l'interrompre. Au 17e siècle, le peuple français est exclu des représentations[6]. Il ne comprendrait d'ailleurs pas grand-chose au français de la monarchie absolue qui a muselé les pouvoirs et les parlers régionaux. La langue se joue devant l'élite qui en établit les règles. On garde la Nature en coulisse. Molière, qui veut peindre les moeurs « d'après nature », est souvent prié de s'amender. Il fait rire lorsqu'il touche aux avares, aux misanthropes, aux hypocondriaques, aux femmes savantes et aux médecins. Il s'attire les foudres de la cabale avec *Tartuffe*.

La nature du commun peut souffrir la critique, celle qui incarne le pouvoir ne saurait en être l'objet. Le pouvoir est culturel. Il porte baudriers, jabots de dentelle et parements. Son discours est solennel, empreint de réserve et de dignité. Puisque l'on met en scène la parole des grands, les cris, les mots crus et familiers ne sauraient être entendus. Pour la même raison, les coups, duels ou batailles doivent être supprimés. L'Oeil régnant ne saurait supporter la coulée d'un filet de sang contre sa rétine. La réalité se dilue dans un processus de renvoi généralisé qui assume la représentativité d'une représentation jugée représentable. La mort n'est supportable que si elle se présente, harmonieuse comme une période qui module ses derniers accords, ou équilibrée comme un alexandrin allégé d'un pied excédentaire. Le signe peut évacuer le champ de vision du spectateur. Il ne saurait saigner ou se tordre de douleur sur scène.

Le théâtre traditionnel exhibe un Moi plastronné qui recouvre ses pulsions intimes des règles du parfait savoir-vivre. Trop occupé à capter le temps dans un espace circonscrit par la scène, il répugne à l'intériorisation d'une coulée instinctive dont la mobilité échapperait à l'Oeil. L'« unité de lieu est tout le spectacle que l'oeil peut embrasser sans peine » note Voltaire fort à propos. Dans la tragédie classique, sommet de la représentation théâtrale, l'Oeil et l'Oreille s'ajustent parfaitement. L'un et l'autre se relaient dans l'ordonnance des signes qui constituent le discours scénique.

L'antichambre du palais est le lieu où s'évanouit le désir de subversion, le relais où s'apaisent conspirateurs et opposants du régime. Et pour que le discours absorbe la totalité de l'omniprésence monarchique, la durée de la représentation réduit l'espace narratif au lieu qui lui sert d'enceinte. La mise en scène des signes obéit aux règles des trois unités prescrites par le pouvoir unitaire qui régit la vie de ses sujets. Ouvrir la scène à la ville entière et laisser l'intrigue s'étaler sur plusieurs jours, comme le souhaite Corneille, équivaudrait à désamorcer l'absolutisme religieux et politique. Ce serait courir le risque de voir resurgir la Nature entre deux taudis, deux rixes, deux interstices. Des pulsions rebelles s'infiltreraient dans la trame signifiante et feraient éclater la perfection de l'ordre et de l'absolutisme camouflés dans l'alexandrin. Personne ne pleure par conséquent sur Rodrigue ou Bérénice, et nul ne craint pour Pauline ou Chimène. Dès le premier acte, chacun sait que la raison du plus fort commandera aux sentiments et imposera le dénouement attendu.

On a parlé à tort du triomphe de la volonté chez Corneille, et de la passion chez Racine. L'un et l'autre sont les chantres des généalogies patriarcales. Au-dessus des règles d'alliance et de représentation, trône l'Un proscrivant l'inceste et sauvegardant la pureté du lignage. La femme, « objet de flamme », ne peut déchoir sans compromettre l'intégrité des lignées aristocratiques et princières. Andromaque et Phèdre sont les signes antithétiques d'une même fonction généalogique. La tragédie grecque avait sanctionné l'amour incestueux d'Oedipe par la chute de Thèbes, la mort de Jocaste et le bannissement d'Oedipe accompagné de sa fille Antigone. L'inceste est interdit du fils à la mère parce qu'il risquerait d'engendrer une lignée parallèle rivale. Il est toléré du père à la fille puisqu'il confirme la suprématie patrilinéaire.

Le théâtre racinien, comme le théâtre grec, illustre le triomphe de la filiation paternelle. Andromaque, veuve d'Hector, refuse d'abord d'épouser Pyrrhus, roi rival qui tua son mari à la guerre de Troie et garde son fils Astyanax en otage. Mais afin de sauver ce dernier, elle y consent par la suite, déterminée à se suicider aussitôt son engagement consommé. Le contraire se produira. Tous périront, mais elle vivra, et régnera, puisqu'elle doit assurer l'intérim et transmettre le pouvoir à son fils. Phèdre, par contre, mourra. Femme de Thésée, roi d'Athènes, elle nourrit une passion incestueuse pour son beau-fils Hyppolite à qui elle déclare son penchant lorsqu'elle apprend la mort présumée de son époux. Mais Thésée revient. Elle laisse sa confidente accuser Hyppolite qui est maudit par son père et dévoré par le Minotaure, monstre marin, moitié taureau.

Fausse veuve et mauvaise mère, Phèdre est acculée au suicide. Et Hyppolite, victime de cet amour maternel agnatique, est tué par le Minotaure, c'est-à-dire par le couple animal-homme représentant la Loi du Père. Dans ces conditions, parler de personnages dévorés par leurs passions fait sourire. Que l'on examine de près *Le Cid*, *Polyeucte*, *Andromaque*, *Phèdre*, ou *Bérénice*, que l'on y fasse le compte des morts et des vivants, et l'on verra que le seul personnage indestructible de ces tragédies est le Père toutpuissant dont la Loi, travestie sous l'alexandrin, tient lieu d'épée ou de couperet. Les conduites, dictées par les intérêts de la monarchie fondée de droit divin, ne peuvent exprimer que deux choses: la soumission à la raison d'État, ou la mort comme sanction de la dérogation à cet ordre. Phèdre vivante serait un affront à la filiation monarchique patrilinéaire. Une menace à l'intégrité des moeurs aristocratiques qui n'acceptent, de la nature, que la ratification d'une lignée légitime inscrite dans la validité des signes reproducteurs. Un régime qui consacre la primauté du langage ne tolère l'expression de la passion que pour en proclamer l'exclusion.

Bossuet, Fénelon, Corneille et Racine récitent des versions analogues du discours de l'ordre. Le représentable est institué en représentation par les dictats de l'Oeil toutpuissant prescrivant les effets de théâtralité qui le nourrissent.

18e siècle: Les malheurs de Sophie

> Sophie, ô Sophie! est-ce vous que mon coeur cherche? est-ce vous que mon coeur aime? (J.-Jacques Rousseau)

Le 18e siècle prépare le passage de la monarchie à la bourgeoisie. Celle-ci a des biens, du capital, des intérêts et parfois des idées, mais elle est dépourvue de terres. Son discours n'étant pas lié à un espace, il ne saurait se produire sur scène sans compromettre sa crédibilité. C'est moins par la représentation de ce qui existe déjà, que par la démonstration de ce qui pourrait être que s'affirment les encyclopédistes. L'ordre nouveau devant remplacer l'ancien est fondé sur les notions d'égalité et de bonheur. On examine la nature des gouvernements, les mérites et les faiblesses des institutions politiques, on étudie l'esprit des lois, les causes et l'origine de l'inégalité parmi les hommes. On propose un nouveau contrat social exaltant l'idéal démocratique. Pour le citoyen libre de demain, on rédige des traités d'éducation donnant à la nature et à la culture leur juste place. Le Maître surgit chaque fois qu'une reclassification de la Nature s'impose.

L'esprit des encyclopédistes est républicain, mais leur coeur est monarchique. Diderot courtise la tsarine Catherine II de Russie en qui il découvre « l'âme de César » et les « séductions de Cléôpatre ». Le despotisme éclairé prend, dans les jupons de Catherine, couleur d'androgynie. Cette femme-homme le subjugue. Il prépare à son intention le *Plan d'une université pour le gouvernement de Russie* qui ne verra jamais le jour. Voltaire pour sa part, ne sait où donner de la tête. Voulant plaire à la fois à la reine d'Angleterre, à la reine de France, à Mme de Pompadour, à la cour de Lorraine et à la Prusse, il finit par se brouiller avec tout le monde et se rabat sur Mme de Chatelet et la duchesse du Maine, avant d'aller jouer ses propres pièces à Ferney où il cultivera des légumes et fabriquera des bas de soie pour Mme de Choiseul. Rousseau, d'origine plus modeste, connaît le premier amour avec Thérèse Levasseur, servante d'auberge, mais la grande et noble passion de sa vie sera Mme d'Houdetot, belle-soeur de Mme d'Epinay. À l'heure où le pouvoir royal manifeste des signes d'épuisement, on se tourne vers la protectrice qui ménagera une transition heureuse entre la férule du Père et le tablier de la Mère. Car le règne de la vie de famille s'annonce.

L'avenir de l'alliance ne reposant plus sur la raison d'État, le coeur commence à se faire entendre. L'amour devient la grande affaire des libertins et des petites bourgeoises affranchies. Dans *Le Jeu de l'amour et du hasard*, et *Les Serments indiscrets*, Sylvia et Lucile refusent le joug d'un mariage imposé par la famille. Lucile veut être l'objet d'un culte durable, et non dépendre d'un mari qui se lasserait de sa beauté et freinerait sa coquetterie. Elle tape du pied en disant de son visage: « je veux qu'il n'appartienne qu'à moi, que personne n'ait à voir ce que j'en ferai. » Le visage est hélas la partie du corps à laquelle on prête le moins d'attention. Casanova met au lit les belles qui lui passent entre les mains, et Sade les encule avec une rare imagination. Les Nouveaux Maîtres ont perdu leur particule, mais ils ne se sont pas encore trouvé de phallus. Ils doutent donc de leur virilité. L'homosexualité don juanesque et l'orgie sadique les occupent lorsqu'ils ne s'emploient, comme Choderlos de Laclos, à promouvoir les *Liaisons dangereuses* auprès de grandes bourgeoises.

L'affaiblissement du pouvoir central entraîne une parcellarisation des discours et la montée des Maîtres pédagogues. Le théâtre se survit sous une forme dégradée, mais c'est l'essai et la divulgation encyclopédique qui prennent la relève. Le salon particulier, où règnent les Maîtresses, succède à Versailles. À mi-chemin entre la scène grandiose de la monarchie absolue et la cellule familiale intimiste où s'enracinera la bourgeoisie, il fait la jonction des deux ordres. La duchesse du Maine a sa cour de Sceaux, Mme du Chatelet possède son laboratoire de calcul et s'initie à l'histoire auprès de Voltaire qui compose pour elle *Le Siècle de Louis XIV*. C'est chez Mme Geoffrion que naît l'Encyclopédie, chez Mme de Tencin que l'on discute philosophie, chez Mme de Staël que mûrissent les considérations politiques, chez Mlle de Lespinasse que se rencontrent les penseurs éclairés. À chaque glissement de pouvoir, la femme est l'intermédiaire qui aide à gretter les exigences nouvelles aux normes anciennes.

Au 18e siècle, ces femmes sont, pour la plupart, délivrées des contraintes familiales. Elles représentent l'idéal sublimé d'une nature culturalisée. Car il faut qu'elles aient de l'esprit puisque les bourgeois qui sollicitent leur renfort se proposent de supplanter le pouvoir royal par le règne de l'intelligence. Au siècle des Lumières, même Juliette sodomisée par Sade doit manifester une intelligence supérieure. L'éveil intellectuel et les licenses permises expriment une mutation des signes. Au 17e siècle, la femme de haut rang était la figure de style couvrant la raison d'État intervenant dans les alliances, traités et accords entre souverains. Au siècle suivant, elle est la prime de plaisir que s'octroie le libertin, la fille non mariable que l'on enferme dans un couvent, l'épouse idéale qui met son corps et ses talents au service de la bourgeoisie montante. Mais passer de la femme signe à la femme réelle oblige à relancer le débat sur la nature et les fonctions de la féminité.

Le mode d'emploi social de la femme proposé par les encyclopédistes est essentiellement instrumental. « Il n'y en a jamais eu d'inventrices » écrit Voltaire à l'article *Femme* de son *Dictionnaire philosophique*, et « elles n'ont jamais régné dans les empires purement électifs. » Mais il lui semble, « généralement parlant, qu'elles sont faites pour adoucir les moeurs des hommes. » Diderot leur accorde aussi cet esprit de délicatesse et d'agrément, et cherche en vain les signes de la déesse déchue: « Le symbole des femmes en général, écrit-il en réponse à l'éloge de la femme proposée par l'académicien Thomas, est celui de l'Apocalypse, sur le front de laquelle il est écrit: Mystère[7]. » Affranchies, elles auraient pu être « sacrées », mais privées de liberté, elles sont étrangères aux idées de vertu, de justice, de bonté, et se montrent indifférentes à l'intérêt collectif. Si bien qu'en dedans, déplore-t-il, « elles sont restées de vraies sauvages » et ce que l'on prend pour « mur d'airain » n'est souvent que « toile d'araignée ». Chez les encyclopédistes, c'est d'instinct que la femme est inférieure à l'homme (Voltaire), qu'elle possède un esprit agréable et délié (J.J. Rousseau), qu'elle peut lire dans « le grand livre du monde »

(Diderot). Mais en dehors de ce talent, que leur a-t-on appris, s'interroge ce dernier, sinon « à bien porter la feuille du figuier qu'elles ont reçue de leur première aïeule. » Pour corriger la situation, Rousseau rédige, à l'exemple des anciens Pères, un traité d'éducation des fils et des filles. En ce siècle, ce genre de traités abondent. Libertin, le Maître prône l'initiation au plaisir. Moraliste, il propose les bonnes manières, la conformité à la vocation naturelle de procréation, et une journée de travail bien remplie.

Leçon de Jean-Jacques

> « Sophie doit être femme comme Émile est homme, c'est-à-dire avoir tout ce qui convient à la constitution de son espèce et de son sexe[8] ».

Sophie exulte. Elle se sait en possession de tous ses atouts. Le Maître attire son attention.

> « Voyez une petite fille passer la journée autour de sa poupée [...] elle voit sa poupée et ne se voit pas, elle ne peut rien faire par elle-même, elle n'est pas formée, elle n'a ni talent ni force, elle n'est rien encore [...] elle attend le moment d'être sa poupée elle-même. »

Sophie néglige ses poupées. Elle souhaiterait ne pas en devenir une. Ce discours l'ennuie. Elle attendait mieux du Maître.

> « ... presque toutes les petites filles apprennent avec répugnance à lire et à écrire, mais, quant à tenir l'aiguille, c'est ce qu'elles apprennent toujours volontiers. »

Sophie aime écrire et compter. Elle veut protester, mais le Maître poursuit:

> « Ce que Sophie sait le mieux, et qu'on lui a fait apprendre avec le plus de soin, ce sont les travaux de son sexe, même ceux dont on ne s'avise point, comme de tailler et coudre ses robes. [...] Elle s'est appliquée

> aussi à tous les détails du ménage. Elle entend la cuisine et l'office; elle sait le prix des denrées...»

Un lourd programme attend Sophie. Que des corvées, mais ni intelligence, ni amour. Pour qui la prend-on? Elle place un doigt sur sa cervelle.

> «Sophie a l'esprit agréable sans être brillant, et solide sans être profond...»

Sophie a grande envie de l'interrompre.

> «Elle a toujours celui qui plait aux gens qui lui parlent, quoiqu'il ne soit pas orné, selon l'idée que nous avons de la culture de l'esprit des femmes [...]»

Maître révolutionnaire, mon oeil! pense Sophie.

Il enchaîne:

> «Les filles doivent être vigilantes et laborieuses: ce n'est pas tout; *elles doivent être gênées de bonne heure.* Ce malheur, si c'en est un pour elles, est inséparable de leur sexe [...] Ne souffrez pas qu'un seul instant dans leur vie elles ne connaissent pas de frein».

Le frein, le sexe. Mais de quoi se mêle-t-il, s'inquiète Sophie. Ne sont-ce là choses intimes qui la concernent?

> «Il résulte de cette contrainte habituelle une docilité dont les femmes ont besoin toute leur vie, puisqu'elles ne cessent jamais d'être assujetties ou à un homme, ou aux jugements des hommes, et qu'il ne leur est jamais permis de se mettre au-dessus de ces jugements.»

Les malheurs de Sophie commencent. Elle pleure à chaudes larmes. Elle se sait perdue. Émile attend son tour. Que va-t-on lui apprendre.

> «Je veux absolument qu'Émile apprenne un métier honnête [...] Je ne veux point qu'il soit brodeur, ni doreur, ni vernisseur [...] Je ne veux qu'il soit ni musi-

cien, ni comédien, ni faiseur de livres. À ces professions près et les autres qui leur ressemblent, qu'il prenne celle qu'il voudra; *je ne prétends le gêner en rien.* »

Émile est ravi. Ce libre choix lui plaît. Le Maître va au-delà de ses désirs.

> « Il ne sait ce que c'est que routine, usage, habitude; ce qu'il fit hier n'influe point sur ce qu'il fait aujourd'hui; il ne suit jamais de formule, ne cède point à l'autorité ni à l'exemple, et n'agit et ne parle que comme il lui convient [...] Laissez-le seul en liberté, voyez-le agir sans lui rien dire; considérez ce qu'il fera et comme il s'y prendra. »

Un citoyen épanoui, juste, libre et heureux qui cultivera son jardin en respectant les légumes de ses voisins, pense Sophie, et une femme laborieuse et docile qui les lui fera cuire. Un sort semblable fut imposé à toutes mes mères anciennes. Pourquoi le Maître a-t-il dit:

> « J'aime mieux qu'Émile ait des yeux au bout des doigts que dans la boutique d'un chandelier »?

Le Maître tranche la question. Les malheurs de Sophie continueront.

> « Dès qu'une fois il est démontré que l'homme et la femme ne sont ni ne doivent être constitués de même, de caractère ni de tempérament, il s'ensuit qu'ils ne doivent pas avoir la même éducation. »

Rousseau ne fait pas l'unanimité des Maîtres pédagogues. Laclos estime que « partout où il y a esclavage, il ne peut y avoir éducation. » Condorcet s'indigne: « entre elles et les hommes, aucune différence qui ne soit l'ouvrage de l'éducation. » Il conteste le principe d'autorité maritale et rétorque à certains philosophes, qui invoquent le manque de créativité des femmes pour leur refuser l'éligibilité aux fonctions publiques: « S'il ne fallait admettre aux places que les hommes capables d'inventer, il y en aurait beaucoup de vacantes, même dans les académies » (*Lettres d'un bourgeois de Newhaven à un citoyen de Virginie*). Bon gré mal gré, il défend le principe de l'égalité des droits: « Pourquoi des êtres exposés à des grossesses, et à des indispositions passagères, ne pourraient-ils pas exercer des droits dont on n'a pas imaginé de priver les gens qui ont la goutte tous les hivers, et qui s'enrhument aisément? » Et puis: « Il est assez singulier [...] qu'en France une femme ait pu être régente, et que jusqu'en 1776, elle ne put être marchande de modes à Paris » (*Journal de la société de 1789*). Ce sont là paroles d'écrivain. Lorsqu'il présente son projet de *Déclarations des Droits* à l'Assemblée nationale en 1789, puis en 1793, il n'y est pas fait mention de la femme. Il a lui-même convolé en justes noces avec Sophie de Grouchy.

La différence, mise en veilleuse pendant la Révolution, réapparaît aussitôt l'ordre social assuré. L'encyclopédie exprimait le désir d'ascension de la classe bourgeoise. Le Code napoléonien en définit le statut et bâillonne le discours d'émancipation des femmes. À peine ont-elles quitté la Bastille que la Nature doit réintégrer leurs jupons.

19e siècle:
Retour du Fils prodigue au giron maternel

« Ô douce Providence, ô ma mère de famille. (Lamartine)

La Révolution a fauché de grands espoirs. La Loi du Père frappe une meute d'orphelins désemparés qui viennent pleurer dans le giron maternel. Les rescapés du nouvel ordre appellent à leur secours la Mère Nature qui les consolera de l'échec historique. On se met en quête de « la maison du berger » et de la paillasse douce qui feront oublier l'horreur des armes et le tintamarre des villes où « la lettre sociale écrite avec le fer » laisse dans l'âme des marques ineffaçables. C'est en pleine nature que Chateaubriand entend « l'appel de l'infini » et s'embarque pour l'Amérique où l'attend le bon sauvage de Rousseau. L'exécution de Louis XVI — la mort du Père — le ramène à la réalité historique. Mais pour la plupart des romantiques, la nature reste le seul refuge et le seul espoir.

L'espace ayant perdu son sens, ici-bas devient un lieu d'exil. Le Verbe réintègre les sphères célestes et attire à lui les poètes. Vigny écrit:

> « Aujourd'hui; c'est l'ÉCRIT, L'ÉCRIT UNIVERSEL, parfois impérissable, Que tu graves au marbre ou traces sur le sable, Colombe au bec d'airain! Visible SAINT-ESPRIT!» (Alfred de Vigny)

« Le Seigneur contient tout dans ses deux bras immenses
Son Verbe est le séjour de nos intelligences. »

Dieu a désormais un visage débonnaire et compatissant. Il tient l'humanité pressée sur son coeur comme une mère son enfant.

La lignée des dieux se féminise dans sa fonction nourricière, mais elle reste mâle dans son essence et sa généalogie. Pour le romantique, « l'homme est un dieu tombé qui se souvient des cieux. » Le Maître avait déjà proposé la réminiscence à ses disciples. En glissant sur l'axe temporel, on peut interroger l'avenir.

Le poète sera mage, prophète, voyant, grand prêtre du Verbe dont il fera la révélation. Mais avant d'être frappé par la fulgurance de l'illumination qui le mettra « en contact avec l'Être » et lui révélera « l'unité de toutes choses », il devra traverser la « bouche d'ombre » et affronter le chaos.

Dans cette aura de transcendance mystique, tous les espoirs sont permis. « L'invisible est réel », aucun obstacle ne résiste à l'Esprit Pur. La noblesse peut disparaître ou même mourir l'aristocratie de l'intelligence et des Lettres lui survivra. Vigny reçoit la visite de la colombe. Les langues de feu inspirantes ne restent plus béatement suspendues dans l'air. Elles inscrivent leur message dans la matière scripturale.

Ému, le poète attend l'ovation: « je vois la France contempler mes tableaux et leur jeter des fleurs ». Le voilà mûr pour le stade du miroir.

> « Mes traits dans vos regards ne sont pas effacés
> Je peux en ce miroir me connaître moi-même. »

L'exemple vient de haut. Du côté de l'origine, l'Oeil Premier se cherche une âme soeur. Ève lui sourit.

> « ... si Dieu près de lui t'a voulu mettre, ô femme!
> Compagne délicate! Eva! Sait-tu pourquoi?
> C'est pour qu'il se regarde au miroir d'une autre âme. »

Las de ces jeux de miroirs, le poète instaure la dialectique Maître/esclave avec l'aimée. Ève sera « son juge et son esclave. » Elle régnera sur lui « en vivant sous sa loi. » Une telle contradiction détruit la dramaturgie de la contemplation. La Mère Nature se réveille: « Je suis l'impassible théâtre que ne peut remuer le pied de ses acteurs. » La représentation se termine sur un acte manqué. Les rideaux se ferment, masquant le ciel. Vigny court se jeter dans les bras d'Ève dont il ravive la fibre maternelle.

> « Ne me laisse jamais seul avec la Nature,
> Car je la connais trop pour n'en avoir peur. »

Cherchant tantôt la Muse tantôt la Mère, Musset ne peut, pour sa part, retenir son indignation lorsque Georges Sand, femme de chair, lui est infidèle. « Ô mon enfant! plains-là » lui conseille la Muse, « Plains-là! c'est une femme. » Musset se rend sans peine à l'exhortation. Ses femmes pâles, blondes et lunaires, sont des ombres qui entourent le poète dans ses nuits cauchemardesques. Soeur ou mère, la femme invoquée désigne l'indiscernable. Elle est abîme, fusion, mystère. Le poète déchiffre d'autant mieux l'univers qu'elle reste indéchiffrable, au seuil de l'intelligible dont elle montre la voie sans cependant jamais en franchir le seuil elle-même. Pour les romantiques, la femme est la projection d'un rêve, d'une désillusion.

Une telle configuration sublime laisse peu de place au corps. Celui de l'homme se prosterne devant l'idole qu'il a créée. Celui de la femme disparaît derrière son masque, hypostasié par l'image qui la donne à voir comme un signe idéal de complémentarité. Signe du signe qui parle à sa place, la femme se tait. L'Éternelle inspirante naît de la femme assassinée. Illisible et inaccessible par la raison, la femme remplit d'autant mieux sa fonction de signe qu'elle relève de l'universalité intangible. L'être concret et singulier pourrait gêner par son opacité, l'être symbole donne libre jeu à l'imagination poétique et à l'économie sociale.

Le mystère féminin ne se manifeste qu'à des époques et dans des classes sociales pouvant se payer le luxe de cette transfiguration élitiste. Une femme de ménage est rarement mystérieuse. Mais l'élue que l'on fréquente doit le paraître. L'idéologie de l'Éternel féminin n'est supportable que maquillée de transcendance et d'infinitude. L'innommable porte le nom de l'homme à qui elle donne une postérité. L'indicible distribue de belles images aux poètes assoiffés d'inspiration. Ainsi l'espace social se détache de la Nature qui l'a trahi. Et comme c'est chez la femme que l'on va chercher le temps lorsque l'espace se rétrécit, celle-ci retrouve sa fonction de pourvoyeuse de mystère, d'extase, de durée.

Les Fils le savent. C'est pourquoi ils tirent un peu le voile de leur côté et empruntent au symbole de quoi masquer la main de fer, gantée de velours, de l'instance patriarcale. Dans l'ombre, la Mystérique inspirante les aide à supporter leur sort. Car la contre-nature mystérieuse, créée sous la Restauration, est la réponse aux forces démocratiques populaires. L'échec historique trouve sa consolation dans l'évasion mythique. Le sentiment amoureux, confondu au sentiment bucolique, traduit l'expérience d'un temps évacué de l'histoire. S'il n'y a plus d'issue possible ici bas, il faut chercher ailleurs son bien-être et son bonheur.

Juin 1848 porte un dur coup à la transcendance poétique. Comment ciseler des vers quand le bourgeois, devenu le maître, rentre chez lui, chausse ses pantoufles et prend un bon dîner. Le père de famille béat détrône le visionnaire. L'Esprit Pur est mort. Les langues de feu s'éteignent. On en a terminé avec l'Histoire.

La Nature, domestiquée, apaise, nourrit, réchauffe. Elle assourdit les clameurs du dehors et propose un idéal à la mesure du logis. Belle, instrumentale, mais fière, la femme est le palier que Rastignac devra gravir pour satisfaire ses ambitions. Car l'instinct bourgeois se transforme en ambition de la même façon que l'esprit aristotélicien se transmue en syllogisme.

Les grands romanciers apparaissent. Le réalisme social entreprend la narration de l'Oedipe sans que Jocaste en meure ou que la ville ne périsse.

20e siècle:
Le con d'Irène
et la beauté d'Elsa

> « Ô fente, fente humide et douce,
> cher abîme vertigineux » (Louis Aragon)

Le ronron conjugal finit par ennuyer. Une première guerre ébranle l'Europe, obligeant l'écrivain à revoir les notions de Nature et de Culture. Le surréalisme mène grand bruit afin d'alerter ce qui reste de pensée bourgeoise et rationaliste, ne sachant pas qu'il en est le pur produit.

Il fait des pieds-de-nez à la culture, claque les portes, sort l'art des musées, monte sur les estrades et récite ses rêves éveillés. La révolution sera totale ou ne sera pas. Elle englobera le politique, le social, le culturel. Le troisième manifeste du surréalisme répète Stuart Mills, Engels et Marx: « il faut, non seulement que cesse l'exploitation de l'homme par l'homme, mais que soit révisé de fond en comble, sans trace d'hypocrisie et d'une manière qui ne doit plus rien avoir de dilatoire, le problème des rapports de l'homme et de la femme[9]. »

Derrière toute cette agitation, voyons un peu comment les principaux porte-parole du surréalisme s'appliquent à définir la nouvelle relation homme/femme qu'ils entendent instaurer. Que devient l'Oeil de Platon dans tout ce remue-ménage? Débusque-t-il le point aveugle de l'articulation nature/culture, ou affiche-t-il simplement le dévergondage publicitaire des illustrations cripto-puritaines de *Penthouse* et de *Playboy*?

Breton, l'initiateur du mouvement, a vu des hommes se cacher la nuit au fond des musées et braquer leur lampe sur des portraits de femme. Il regrette de ne pouvoir photograhier son fétiche préféré au musée Grevin, cette femme au front baissé qui attache sa jarretelle, seule statue qui lui paraisse « avoir des yeux ». Nadja en a de fort beaux. Elle lui inspirera une oeuvre.

Au début du roman *Nadja*, Breton avoue avoir toujours souhaité rencontrer une « femme belle et nue », la nuit, en forêt. Après avoir imaginé la scène, il se ravise, persuadé que cette situation eût été celle où il eût « le plus manqué de présence d'esprit. » Il ne lui vient pas à l'idée que la présence de corps eût pu suffire. Le hasard objectif est son Maître. Un jour, il rencontre Nadja, « génie libre » qui reconnaît en lui l'omniprésence du Dieu Soleil. « Je sais que dans toute la force du terme, il lui est arrivé de me prendre pour un Dieu, de croire que j'étais le soleil[10] ».

Le dialogue de l'Oeil s'engage. « Elle aussi me voit ou m'a vu. » Il est ravi. « Qui êtes-vous? » lui demande-t-il enfin. Elle répond: « Je suis l'âme errante. » Le voilà rassuré. Il continuera de « la voir » tout en ne l'aimant pas. Une question le préoccupe: « Comment me voit-elle, me juge-t-elle? » Nadja garde le silence. Elle est pur miroir du voyeur qui n'a encore jamais vu « de tels yeux ». Capté et effrayé par l'« objet de curiosité » qu'il se donne, Breton craint de perdre l'organe du savoir. L'angoisse de la castration le tourmente: « Que faire tantôt, si je ne la vois pas? Et si je ne la voyais plus? Je ne saurais plus. J'aurais donc mérité de ne plus savoir[11]. »

Ce jour arrive. La beauté sera convulsive ou ne sera pas. Nadja, internée à l'asile de Vaucluse, est abandonnée à elle-même. Il a vu ce qu'il souhaitait voir. Il sait. Il peut écrire. Cette femme avait un jour souhaité: « Tu écriras un roman sur moi.» Les âmes errantes, comme les folles, sont dépourvues de Moi. Breton écrira donc le roman sur lui. « Un journal du matin suffira toujours à me donner de mes nouvelles» sont les derniers mots du roman qui s'ouvrait sur la question abyssale « Qui suis-je? »

Pour les promoteurs de l'anti-culture, Paris est un terrain privilégié. L'Esprit Pur du monde industriel se déchiffre dans les gros titres des journaux, sur les néons des enseignes, à la porte des boutiques, derrière les vitrines, dans le passage de l'Opéra où se tiennent les putes. Partout où peut se promener l'Oeil avide de matière et de miroirs insolites.

Après avoir exploré la capitale en tous les sens, Aragon se sent prêt à énoncer l'alpha de sa « mythologie moderne »: « l'homme est plein de dieux comme une éponge immergée en plein ciel.» Le pluriel est conciliant et généreux. Non plus un dieu, mais des dieux. Soleil, mais également puissance d'ombre et de désir nécessitant un pendant terrestre. « Le divin se recueille au fond d'une caresse.» La femme se prêtera au jeu des métamorphoses et des substitutions. « Charmante substituée, écrit Aragon, tu es le résumé d'un monde merveilleux, du monde naturel, et c'est toi qui renais quand je ferme les yeux[12]. »

Elle profitera des éclipses de l'Oeil après avoir été mur, trouée, horizon, échelle, barreau, éclipse, lumière, miracle. Du fond des brumes, émerge un fantôme adorable. La « grande femme » absorbe la mer en son ventre, attache des comètes à ses cheveux, bouleverse le zodiaque, fait basculer les cosmogonies immuables. Elle est déesse, et lui, poussière. « Limon sans forme », serviteur idôlatre, il dresse l'autel du culte. « Il est temps d'instaurer la religion de l'amour », s'écrie le néophyte à plat ventre sur le « tapis roulant » du mythe. L'omniprésence de la Grande Déesse s'affirme: « La femme est dans le feu, dans le fort, dans le faible, la femme est dans le fond des flots, dans la fuite des feuilles, dans la feinte solaire [...]13 ». Dépossédé, l'homme se rend: « je suis ta créature, ta victoire, bien mieux ma défaite. »

Pour échapper à la déesse Mère, on créera la femme-enfant qui laissera l'homme jouer son rôle protecteur et viril. « O ma femme et mon enfant » s'écrie Aragon dans *Le fou d'Elsa*. « Elle a la forme de mes mains, elle a la couleur de mes yeux, elle s'engloutit dans mon ombre » s'émerveille Éluard dans *Capitale de la douleur*. L'amoureuse se coule dans le moule qui la façonne. Elle se vide de sa corporéité afin de devenir lieu vacant, signe, ou même rien. *Une histoire d'Ô* sans fer ni fouet auprès d'un Sir Stephane, scripteur et démiurge. « Si vous vouliez, avait dit Nadja à Breton, pour vous je ne serais rien, ou qu'une trace. » Et elle avait ajouté aussitôt, comme pour confirmer son abnégation: « Tu es mon maître. »

Le Maître n'attendait que ça pour commencer sa leçon.

> « Faire table rase des principes sur lesquels s'est édifiée tout égoïstement la psychologie de l'homme [...] afin d'instruire la psychologie de la femme en procès contre la première, à charge ultérieure de les concilier14. »

La femme-mère et la femme-enfant placées dos à dos s'ignorent mutuellement. Le Maître oublie la première et se penche sur la seconde.

> « Je choisis la femme-enfant non pour l'opposer à l'autre femme, mais parce qu'en elle et seulement en elle me semble résider à l'état de transparence absolue, l'autre prisme de vision dont on refuse obstinément de tenir compte. »

> On ne trahit pas Freud, on le précise. La prime de plaisir élue
> par l'Oeil est à capter « devant son miroir », surface lisse où
> l'anti-Mère endosse les traits de Balkis, Cléôpâtre, Bettina, la
> fée au griffon de Moreau, la jeune sorcière de Michelet. La
> femme réelle échoue à se reconnaître dans la multitude d'identi-
> tés proposées. Elle sombre dans la folie.
>
> Le Maître est récompensé de sa peine. L'ultime transparence
> s'offre à son regard. Il contemple la scénographie du génie libre,
> en observe les mutations et les errements, en saisit la dégrada-
> tion conduisant à l'« issue fatale » dont il refusera d'être le
> témoin.
>
> Le romantisme n'était pas mort avec Musset et Lamartine. Il
> avait déserté les lacs et les forêts pour émigrer en ville et
> détrousser la sauvagerie urbaine. Le passage et l'escalier sont les
> lieux privilégiés où se profilent une jambe nue, une main
> gantée, une écharpe en mouvement. Le mystère se fractionne et
> pulvérise l'Oeil en quête d'ontologies insolites. Il obéit aux
> règles d'affichage et de parcellarisation de l'objet imposées par le
> capitalisme. La femme est l'un de ces objets. Si elle persiste,
> comme Nadja, à vouloir être « tout ou rien », elle sombre
> elle-même dans la fragmentation.

Éluard fréquente les verts pâturages où il dépiste la femme aux « yeux de fougère » et au « cou d'orge », dont le « sexe d'algue » et « de glaïeul » parfumera ses nuits. Fleur, fruit, matin, nuit, ondée, ivresse, elle est la nature entière. « C'est sur la mousse de son front que l'eau coule » se réjouit le poète qui s'abreuve aux sources prometteuses des moissons attendues. La douceur de ce micro-climat le régénère.

> « Du sillon de ta bouche aux moissons de tes mains
> Du pays de ton front au climat de tes seins,
> J'ai ranimé la forme de mon corps sensible[15]. »

Servir à l'homme pour qui elle fut créée, et qui la recrée par son Verbe, insère la femme dans un système de correspondances universelles. Par un jeu de glissements analogiques, la barrière séparant le naturel du culturel s'entrouve dans un bruissement d'herbes sauvages. L'amant est aspiré par l'« Anneau de paix » placé devant lui « comme un oeil qui voit clair ». La femme le guide dans sa quête comme le fit Ariane pour Thésée dans les couloirs du labyrinthe où l'attendait le Minotaure. Elle l'aide à entreprendre « le grand voyage ». Grâce à elle, Éluard a « vu clair dans le miroir du jour. » Le contact avec la réalité passe par la médiation de l'Oeil traversant la femme-miroir qui lui renvoie les reflets tamisés d'une nature apprivoisée.

Mais chez les surréalistes, lorsque cette médiation/sublimation échoue, le seuil culturel conduit parfois au bordel où le con d'Irène peut être vu sans miroir[16]. Avant sa rencontre avec Elsa, Aragon les fréquente avec assiduité et chante le rituel des maisons closes. Aucune ambiguïté alors dans le système de l'échange. Argent contre plaisir, crûment, comptant, sans recourir à l'acte notarié ou aux bons sentiments pour dédouaner l'impulsion libidinale. La putain débarrasse le bourgeois des « vertueuses niaiseries » et du « caractère d'éternité » dont il s'encombre. La désacralisation du sentiment amoureux passe par le charme des « doigts impurs » purifiant le sexe, célébration de la sensualité sur « ses plus humbles » et « ses moins dignes autels. » Dans cette liturgie/profanation, le poète paysan se prend à rêver d'un retour au chaos originel: « que tout se décompose enfin dans le palais des illusions. »

Au bord du gouffre, il éprouve le frisson de « l'homme qui se jette à l'eau. » Reverra-t-il le rivage? La putain lui tend une bouée de sauvetage. Elle « désigne avec simplicité ma queue », note Aragon, « et me demande avec simplicité ce qu'elle aime[17]. » Cette femme, qui « épouse docilement » ses volontés, a « des seins petits et gais. » Le Maître loue en elle la pute enfant aux gestes imprégnés de sollicitude maternelle: « le prépuce par tes soins se déplie, et ces préparatifs te procurent un contentement enfantin[18]. » Aux dernières pages du roman, le paysan de Paris trace d'une main ferme: « Mon affaire est la métaphysique. »

Deux couples s'appellent et se repoussent au carrefour du sexe surréaliste: La Mère pute et son fils anarchiste. Le Père-dieu et sa fille Vierge. Entre ces quatre, un trou menaçant colmaté par l'idéalisation ou la profanation de l'idéologue devenu plus voyeur que jamais. Chaque échec majeur de l'histoire a suscité l'apparition du Mage et la montée des signes.

La Révolution française a engendré l'école romantique. La belle époque a accouché du surréalisme. L'imposture marxiste, les rumeurs de Goulag et l'usure du mythe prométhéen des forces productives ont suscité la venue des « nouveaux philosophes. » Trois formes distinctes d'un même romantisme qui ramène, chaque fois, la visite de l'ange. Hermès, la plume au doigt et le coeur en écharpe, se cherche de nouveaux oracles, de nouvelles fonctions, de nouveaux dieux à qui offrir ses services. À l'avant-plan, Hestia continue de jouer à la déesse, mais derrière, la sauvage touille sa salade et récure ses chaudrons entre deux avortements, deux chèques d'allocation familiale, deux séjours en clinique. La Nature, terrain d'affrontement de la fonction reproductrice et des forces productives, voit ses Mères pondeuses et ses Pères travailleurs plier l'échine et tendre le sexe à l'appel d'idéologies diverses.

Ces récurrences ne sont pas fortuites. L'échec du rapport à la Nature engendre l'échec historique dont il est à la fois cause et produit. L'histoire est le récit de la violence opérationnelle de l'homme sur la nature et ses habitants. La littérature en est l'illustration symbolique. Les conventions littéraires évoluent, les modes de vie changent, les empires se construisent et s'écroulent, mais le ventre féminin reste l'alibi du mythe prométhéen des conquérants d'espace. Peu importe donc qu'il se pavane à la cour, se terre au fond de son campement, s'affuble d'extravagances *punk* ou se convertisse en signe. Le théâtre, la poésie et le roman occidentaux ont toujours répété le même drame. La séparation du corps et de l'esprit, la fossilisation de la Mère et la traduction de cette perte dans des discours substitutifs et récupérateurs.

21e siècle:
La littéralité fait signe

> «L'écrivain est celui qui n'a rien à dire.» (Alain Robbe-Grillet)

L'engouement pour la littéralité, qui oppose à l'heure actuelle le texte de production au texte de création, traduit autant l'avènement d'une société technocratique que la mort d'une philosophie. Dieu est mort, l'homme est mort, mais les deux se survivent dans la toute-puissance des systèmes opérationnels qui peuvent créer des phrases, dresser des organigrammes, calculer le volume des espaces habitables, répartir les fonctions sociales, évaluer les mérites, l'occupation et les revenus d'une population à partir d'unités référentielles codées, mises en circulation par la machine. L'instance administrative possède une capacité quasi illimitée de produire des signifiants nouveaux. Hermès n'a jamais été aussi mobile, la cité aussi diffuse, menacée, éclatée.

Qu'on s'en remette à l'ordinateur pour fabriquer des unités signifiantes et des discours nouveaux est aussi logique que de s'en remettre à l'insémination artificielle pour engendrer des vies nouvelles. Dans les deux cas, il y a mainmise sur la nature par une technicité qui réduit tout élément de vie à sa fonctionnalité. À l'heure actuelle, le fétichisme de la corrélation mathématique se substitue au beau sein et à la belle jambe. La répétition de l'Identique et du Même se poursuit, échappant, cette fois, à l'avilissante copulation de l'ancien marché des échanges. On a enfin trouvé la matrice vierge où inscrire les nouvelles lois, les nouveaux tabous, les nouvelles modes. Le formalisme escamote la question du sens avant même de la poser. S'il s'agissait d'une fausse question, c'est-à-dire d'une question allant de soi et pour laquelle il est superflu d'apporter une réponse, pourquoi alors ériger une telle armature théorique? Pourquoi tant se commettre et se compromettre? Qui écrit? Pourquoi et pour qui écrit-on? Quels intérêts défend-on? Où se cache le Père derrière ce métalangage qui s'assigne une vérité, une casuistique, des docteurs. Aurait-on supprimé les vieux concepts essentialistes pour y susbstituer celui de la littéralité en pure perte? À moins que la littéralité ne soit le nouveau credo des agnostiques de l'origine. Nier serait une façon de confirmer. Un astuce de Bill qui prétendrait se passer de Jack pour cueillir la pomme dont il a toujours envie.

Car l'origine, laïcisée et associée à l'idée du manque, sous-tend toujours une part substantielle de la théorie actuelle. Autrefois, pour apaiser l'angoisse de la finitude et fortifier la croyance, on s'en remettait aux transcendantaux inféodés à la toute-puissance du principe premier créateur de toute chose. Maintenant que la transcendance a chuté de l'Idée au Phallus, du Verbe divin au signifiant Maître-Parleur, on lorgne du côté d'Elle. L'origine est féminine d'assonance, androgyne de principe. Elle porte les marques apaisantes de l'Eros ouvert aux sollicitudes du maternage consenti par le Logos. Et l'éclectisme dont se parent certains exégètes de l'origine masque à peine la hantise de la mamelle et des entrailles de la Grande Mère nourricière.

Devenir un simple producteur de mots quand le travail à la chaîne a remplacé le travail individualisé, va presque de soi. L'employé de l'usine de montage Renault ou General Motors accomplit un travail monotone, répétitif et parcellaire pour lequel la référence au sujet et l'acte de conscience sont à peine nécessaires. On insère, manipule et déplace des pièces préfabriquées sans entretenir de rapport à la totalité de l'objet. La dissociation sujet/objet prônée par le positivisme passe de l'usine au cabinet de travail.

Envisager le fait littéraire comme « l'oeuvre d'un ouvrier et non d'un illusionniste ou d'un montreur d'ombres[19] » pourrait n'être qu'une façon nouvelle de perpétuer l'illusion. Les promoteurs du concept de prolétarisation de l'art et de l'écriture relèvent rarement leurs manches pour partager la tâche, le salaire et le HLM des classes laborieuses. Revendiquer le statut d'ouvrier dans la fabrication du discours peut constituer une façon commode de masquer ses privilèges et de se donner bonne conscience. L'intellectuel est suffisamment confirmé dans ses droits pour emprunter le rituel d'une praxis égalitaire et entonner l'hymne de l'intelligentsia gauchiste. L'ouvrier n'en saura rien et n'y trouvera aucun profit.

La pratique scripturale bénéficie toujours d'une appartenance de classe, de langage, d'intérêts. Cette hégémonie confirme un support institutionnel solidement implanté derrière l'innocent jeu des théoriciens. Celui qui produit le texte se nourrit des savoirs et des pouvoirs qu'il véhicule. Celui qui s'en institue le glosateur les recouvre d'un métalangage empruntant aux mêmes sources. Dans ces conditions, on voit mal comment les producteurs de signifiants pourraient immuniser leur pratique d'une telle contagion. En remplaçant le mythe de l'écrivain créateur par celui de la textualité, on biffe la notion anthropomorphique de l'oeuvre sans en annuler la causalité. Le fabricant de texte s'affirme comme signe d'un système, manifestation d'un assemblage programmé ou programmable qui pourrait, à la rigueur, fonctionner sans lui.

Cette pratique prétend témoigner de la modestie de l'écrivain-ouvrier capable de s'éclipser derrière son produit afin de laisser le texte restituer la transparence de sa signification. Or, l'auteur, qui n'est plus censé être là, réapparaît constamment dans la trame signifiante pour affirmer qu'il n'y est pas, qu'il n'y est plus, que le texte parle tout seul et s'est constitué sans son intervention. Mais les chapelles en ruines émettent des rumeurs. Des voix d'outre-tombe reviennent confirmer la non-présence du producteur de signes. L'auteur n'a jamais été aussi bavard et omniprésent que depuis qu'il nous a appris sa disparition. Il a, insiste-t-il, évacué la page, laissant à la matérialité des mots l'initiative de la signification, mais il reste constamment braqué devant ou derrière son texte pour en vanter la véracité, la non-illusion, la non-détermination, comme si ce texte, abandonné à lui-même, risquait de se dissoudre.

L'écriture acausale affirmant la mort du sujet écrivant reste à inventer. Il y a toujours quelqu'un qui dit: «l'écriture ne représente rien qu'elle-même» ou «je ne suis pas l'auteur de ce texte.» Aussi longtemps que ce quelqu'un se nomme par l'affirmation de ce qu'il n'est pas et la désignation de ce qu'il devrait être, nous restons dans le domaine de l'utopie ou de la falsification. Si l'écriture ne se soutient que du métalangage qui la recouvre, cela tient moins à la disparition de l'auteur-sujet qu'à sa conversion en technocrate des lettres. Le sujet se déclare objectif, absent, indépendant de l'idéologie qui sous-tend ses interventions. Il ne se sait pas capté par l'Oeil qui effectue un changement de perspective dans l'appréciation et l'appropriation de l'espace scriptural.

Les nouvelles ontologies sont technocratiques. Le monde mythique avait déifié le temps. Le monde moderne privilégie l'espace. L'écriture a suivi cette évolution. La fétichisation du texte coïncide avec la détérioration de l'espace et la mort de la temporalité. On ne raconte plus d'histoire si l'on refuse d'admettre que quelque chose se soit passé avant, ou puisse se passer plus tard, dans un ailleurs débordant les cadres physiques de la page et de son environnement.

Dans cette dilution référentielle, il y eut d'abord l'abolition de l'espace corporel. La naissance, la conception, la maladie, la sexualité, la mort, c'est-à-dire les modalités temporelles les plus expressives du corps, sont devenues objet d'expérimentation, matière d'investigation et d'élaboration du discours scientifique. Par la suite, l'espace psychique que l'on se flattait d'avoir découvert s'est vu comprimé dans le triangle oedipien. Et l'espace géographique, qui paraissait s'ouvrir à l'imaginaire, confinait Hestia et son homme à l'exïguité du HLM. À chacune de ces réductions, le Logos triomphait. Il savait que le métalangage objectal serait sa dernière incarnation. Sa dernière demeure.

La littéralité illustre l'urbanisation de l'écrivant/e et traduit l'écart qui s'est creusé entre l'individu et la nature, entre l'individu, son corps et les autres corps. Les mots, détachés des personnes et des choses, ne renvoient plus qu'à eux-mêmes. Le Logos parle tout seul. C'est sa victoire. Il raconte le faux rapport de l'espace scriptural et de ses prolongements symboliques. Le théoricien ne se demande plus « Est-ce que ce que je raconte a du sens? » quand le sens est devenu tabou. Il sait qu'on lui posera la question: « De quel lieu parlez-vous? ». Alors il se prépare à répondre: « Du métatexte », puisque le métatexte est la carte d'identité du producteur de signes des sociétés modernes.

La Loi du Père masque enfin le visage de celui qui l'instaure. Elle contraint, contrôle, jauge le discours technocratique qui s'exténue à expliciter le caractère objectal de ses modes de production. Couvert des strates d'écriture qui en brouillent les traits, le Maître échappe au contact des tribuns. Conformément au décret de la mort de l'homme et des dieux, les scribes de la société post-industrielle ne parlent plus que par textes interposés.

Le dit — l'édit — ne s'incruste plus dans la chair ou l'argile. Il s'étale sur les rames de papier, s'infiltre dans l'ordinateur, se glisse dans l'énoncé travesti de figures mathématiques. Omniprésent, il capte et asservit par voies multiples. L'espace entier est occupé par l'écrit. Plus un seul coin sauvage n'échappe à la vigilance de l'instance écrivante qui s'étourdit de mots pour occulter le lieu des origines. Sous l'épaisseur des gloses, critiques, énoncés et rectifications, se faufilent les mandarins du corps textuel satisfaits de leur fonction d'émissaires au service d'un pouvoir invisible.

Mais il y eut des résistants. Car depuis longtemps le masculin triomphait dans son asphyxie même. Les déviants qui ne purent souscrire à la phallocratie totalitaire utilisèrent l'inversion, la rébellion, le délire et la marginalisation pour contourner la Loi et orienter le code symbolique du côté féminin où se tenaient les putes, les sorcières, les hystériques et les filles-mères. Car que font à la fin Bataille, Sade, Apollinaire, Lautréamont, Balzac, Artaud et même le puriste Mallarmé, le savant Foucault et l'éclectique Barthes, sinon casser la férule du Maître et dire merde à la face des Pères.

On comprend mieux le mot de Flaubert « Madame Bovary c'est moi » depuis que l'on sait qu'il était hystérique. On suit mieux l'itinéraire de Barthes, sa migration de l'empire des signes à l'empire des sens, depuis qu'il a dévoilé le visage de l'amant. En lisant le *Discours d'un fragment amoureux*, on saisit mieux son périple mondain à l'intérieur du langage, sa quête du degré zéro d'écriture, sa recherche de « l'homme d'avant le sens », son interprétation d'un « phallisme rond » chez Bataille. Le discours a différé un aveu: « Des écrivains sont devenus fous en constatant que « Je est un autre. » [...] « Je ne suis pas un autre », je n'arrive pas à être la Mère que je cherche. « La Mère n'est pas interdite, elle est forclose », précise-t-il, « et je deviens fou[2]. »

Ainsi, ce que l'on cherchait derrière le paravent de la modernité, de l'hermétisme, de l'investigation critique, du maniérisme structural, n'était rien d'autre que la Mère. Pourquoi ne l'a-t-on pas dit plus tôt? Forcé de vivre la césure du corps et de l'esprit, où pouvait-on avoir envie de se réfugier sinon dans les jupes de la Mère. Le chargé de savoir occidental est un célibataire qui ne connaît qu'une femme, sa mère qu'il ne cesse de chercher partout et tente de reconstituer par fragments. Bribe par bribe. Mot à mot. Mais elle lui échappe constamment. Trop d'anti-Mères rendent l'Oeil fou et lui brisent ses miroirs.

8

ÉCRIRE AU FÉMININ: DU CORPS SOUS LA LANGUE

« En ce siècle, la parole de la femme aura changé la face du monde au moins aussi immensément que la technologie des cosmonautes aura changé la face de la lune romantique des poètes. »

Jean Royer

« Continuité, abondance, dérive, est-ce que c'est spécifiquement féminin? Je le crois. Et quand il s'écrit un semblable déferlement depuis un corps d'homme, c'est qu'en lui sa féminité n'est pas interdite. »

Hélène Cixous

Sexe, signe et fiction, la femme facilitait la lecture du monde, mais elle-même lisait peu et écrivait encore moins. Blanc de discours reliant le corps biologique au corps social, elle était la partie manquante qui rendait le tout acceptable. Asignifiante en dehors de ce rôle référentiel — se tenir là comme un vide à combler, monnaie d'échange circulant d'un clan à l'autre et se figeant ensuite au lieu nommé —, elle permettait l'élaboration d'une sémiologie parlante monocentriste.

> *L'enfant sauvage élevée au rang de déité regarde avec détachement les codages s'effectuer sous son nez. Elle est l'élément pondérateur qui empêche l'effondrement de la signifiance. À temps perdu, elle endosse le masque de carton-pâte sur lequel gribouillent à leur guise les Caëns illuminés et les Babels heureuses. Peu causante, elle est cause de la parole des hommes. Ombre envoûtante, elle se satisfait de se présenter comme objet sans jamais oser ni même penser se dire. L'autre la dit et l'écrit à profusion.*

> *Prise comme otage, elle accepte ce rôle et en tire même vanité. Les Fils se l'arrachent. Ils s'entretiennent du désir ou du remords de sa défloration. Utilisant les signifiants extrapolés par l'Œil, ils inventent des discours lubrico-philosophiques qui débouchent immanquablement sur une histoire zéro de la femme ou de perverses petites histoires d'O. Cela s'intitule le « Mythe de la*

> *caverne* », « *Conférences sur la féminité* », Études sur l'hystérie, La Sorcière, Histoire de l'Oeil, Justine dans son boudoir, Le Voyeur, Madame Bovary, Madame Edwarda, Madame Ex, *etc. Tous récits qui vili-pendent la Mère, antre colmatant la coupure nature/culture que la Loi et ses discours exacerbent.*
>
> *Le sexe heureux n'a pas d'histoire. Si l'écriture s'était bornée à représenter le désir, elle aurait vite atteint le point de saturation. Au-delà des différenciations secondaires qu'elle énonce, se désignent les structures sociales dans lesquelles se meut ou se meurt le récit. C'est du fond des langues maternelles usurpées que les Fils parlent leur langage*[1].

La femme écrit peu, ou pas du tout, non parce qu'elle n'a pas de chambre à soi, l'Amérique lui donne de spacieux bungalows. Non parce qu'elle échelonne ses moments de création entre les repas, les lessives et les couchers. L'époux pourvoyeur ne dispose souvent que de ses soirées pour écrire. Ce qu'il lui manque surtout c'est une parole à soi tenant lieu de valeur d'usage et d'échange. Les mouvements féministes des années soixante et soixante-dix la lui accordent. Du coup, les rayons des librairies sont inondés.

La plupart des grandes maisons d'édition ouvrent des collections pour femmes, confirmant leur marginalisation. Ces écrits forment une catégorie à part au même titre que les littératures étrangères, la science-fiction, les peuples en voie de décolonisation. Le sexe de couleur est à la mode, et l'entreprise rapporte. Des prospecteurs arpentent la brousse du continent noir en rêvant de se trouver de nouveaux nègres à convertir à la position du missionnaire. Néanmoins, une percée s'effectue dans le monolithisme scriptural, mettant un terme à l'infrastructure du Mystère féminin et au silence des Mères insondables. À tout le moins, les mères cessent d'avoir leur sexe et leurs enfants comme seuls produits d'échange. Hestia pourra enfin quitter son mégaron. Quand elle aura comblé ses manques, elle pourra cesser de narrer les épisodes du cercle de famille, les maladies du Moi, les gargouillis du Ça, les aventures de l'Autre.

Le trou comblé

> « Boucher le trou, c'est originellement faire le sacrifice de mon corps pour que la plénitude d'être existe, c'est-à-dire subir la passion du Pour-Soi pour façonner, parfaire et sauver la totalité de l'En-Soi. » (Jean-Paul Sartre, L'Être et le néant)

L'ancienne hégémonie gardait à l'Oeil les trous inquiétants perçant le tissu symbolique. La feinte s'engouffrait dans la fente envoûteuse pour en ressortir concept. Façon sublime et agréable d'exorciser la crainte d'une Nature informe à ériger en totalité cohérente. Processus d'appréciation et de récupération totalitaire qui aliénait l'en-Soi, l'antre-Mère, l'entre-Dieux.

L'angoisse métaphysique du trou dont parle Sartre exprime bien davantage la crainte de la castration, et l'ignorance des lois physiques, que le « pressentiment ontologique », prêté à l'enfant avide de mettre son doigt dans toute ouverture rencontrée afin d'en désamorcer la menace. La matière a horreur du vide pour qui refuse au vide la propriété d'être matière, espace transmetteur d'énergie, d'ondes électriques, magnétiques, lumineuses, gravitationnelles. Le plein ne se conçoit pas plus sans vide que le vide peut se concevoir sans plein. Privilégier le plein comme matérialité, et le vide comme néantisation, limite et clôture du réel, relève d'une conceptualisation moniste qui ne peut souffrir le dualisme dans la dynamique du mouvement.

Pour la femme, le trou n'a jamais été un bien grand sujet d'angoisse. Sans prétention dialectique, elle comprend tout naturellement que l'espace corporel et cosmique n'est qu'un agglomérat de trous et de pleins qui coexistent en autant qu'ils ne s'excluent pas. « Nous sommes tous des corps criblés de trous, lancés dans l'espace à la vitesse de la lumière » dit Ancyl, personnage de l'*Euguélionne*, qui n'en énumère pas moins de cent à la fin de son périple exploratoire sur la planète Terre.

> « L'anatomie c'est l'histoire des trous qu'on découvre dans les corps criblés de trous, c'est l'histoire des canaux, des cavités, des muscles creux, des veines, de tout ce qui contient la vie, de tout ce qui transporte la vie, précieusement, obscurément, sans s'ouvrir plus qu'il ne faut mais sans non plus se fermer à double tour[2]. » (Louky Bersianik)

Nous sommes en histoire moderne. Auparavant le vide fait des ravages. Le trou gruge le féminin de l'intérieur et le taraude jusqu'à la moëlle. Le lieu de passage généalogique, ramené aux limites étroites de la métaphore paternelle, refoule le féminin hors de l'imaginaire et du langage. Le code symbolique ne fournissant pas à la femme les signes, emblèmes et graphismes traduisant ses pulsions, elle tait ce qui l'agite. Agie par ce qui la nie, elle ne peut se définir. Elle ne sait ni qui elle est ni d'où elle parle.

> « D'où me vient pareille nostalgie d'un lieu privilégié où me situer? Je vis l'angoisse, l'enfer, quotidiennement parcouru, d'une exclusion "dispersante". Je suis désarticulée, partagée entre des mouvements qui m'épuisent et me font mal parce que jamais synchrones[3]. » (Mara)

Mara a vécu la soumission dans l'abjection érotique. Son journal nous apprend qu'elle a frôlé la folie, la mort, la désintégration: « Je n'ai plus de réalité. Je souffre d'irréalité. Parcellarisée... » Sous le commandement de son mari, universitaire renommé, elle se prostitue pour lui et pour d'autres hommes, à la maison, chez des amis, dans des bordels, des jardins publics, tout en assumant, au sein de la famille et de la société, les obligations et le visage de

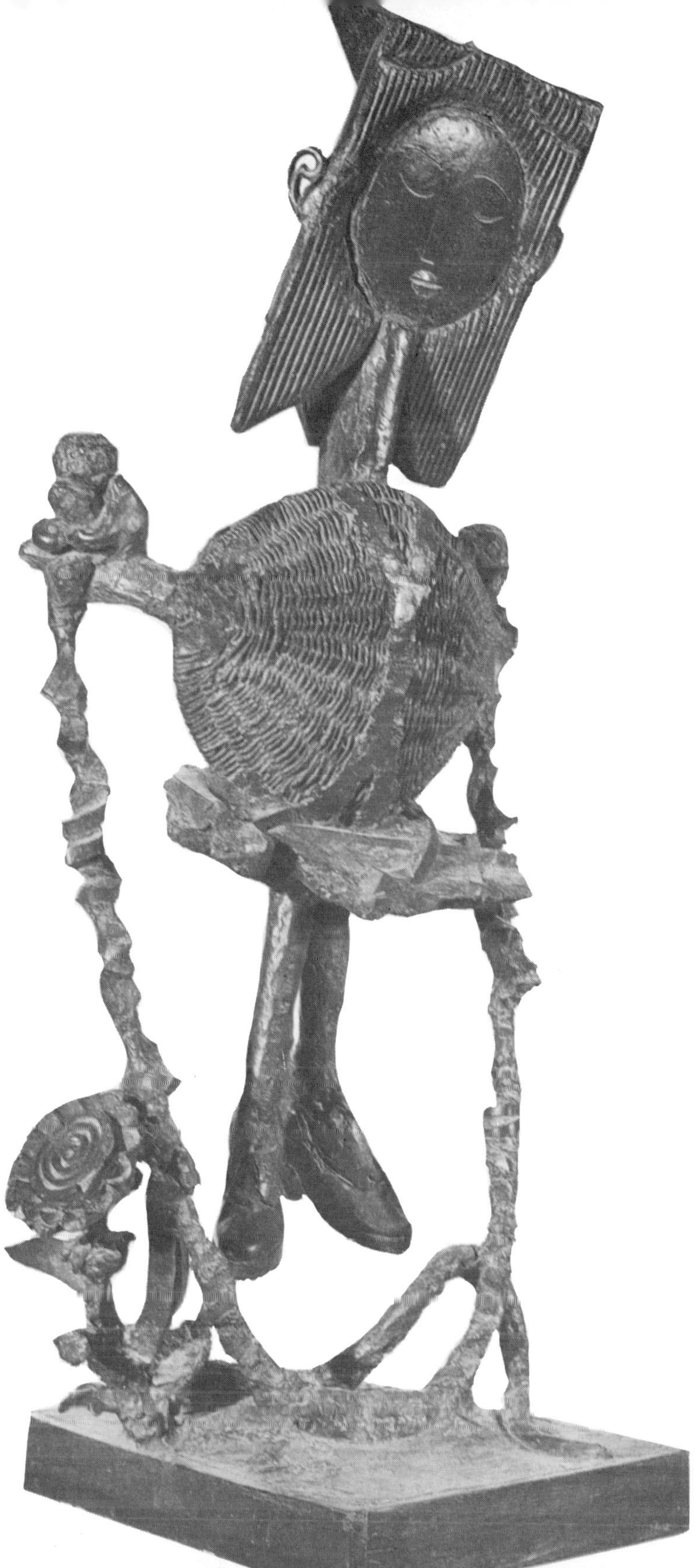

l'honnête femme. « Il la veut effigie phallique, enviable, échangeable [...] elle se fera prêtresse d'amour[4]. » Mais comme il reste « le seul corps de dire autorisé », elle cherche désespérément « le dire d'un corps » qui ne soit pas que cri, oblitération, rature, ratage de l'histoire.

> « Je comprends aujourd'hui que je ne saurai jamais raconter d'histoires parce que, me semble-t-il, nous n'avons jamais fait que désirer quitter l'histoire. De fait, nous ne sommes pas dans l'histoire. Du moins l'histoire, dans les dimensions que lui a faites l'homme, ne nous convient-elle pas, espace trop délimité, fermé, temps trop tranchés, hétérogènes, où, s'il nous faut être, nous ne sommes en effet que "sens perdus", subterfuge...[5] »

Et Mara d'ajouter : « Je manque de tout. Ou bien *tout* me manque : le souffle, les mots. » Elle a conscience d'avoir été flouée par la « fonction maternelle. » Mutante comme objet de plaisir dévoyé, et cependant rivée, en tant que mère, à la transmission fictive de l'origine, elle se plaint : « C'est du temps que je suis malade. Mais hors du temps, je n'aurais plus d'être. »

Le temps organique éprouvé par un corps qui « bat les rythmes du monde », comme le dit si magnifiquement Jeanne Hyvrard dans *Les doigts du figuier*, se heurte au « temps de l'ordre des choses », d'où cette dissociation entre la pensée et la saisie des organismes vivants. Le « temps patriarcal » compresse le présent dans un « espace de conquête », un « espace de domination et de hiérarchie » qui viole le corps des femmes (Claudine Hermann, *Les voleuses de langue*). Si bien que la différence éprouvée entre les évidences corporelles et la fonctionnalité dictée par l'instance sociale crée des distorsions propices au sentiment de vide, d'amnésie, d'égarement.

Les textes de femmes sont remplis d'interrogations sur leur identité et leur localisation dans l'espace.

> Hélène Cixous: « Qui suis-je? toute une nuit de couloirs enchaînés? » France Théoret: « D'où suis-je? Je suis celle qui va constamment encerclée. » Yolande Villemaire: «... je rougis des pages et des pages, cherchant à rouer je dont elle ne sait même pas qui c'est puisque c'est une autre, même si elle parle, elle aussi à la première personne. » Chantal Chawaf: « Quelles traces pourraient renvoyer à sa vie [...] et la femme est morte où que j'aille. » Clarice Lispector: « Peut-être, qui sait, peut-être rien n'a-t-il existé? et n'ai-je fait que subir, qui sait, une lente et longue dissolution? » Claude Pujade-Renaud: « Les paroles ne tiennent plus au corps. Elles dérapent. Avant elles allaitaient. Elle essaie de les retenir, elles tombent. » Marguerite Duras: « la bouche ouverte, les yeux clos, elle est dans la caverne de l'homme [...] Elle ne sait plus très bien ce qu'elle fait, ni ce qu'elle dit... »

Marguerite Duras a parfaitement illustré la vacuité d'un rien qui tente de se constituer en parole. Dans *Yes, peut-être*, les deux personnages féminins se disent « innocentes [...] sans amertume, sans malice, sans amabilité, sans bêtise, sans références, sans mémoire[6] ». Engluées dans le trou qui les représente, les femmes de Marguerite Duras ne cessent de se chercher une parole, un langage, une existence. Au théâtre, en particulier, elles s'emploient à déconstruire l'espace scénique, contrairement aux personnages masculins qui disposent, lorsqu'ils sont sains d'esprit, d'un passé, d'un présent, et d'un lieu où agir leur donnant prise sur l'histoire.

Dans *Le Shaga*, A. parle d'une femme dont le Moi se désintégrait: « elle coulait par les trous. Alors on l'a mise dans une maison sans trous, avec des barres de fer à la place des trous, alors elle reste entièrement maintenant[7]. » De même dans *La Femme du Gange*, le fou est vu par l'auteur comme une « forme creuse » une « tête passoire » n'offrant aucune résistance à autrui et pouvant, par conséquent, être « traversé par la mémoire de tous ». Seul le sujet autonome peut se souvenir. Le rien et le vide de l'objet sont autant de ventouses appelant le geste et la mémoire de ceux qui possèdent le privilège d'en désigner les bords.

Néanmoins, en dehors de ces connotations pathologiques, dans le champ conceptuel féminin, le vide peut être ouverture, accueil, espace à combler, curiosité à satisfaire, refus de finitude. Pour Marguerite Duras, la disponibilité créatrice se conquiert sur l'imposture en sachant « entrer dedans » c'est-à-dire en éprouvant la béance comme état préalable à l'avènement de l'oeuvre et de l'histoire. Dans ses livres, elle explore le silence comme espace psychologique insaisissable par le mot. « Il aurait fallu un mot-absence, un mot trou », écrit-elle dans Le Ravissement de Lol V. Stein: « on n'aurait pas pu le dire, on aurait pu le faire résonner[8]. On ne peut rendre mieux la propriété du vide comme force de résonnance, amplification et propagation du noyau de désir et d'angoisse emplissant la conscience.

Dès qu'il réintègre la chaîne des signifiants, le trou perd son caractère de vacuité. En accédant à la représentation symbolique, il cesse de citer la femme comme incarnation du rien. La menace du manque s'évanouit. Les forces terrifiantes de l'indicible et de l'intouchable perdent leur magie et leur pouvoir d'évocation. Incorporé à l'espace mental et littéraire, le trou ne perfore plus la trame du code symbolique par des blancs asignifiants. Il parle autant sinon plus que le plein. « Ce qui vient d'abord, c'est l'image d'un lieu ou d'un mouvement... sorte de battement visuel interrompu d'une image muette » explique Marguerite Duras. « Et puis des mots s'extraient du lieu vu, ils sont projetés, projectiles nus, coupés de la syntaxe qui d'habitude les relie en chaîne, ils sont sons articulés. Des blancs apparaissent sous le coup de ce rejet violent de la syntaxe. C'est un univers seulement commencé. Dans la nouvelle chaîne, les blancs ont leur place[9]. »

Fait intéressant à noter. Chez les écrivains hommes, le plein a cessé de faire l'unanimité. On commence à définir le vide comme lieu de l'écriture, de l'esprit et même de la divinité. Mais comme si cette nouvelle dialectique était incompatible avec le discours masculin, on met parfois ces propos dans la bouche d'une femme. Dans *Lettre de Tampa*, G.-André Vachon parle au nom d'une jeune fille, Patricia B.[10] Par elle, il constate que « l'esprit trouve partout le spectacle de la forme » et que la forme est « la marque de l'achèvement » et de l'enlisement temporel. Or, le désir de l'inachevé et de l'inachevable le préoccupe puisqu'il considère le texte comme « l'incarnation même du temps qui coule. »

Si le fixe peut être capté par les catégories de l'esprit, le mouvant, par contre, lui échappe. Et l'écriture, qui n'est rien d'autre que du mouvement en progression, « ébranle et balaie d'un seul coup tout ce qui a un caractère de fixité. » La personne qui écrit sans s'incruster dans l'espace scriptural peut donc dire avec Patricia B.: « je ne connais que le déroulement du temps. Rien de fixe ne subsiste dans mon univers ». Son désir de maîtriser le temps trahit cependant une hantise typiquement masculine: « tant que je tiens la plume, je suis maîtresse du temps. » Aucune femme n'a jamais souhaité maîtriser le temps, ni l'espace de l'écriture, ni aucun espace. Elle connaît les durées et les cycles physiologiques qui lui font éprouver la fusion cosmique d'un temps et d'un espace non fragmentés par l'ordre social.

> « Ainsi, écrivant, je suis à la recherche du même effet de vide. Comme je voudrais que le sujet de cette lettre ne fût rien, absolument rien. [...] L'écriture est une technique du vide. Écrire c'est disposer des mots de manière à ce qu'ils découpent des segments de vide qui deviendront solubles dans l'esprit. Tout se passe comme si le vide absolu, et tout cru, il n'y avait pas moyen de l'absorber[11]. »

Cette promotion du vide bouscule d'anciennes cosmogonies. Face au texte constitué de riens, la causalité de l'origine — un faux problème dit l'auteur — s'annule. L'origine représentait la fixité, ce qui tirait vers l'arrière. Or, l'écriture choisit d'aller de l'avant et d'occuper le champ des divinités antiques: «Je suis moi-même le tout-puissant et l'éternel», triomphe Patricia B. qui parle par la bouche de son Maître, «Moi et mon écriture nous prenons toute la place. [...] Dieu est enfin réduit à l'inutilité.» «Dieu ce serait ce Rien suprême. Il n'y a aucun moyen de lui concéder plus de réalité que cela.»

Non plus «je pense, donc je suis», mais «je fais du vide, donc je suis», et je produis du rien et des effets de vide comme on produisait des protubérances et du plein sous l'ancien régime. Texte hybride. Le féminin, trahi par la pulsion de maîtrise, vient de produire un faux.

Du lit aux mesures de guerre

> «Un jour, je raconterai patiemment l'histoire de la jeune servante endormie devenue guerrière par la force des choses.» (France Théoret)

Dans le nouveau mode de correspondances qui s'établit entre le vide et le plein, des rythmes se créent, faits de douceur, de violences, d'harmonies, de ruptures. La connaissance du monde commence par la reconnaissance de soi. Celle qui apprend à se nommer choisit le corps comme premier lieu d'exploration. La femme prend d'abord la mesure de ses bornes.

> «Moi-je n'étais plus que mise à niveau, nouveaux réglages, cordes qui se détendent et se désaccordent, lents travaux du sang dérouté d'avoir à circuler platement, à l'horizontale[12].» (Simonne Jacquemard)

La femme au lit, et pour le lit, se lève et avance dans la lumière après avoir éprouvé l'insomnie, le vertige, la terreur. Dans ce déplacement, elle expérimente les lois de la pesanteur, affronte le silence, assume sa nudité, perçoit la vulnérabilité de sa chair. Elle abandonne le travesti.

> « Avec la tombée des vêtements, il y a eu la délivrance d'une certaine fausse identité: moi-je reste et mon personnage a été dissipé. Ce n'est pas sans mal qu'on s'avance, pas après pas, dans la plus complète absence d'arrangement[13]. »

La mascarade est terminée. Le *je* renvoie à lui-même. Il est révélation d'être, conscience d'un accomplissement possible en soi et hors de soi. Les bornes sont lentement repoussées. Le moi prend forme. Il se dilate, se donne membrane et cambrure à même l'amas de lignes planétaires, de concentrations lunaires et d'énergies cosmiques qui l'entourent. À peine constituée, l'on s'étonne de sa liberté.

> « Je marche dans mon corps et dans mon esprit, je déploie un allant que je ne savais pas si serviable, si confortant, si soûlant, car ma vie n'a pas les limites que je lui croyais une fois pour toutes assignées[14]. »

Une fois le lien de dépendance rompu, le corps se risque hors du lieu de passage apprêté pour l'échange. L'homme est exclu de l'univers des femmes qui se regroupent pour célébrer la naissance du corps lesbien. La transgression insinue les signes hors-la-loi.

> « Le spasme de *rien* qui se détend/ploie autrement que possédé. (Entre les jambes de deux femmes qui dans le soir décidaient des rythmes et de l'ouverture. À tout *liquider* de plaisir. Mille positions s'offraient qui ne convenaient dans la forme du zéro[15]) » (Nicole Brossard)

Vivant seules, les femmes font l'amour ou la guerre, glorifient leur liberté, s'inventent des jouissances et des exploits. Les « guérillères » de Monique Wittig ressuscitent les amazones antiques. Leur chant évoque, « comme tout ce qui rappelle le O, le zéro ou le cercle, l'anneau vulvaire ».

Le trou devient plaque tournante, son, chiffre, figure géométrique. La joie du rassemblement matristique suscite des évocations rituelles:

> « Je suis à genoux au bord de la mer, toi tu te tiens debout devant m/oi bras croisés, m/a bouche s'ouvre pour prier la divine Sapho l'incomparable[16]. »

Nous sommes à l'âge de gloire qui succède, dans la chronologie de la libération, à l'âge de la vapeur et du béton. L'âge de bronze, qui instaura le pouvoir mâle, et l'âge de fer, qui marqua « l'origine du chaos » et jeta la « confusion dans ce qu'on a longtemps eu l'obstination d'appeler l'histoire[17] » sont loin derrière. C'est le retour à l'âge d'or. Un nouveau culte est créé. L'adoration de la Femme se substitue à celle de l'Homme. Rites et cérémonial d'allégeance se déroulent autour de l'objet d'amour formant le nouveau corps mystique.

La quête d'absolu est relancée. Des complaisances narcissiques s'instaurent. Le féminin se love au centre du cercle jouissif dont il explore les bords. Le corps végétal ou sousmarin s'élance dans la lumière et se déploie dans l'identification à l'Autre pareille dont il attend la réflexion de ses ondes cellulaires, le brassage de ses flux amniotiques et membranes laiteuses. Les règles de la Mère ont submergé la Loi du Père.

Très tôt, une ligne dure est tirée au centre des amours saphiques. Nicole Brossard décrète l'urgence des mesures de guerre au sein de l'îlot matriciel. La femme doit vivre la « jouissance active de la rupture. » La différence, qui a toujours été soustraction, est à conquérir sur le corps d'une autre femme dans une reconnaissance scandaleuse et cependant discrète. « Plurielles et sans témoin, c'est pourtant l'émeute. À une différence près[18]. » Mais il ne suffit pas de caresser le corps d'une autre femme pour anéantir la mère patriarcale. Oeil pour oeil, dent pour dent. Il faut tuer la mère biologique pour que naisse la mère symbolique. La mère est leur talon d'Achille. Ils ne se remettront pas de sa perte. « On ne tue pas la mère biologique sans que n'éclatent tout à la fois la fiction, l'idéologie, le propos[19]. »

Après avoir exterminé le clan des mères patriarcales qui n'ont rien d'autre à s'échanger qu'un silence domestique, la nouvelle femme travaille « à ce que se perde la convulsive habitude d'initier les filles au mâle comme une pratique courante de lobotomie[20]. » Elle répudie les vagins soumis à la fonction reproductrice, parois s'ouvrant au « muscle lourd d'un mâle tout lourd des retombées de son savoir. » Elle condamne la servitude qui se fait « pain ou mamelle. » Le féminin ne peut se structurer qu'à l'intérieur du symbolique lui donnant forme et cohésion. De la mère à la fille, la légitimité se transmettra par le « texte lesbien » et non incestueux. L'inceste a déjà trop fait le jeu du Père. « J'ai tué le ventre et je l'écris » déclare Nicole Brossard au début de *L'amèr*.

L'entreprise ne va pas de soi. « Les atavismes me prennent à la gorge » écrit France Théoret qui tente d'abattre la clôture des interdits ayant stigmatisé la « vieille petite fille au sourire fatigué » qui « est entrée vivante dans le miroir et n'en est pas revenue. » Progressivement, le *je* captif des empreintes reçues — la folie, les grossesses imaginaires, permutations multiples et variées de la maman et de la putain —, sort d'un long sommeil et chemine vers sa libération. « Elle inverse les signes. Elle chahute les impressions. Ni sauvage, ni apprise, trouée à même la ville[21]. »

La serveuse échappe au devoir de soumission et de séduction. « Au-delà de l'obéissance et des obligations, en toute solitude, en toute cassure, toute déperdition me voici. Lorsque bougent les forces vives[22]. » Mais puisque les mots trahissent et que les directions se perdent dans les « lignes d'impossible fuite », il n'y a d'issue qu'à devenir guerrière.

La voix de la mère retrouvée

> « Écrire au féminin, c'est faire passer ce qui est coupé par le symbolique, c'est-à-dire la voix de la mère, c'est faire passer ce qu'il y a de plus archaïque. » (Hélène Cixous)

Rejoindre la mère et rétablir la filiation perdue reste le souci de toute femme écrivain soucieuse de s'inscrire et de s'écrire comme fille légitime. Dans *La Venue à l'écriture*, Hélène Cixous tente, avec Madeleine Gagnon et Annie Leclerc, de retracer la rencontre initiale avec les signes afin d'abolir la distance de soi à soi et de soi à elle.

Pour la femme, la question de l'origine ne se pose pas, mais celle des commencements s'impose. L'origine relève du mythe, le commencement concerne l'histoire individuelle. « Je me cherche à travers les siècles, écrit Hélène Cixous, et je ne me vois nulle part. » Des épousailles charnelles et cosmiques livrent à la femme ce qui ne traversait pas la civilisation du regard. Le monde s'ouvre et accueille en elle l'univers. « La nuit, l'amour me fait mère. » Hommes, femmes et enfants se rencontrent. Leurs corps s'élisent et s'écrivent dans la mouvance de l'abandon. Quand le Verbe cesse de se faire chair, les mots arrivent au corps sans dénaturer l'histoire. Et des épousailles multiples sont consommées hors de l'Oedipe.

> « D'abord j'épouse, je suis épousée: je ne barre pas, je ne ferme pas mes terres, mes sens, l'espace charnel qui s'étend derrière mes yeux: je me laisse traverser, imprégner, affecter, [...]. La vie fait le texte à partir de mon corps. Je suis déjà du texte. L'Histoire, l'amour, la violence, le temps, le travail, le désir l'inscrivent dans mon corps, je me rends où se donne à entendre « la langue fondamentale », la langue corps, en laquelle se traduisent toutes les langues des choses, des actes et des êtres [...][23]. »

La langue mère est une langue corps qui suscite partout le mouvement, le départ, un lyrisme touffu traduisant une sorte de fièvre en suspens risquant le débordement et l'éclatement. Partout une traversée des signes défouissant le réel derrière les apparences, plongée périlleuse dans l'arrière-temps — arrière plan — des corps, des choses et de l'histoire. À chaque page, un génie mouvant, vibrant, qui ébranle l'espace cosmique, les savoirs, les codes, les systèmes de pensée. On croit la saisir, et elle nous échappe, comme elle échappe à toute analyse et à toute classification. L'écriture de l'avenir n'a pas encore fourni ses modèles, ses anthologies et ses «grilles» d'interprétation.

Pour un temps, Hélène Cixous est libre. Elle se risque donc à vouloir donner aux femmes ce qui leur a toujours manqué: une langue et un registre symboliques qui ne soient pas traduction, oblitération ou falsification du masculin. Elle ne fait pas de méta-langage. Mais de l'avant-langage. Ce qui monterait aux lèvres des femmes si on ne leur avait mis dans la bouche les mots du Maître. Ses livres rompent l'enveloppe corporelle et se lancent dans une quête existentielle visant à éprouver une «surabondance des façons d'être» qui n'emprunterait plus à la mère phallique et au père logosisé la substance de l'expérience charnelle et symbolique. *Vivre l'orange*, halte de douceur et de tendresse, nous rappelle la nécessité de la présence.

> «... pour pouvoir arriver vivants devant une orange pleine de vie, il faut pouvoir penser six millions de cadavres, trois mille têtes nucléaires, ne pas oublier un milliard d'enchaînés, un milliard d'emmurées, pour mesurer la force mondiale d'un sourire. Pour ne pas oublier les prénoms de présence[24].»

Une démarche un peu similaire anime le projet de Madeleine Gagnon. Dans sa vallée de la Matapédia, elle part à la recherche de sa mère et de ses deux grands-mères dont elle ne connaît que les prières, chuchotements, récits de grossesse, de silence et d'accouchements. «Je vais sortir d'elles toute sagesse, les proposer comme modèles, à moi, à mes soeurs.» Elle rêve d'une immersion initiatrice: «Je voudrais baigner en vos histoires de lait, de sang, de soupe chaude qui mijote à longueur de journées. M'infiltrer dans le gouffre de vos cachotteries, ressortir tout du grand sac, étaler vos secrets et donner enfin aux hommes ce qu'ils nomment manque-à-être[25]. »

Comme chez Cixous, rien ne s'écrit à fleur de tête ou de peau. Rien n'est produit de rhétorique ou agencement mécanique d'une littéralité objectale. Tout est taillé dans le vif de la chair. Le ventre, le sang, les fluides, le lait, cessent d'être blancs du discours et humeurs *salles, nitreuses, barracineuses* incommodant Rondibilis. Ils deviennent tissu symbolique, matière vivante, signes parlants d'un imaginaire féminin dont nous avions, jusqu'à tout récemment, bien peu entendu parler.

> « J'écris pour raconter les temps et les espaces entre les riens, les lieux entre les trous, interstices d'où l'on aurait bien pu ne jamais revenir et n'en jamais parler. » [...] « Je revendique ma place de sujet dans l'histoire. Je revendique mon pouvoir de représentation et de nomination[26]. »

Il faut retrouver celle par qui et en qui la langue maternelle peut advenir, la mère. Il faut investir le langage de ce qui fut raturé de « l'instinct au politique », saisir ce que l'univocité de la langue paternelle comporte de castrant et d'oblitérant, comprendre l'« asservissement d'absence père et de vorace mère », qui stigmatisent le manque ou l'excès. L'« antre nouvelle » sera l'« antre d'elle », blessure vive de l'« entre-deux », oasis rouge par où passe « l'entre-nous-deux » de la mère à la fille qui fut détourné au profit de la durée généalogique et de l'espace incestueux père/fille. Retracer la voix de la mère, c'est entendre les premiers mots d'une langue première. C'est remiser les ardoises muettes et les miroirs déformants où se démarquent et se repoussent le méconnaissable et l'inconnu.

Cette reconquête de la parole et du corps maternels anime le projet d'une archéologie de l'être et du langage féminins.

Lueur, récit exploratoire, inaugure la filiation reconstructive.

> « Je me reconstitue, me recolle, sous ce soleil brûlant [...] entre les rangées d'arbres. Entre deux rangées de haine. Entre deux rangées d'amour. Là où le discours n'a pas osé descendre[27]. »

Cette lutte ne sera pas menée contre l'homme, mais avec lui. Elle le porte en elle depuis longtemps. Elle connaît son langage, son histoire, sa science, mais elle veut vivre et parler dans sa langue de femme. Elle parlera la langue paternelle et la langue maternelle. Elle se vouera à l'entreprise de réconciliation. « Des siècles entiers se sont construits sur la différence — de classes, de couleurs, de sexes — je veux apprendre maintenant la solidarité en ce qui nous rassemble[28]. » La voix de la mère et des aïeules l'auront conduite au coeur de fraternité.

> « Les ventres de nos solitudes s'écrivent maintenant. Nous ne sommes plus isolées. Laissez-moi parler les langues de mes mères, de mes tantes, de mes soeurs et les miennes. Elles n'excluent en rien celles de tous mes frères poètes d'où je viens, aussi, elles ne font que mieux les éclairer[29]. »

Chez Annie Leclerc, le regard de la mère conduit directement aux choses. « Ainsi, parfois, je regardais ma mère qui regardait ailleurs, et j'avais soif des choses entrées dans ce regard[30]. » Cette relation fusionnelle en suspens, saisie par l'enfant, privilégie l'élan vers les autres corps. Écrire, ce sera incarner le mouvement du « corps non distrait, vaste et anonyme » qui « s'approche du corporel et de l'humain, de la présence et de l'histoire. » Et c'est en traversant le corps aimé et en se laissant traverser par lui que l'écrivain rejoindra la profondeur d'être contenue dans chaque chose.

> « Je ne peux plus écrire que dans la langue de nos corps confondus, de notre jouissance, de notre amoureuse

> subversion, que dans le noeud de notre détermination, que dans notre immense vouloir, cruel, impitoyable, d'affirmation[31].»

Texte collé au corps, l'écrivain avance, prête à transgresser les règles et à faire éclater les cadres de l'hégémonie patriarcale. Elle s'élance.

> « Elle, beau pénis, subtil et ardent, avide en ces entrailles d'obscurité et de lumière, elle, jaillissement premier du corps nu au corps, se gonfle, se gorge et se dilate, la terre dont elle est grosse, dont elle enfantera, celle de notre puissance déployée[32]. »

La tentation de puissance se dessine. La Grande Mère phallique effraie les porteurs de Loi. Elle les rassure: « Je leur dis n'ayez pas peur, nous ne ferons pas de camps d'extermination, nous ne châtrerons pas les pères, nous n'éventrerons pas les enfants [...][33]. » Mais ils continuent de trembler. Sous son apparente douceur, ils la savent dure, impitoyable, chargée de trop de corps et de mémoire subite.

Jusqu'ici, plusieurs écrivains, hommes et femmes, ont parlé *de* la mère ou *sur* la mère. Mais la mère elle-même ne s'est pas encore risquée à parler du lieu de sa fonction procréatrice. Pourquoi tant de femmes traversent-elles l'expérience de la gestation et de l'enfantement sans que cela ne paraisse laisser de traces dans nos Lettres. Pourquoi m'en suis-je moi-même tenue à l'écart? Qu'est-ce qui, du ventre de la mère, tient la fiction à distance? Quelle force de vie parfaite ou effroyable contient donc l'acte de naissance pour faire à ce point échec au code symbolique qui devrait en rendre compte? L'événement déborde-t-il le langage, ou le langage prend-t-il plaisir — ou pouvoir — à occulter l'événement?

Voilà autant de questions que l'on se pose en lisant *La Cohorte fictive*, de Monique Larue, premier récit à refuser totalement, il semble, l'allégeance du texte célibataire.

Les autres paraissant y souscrire soit par le biais d'un métalangage hermétique, soit par le recours à un onirisme prudent qui s'arrête toujours au bon moment, l'instant où s'effectue le déclenchement des flux générateurs érodant toute certitude métaphysique et délavant toute parole. Comme si les mots étaient condamnés à trahir le corps, impuissants à investir celui-ci au moment où se déroule le procès de la validité du langage et de sa capacité à témoigner de la totalité du réel.

Monique Larue traverse le mur du silence, « cris univoques, invariables, immuables comme l'espèce », de la lignée de femelles accrochées à l'homme pourvoyeur de pain et de discours. Pour déjouer la fonction sociale oblitérante de la reproduction biologique, la narratrice s'écrira et écrira ses soeurs afin d'empêcher la cohorte fictive des accoucheuses de sombrer dans l'oubli. Elle réconciliera le biologique et le culturel dans deux formes de fécondité traditionnellement reconnues incompatibles: délivrance de l'enfant, délivrance de la parole et du livre. Elle vaincra l'ambivalence de l'effacement négatif de la trace sous-jacente à toute oeuvre de création, désir plus ou moins conscient de la mort de l'enfant, de la mère, ou du récit.

En accouchant d'un livre qui témoigne de la lutte que se mènent l'instinct de vie et de mort à l'intérieur du corps et du langage, elle conduit à terme sa propre aventure et celle, plus vaste, du système linguistique lui-même. Cet accord fugace du corps et des mots — « Enfin je suis connectée, toute connectée, ça marche ensemble![34] », — exorcise la dialectique du dehors et du dedans, réconcilie le réel et la fiction, saisit à sa source le « langage jailli en direct du corps. » Sans emprunter au naturisme onto-biologique qui loue la mère pour mieux tuer la femme, Monique Larue réussit à « rompre le reflet de celles qui (la) précèdent dans la fiction » des langues mortes rabattues sur les corps de femmes en couches.

Néanmoins, céder un pan du code symbolique à la mère, c'est pencher du côté de la descendance freudienne. On ne compte plus les livres où le féminin refoulé dans l'homme fait brusquement un retour par des voies inattendues. À commencer par *L'Utérus du Christ* dans lequel Claude Cohen-Boulakia proclame que « l'homme est le passage à la femme » et que « c'est le viril qui nous conduit à la mort, (et) le féminin à la vie. » La tradition gnostique nous avait déjà habitués à la stigmatisation des caractéristiques viriles prônées par les sociétés patriarcales, mais une cosmogonie de pure réceptivité féminine ne nous a pas encore été aussi hardiment et étonnamment proposée.

Même la dure Amérique capitaliste a subitement senti le vent tourner. *Le monde selon Garp* lorgne du côté de la filiation matristique. S.T. Garp, « nouvel homme » américain créé par John Irving, est fils d'une infirmière qui s'est inséminée à même un « cas terminal » de la dernière guerre. Il rédige ses livres pendant que sa mère écrit son autobiographie. Aucune trace du Père terrible et tout-puissant, mais le paternage *new style* proposé aux jeunes cadres amoureux des besognes domestiques et des poupons, las soudain de la violence virile, de ses guerres, de sa dégradation.

Partout et chaque jour, le Père est mis à mort. De tous côtés, l'on gomme le modèle d'homme qu'il avait créé. Les titres dénonciateurs s'accumulent. *Le robot mâle* de Marc Fergin Fasteau, *La fabrication des mâles* de Falconnet et Lefaucheur disent que la mesure est comble. Des Fils défroquent publiquement de la fonction paternelle d'autorité. La Loi, le pouvoir, le prestige, les laissent froids. Ils veulent désormais du chaud, du corps, de l'amour, de la mamelle. Ils s'approchent du berceau et proclament les joies de la matrice et du biberon.

« ... je torche, je lange, je baigne, je douche, je nidinase, je bananiase, je lactacyde, je mustelase, je mitosyle, je fredonne et je trois-petits-cochonne. Bref, je suis un père admirable[35]. »

Bedos parle comme les jeunes mères. Il a le ton, le rythme et le mot mère. Et il n'est pas le seul. Chaque semaine, de nouveaux livres allongent la liste des renégats de la phallocratie. L'ethnologue Robert Jaulin tient un journal de paternité tendre, précis, touchant, qu'il intitule: *Mon Thibaud*. Des lacaniens, ne voulant pas être en reste, entrent dans la mêlée. Le paternage est promu discours par Bernard This:

> « ... les Hommes comme les Dieux ne rêvent plus que d'être "enceintes", voilà la conséquence de la mise à distance de ce tiers paternel indispensable à la vie trinifiée-trinifiante, vie du "parlêtre" qui sait qu'il est né d'un père et d'une mère...[36] »

Au Québec, Robert Baillie entreprend tranquillement *La couvade* compensatoire qui durera le temps de la grossesse de sa femme. Père castré par intérim, il demande à la littérature de l'aider à fabriquer « de beaux enfants fictifs ». La page blanche devient ventre gravide: « C'est là que je vais quand je pousse et que la phrase ouvre la fente. » Là aussi que la feinte se manifeste.

> « Je porte ma progéniture comme un pélican burlesque de vaudeville. Je suis le père-mère abusif. Je suis le père à rebours [...]. Le père nouveau de la bonne délivrance. Ma couvade est mon refuge, ma déchéance[37]. »

Ce débordement de féminin détruit l'Oeil à jamais. La contamination foetale et l'inversion symbolique brisent les effets de miroir. Le reflet du Même s'anéantit dans le tumulte de la voix mère et des gestes matriciels rompant le fil de transmission des discours.

Effets de contre-ritualité

À l'heure actuelle, le féminin pervertit non seulement les thèmes, mais la structure même du texte. Les genres littéraires subissent l'assaut d'un nomadisme pulsionnel qui brouille le repérage des signataires. Kristeva dénonce l'asservissement du féminin mais son souci d'hermétisme, la linéarité de sa démonstration et la rigueur de ses arguments s'inscrivent dans la tradition du discours de maîtrise. Michel Serres privilégie les mathématiques, mais ses jeux de mots, ses ruptures de ton et ses insertions lyriques échappent à l'analyse compulsive et à la morgue doctorale de l'énoncé scientifique.

On chercherait en vain dans quel genre caser *L'Euguélionne* ou *Les Nouvelles Lettres portugaises*. La première oeuvre emprunte le ton du pamphlet, de la fable, du verset biblique, de l'axiome philosophique, du récit de science-fiction. La seconde intercale un monologue de femme du peuple et une rédaction de jeune élève, entre des lettres, des extraits de journal intime, des poèmes et des fragments polémiques. Une page blanche intitulée « Troisième lettre V » porte pour tout message « Mais que peut la littérature? Ou plutôt: que peuvent les mots? »

Aussitôt qu'il se produit sur la scène du discours, l'écrit féminin se demande jusqu'où il pourra jouer le jeu de la représentation phallique sans tomber dans le piège de l'inversion des rôles comme le fait, par exemple, Erica Jong. Dans «Les poèmes d'amour» imprimés à la suite de *La Planche de salut*, récit on ne peut plus conventionnel, elle donne à l'organe mâle, appelé « outil », la fonction instrumentale de pourvoyeur de plaisir, et fait jouer au mari/amant le rôle de muse et de consolateur.

Ces transferts d'objet affectent peu l'économie du langage. Plus subversifs sont les bris syntaxique et lexical, le bavardage, l'accumulation litanique, la profanation et la déconstruction mythiques affichant des contre-valeurs qui privilégient la contre-ritualité de la transgression idéologique et formelle.

Lorsque la subversion textuelle n'affecte que des unités lexicales, le langage s'en porte à peine plus mal puisque l'ordre syntaxique maintient la cohérence et la linéarité de l'énoncé. Le changement est périphérique, non organique. En disloquant la syntaxe, c'est-à-dire l'ordre des mots, de la pensée et de la préséance hiérarchique, la moëlle épinière du langage est atteinte et la désorganisation est complète.

Sur cette lancée, des chambardeuses liquident les mots de coordination et de subordination, font sauter les charnières articulant la logique du pouvoir, disloquent le récit prédicatif, déconstruisent le raisonnement logocentrique. « Bouleverser la syntaxe », propose Luce Irigaray, afin de suspendre l'ordre téléologique « par des ruptures de fils, des coupures de courant, des pannes de conjoncteurs ou disjoncteurs, des inversions de couplages, des modifications de continuité, d'alternance, de fréquence, d'intensité[38]. »

Couper le circuit, l'interrompre, provoquer même des courts-circuits « qui disperseront, diffracteront, dériveront sans fin; parfois feront exploser l'énergie, sans retour possible à *une* origine[39]. » Empêcher le retour à l'origine, c'est mettre l'ordre patriarcal en déroute, l'obliger à tourner en rond, le confondre dans son égarement en supprimant les points de repère, le lieu de passage sur lequel reposait l'équilibre de ses divers systèmes. Cette stratégie, menée par Luce Irigaray elle-même dans *Speculum de l'autre femme*, est utilisée par Hélène Cixous, Nicole Brossard, Madeleine Gagnon et plusieurs autres écrivains. Dire je fuis l'ordonnance du texte, c'est encore faire cas de l'ordonnance du texte. Le transgresser sans préavis à l'intérieur d'un énoncé théorique témoignant de la plus pure intention de se conformer à la langue paternelle, c'est introduire l'artillerie derrière la ligne d'attaque et menacer de faire sauter le dépôt de munitions.

Une deuxième stratégie, que l'on pourrait qualifier de guérilla, consiste à utiliser les blancs du discours comme tactique de harcèlement. Ces blancs, illustrant les lieux d'exclusion de la femme à l'intérieur des structures langagière et sociale, entachent l'énoncé d'un manque discursif. En produire une image déplaisante et déformée empêche le dénombrement des bornes, l'implantation de la clôture, le repérage du trou. Prélever ces vides, les mettre sous le nez du voyeur et les « réinscrire en écarts, autrement et ailleurs que là où ils sont attendus, en ellipses et éclipses qui déconstruisent les grilles logiques du lecteur-scripteur, font dérailler sa raison, troublent sa vue[40]. »

Une fois qu'il en a plein les yeux, celui-ci peut retourner à l'auto-satisfaction du texte semblable ou tenter de s'ouvrir à l'altérité. Si les fils du Père se croient les seuls autorisés à vivre l'acte de conscience et de communication, il va de soi que toute irruption subversive et pulsionnelle de l'élément féminin dans la chaîne linguistique apparaîtra comme menaçante, c'est-à-dire de nature à compromettre la solidité du pouvoir et la stabilité normative du langage.

Il est question d'élément féminin, non nécessairement de femmes. Bataille, Artaud, Joyce, Nerval, Tzara, Isou, Gauvreau, et tous ceux qui se sont risqués dans cette aventure de subversion, ont éprouvé ce qu'il en coûtait d'être du côté des minorités proscrites ou délirantes. Un langage neuf porte toujours la trace du sang tabou, de la liaison interdite, de l'exil moral ou social. On pourrait en dire autant des peintres maudits qui tentèrent de briser la convention picturale pour introduire une vision de l'espace qui renversait les notions de perspective, d'équilibre et de couleur.

Une forme de contre-ritualité propre à la contre-culture féminine est le bavardage où le disparate s'écoule indéfiniment. Un flot de mots s'accumulent devant la bouche. Mâchonnement langagier n'ayant de sens et de projet qu'à glisser dans l'aire de la confidence à peine esquissée. Petits sautillements de la langue faits à la surface du palais sans que l'histoire ne se construise. Petite matière sonore échangée entre femmes qui relancent le filet de voix monocorde et ténu du fond de petites durées et de petits espaces insignifiants.

La Vie en Prose de Yolande Villemaire se laisse dicter son orientation et son débit par les incidents qui animent l'aire des on-dit. Le on désignant la plupart du temps l'énoncé du il: Réjean Ducharme, Tzvétan Todorov, Hubert Aquin, Edgar Poe, Cooper, Alan Guisberg, le garçon avec qui l'on couche, ceux qui ont laissé ou laisseront une trace culturelle répertoriale et analysable. Du répétable par rapport au répété qui circule dans les propos indifférenciés des femmes, ronron enfantin ou le propos se confond au troupeau qui le génère et le fait avancer par bonds inattendus mais prévisibles. « Lotte dit [...] qu'elle a toujours rêvé d'une machine à laver le linge sale en famille. Noëlle dit change donc pas de sujet tu fais exprès. Lotte dit je change pas de sujet. Celia dit c'est un ben beau petit gars. Alice dit de quoi tu parles donc toi? Carla demande de quoi on parle. Nane dit oui, mais c'était comment la voix[41]? »

Une suite de mots passent, décentrés, marqués d'espacements, de raccords, de secousses. La parole effilochée des femmes repique le décousu de retailles accumulées au fil des ans. Une courtepointe riche en couleurs couvrira le lit conjugal. À l'indienne. Petite réserve taillée dans les boisés de la sous-culture pour fêter le retour de l'homme parti à l'agora. Langues et doigts nouent la salive et tirent les fils. Fibres et fiel nourrissent la rumeur angora qui glisse le long du corps comme une caresse.

Défense et illustration du bavardage. Petit point et tricotage.

> « Rempart contre le dégoût et l'abattement, drogue contre la dépression [...] anticorps qui favorise la survie en vase clos [...] entaille pratiquée dans la coque familiale, terrain vague qui permet à l'appétence de pointer[42]. » (Suzanne Lamy)

Les rebus du langage glissent dans la pelote qui caracole en tous sens. Hors du discours, mais non hors de propos. La complicité nourrit le souffle chaud qui s'émiette. Langueur, abandon. Elles disent tout ce qui leur passe par la tête. Le corps a ses raisons et ses limites. La main recoupe le canevas où se love la chatte somnolente. Est-ce par mégarde que l'on parle si souvent du désir, et que le décousu se prolonge sans qu'elles ne s'en lassent. Ni ne s'enlacent. Symphonie de l'inachevé.

> « Elles m'ont parlé, j'ai aimé leurs intonations, leurs pointillés. Complice, sentant s'ouvrir en moi un espace intérieur [...]. Sous la pression de la ressemblance, je me suis approprié des voix que j'ai décomposées, altérées et confondues, comme on fait en musique concrète[43]. »

Le bavardage devient-il plus poussé? On glisse alors dans l'entretien, balancement qui irradie ses vagues dans un sillage feutré d'écoute. On ne s'entend pas parler. On goûte le laisser-aller d'une parole détachée de l'effort de représentation et de démonstration. On se place à deux doigts du journal intime, en pleine puérilité. Entre la spontanéité de l'enfant et la lente improvisation de l'aïeule aux yeux fermés qui lit en elle l'événement. Du pensé et du vécu qui ne s'écrit qu'après coup.

« L'essentiel », écrit Xavière Gauthier à propos de son entretien avec Marguerite Duras dans Les parleuses, est « ce que nous n'avons pas voulu dire mais qui s'est dit à notre insu, dans les ratés de la parole claire, limpide et facile, dans tous les lapsus[44]. »

Le rapport du scriptural au social s'exprime également dans la contre-ritualité de la forme litanique fréquemment utilisée dans le texte féminin. Cette réitération mécani-

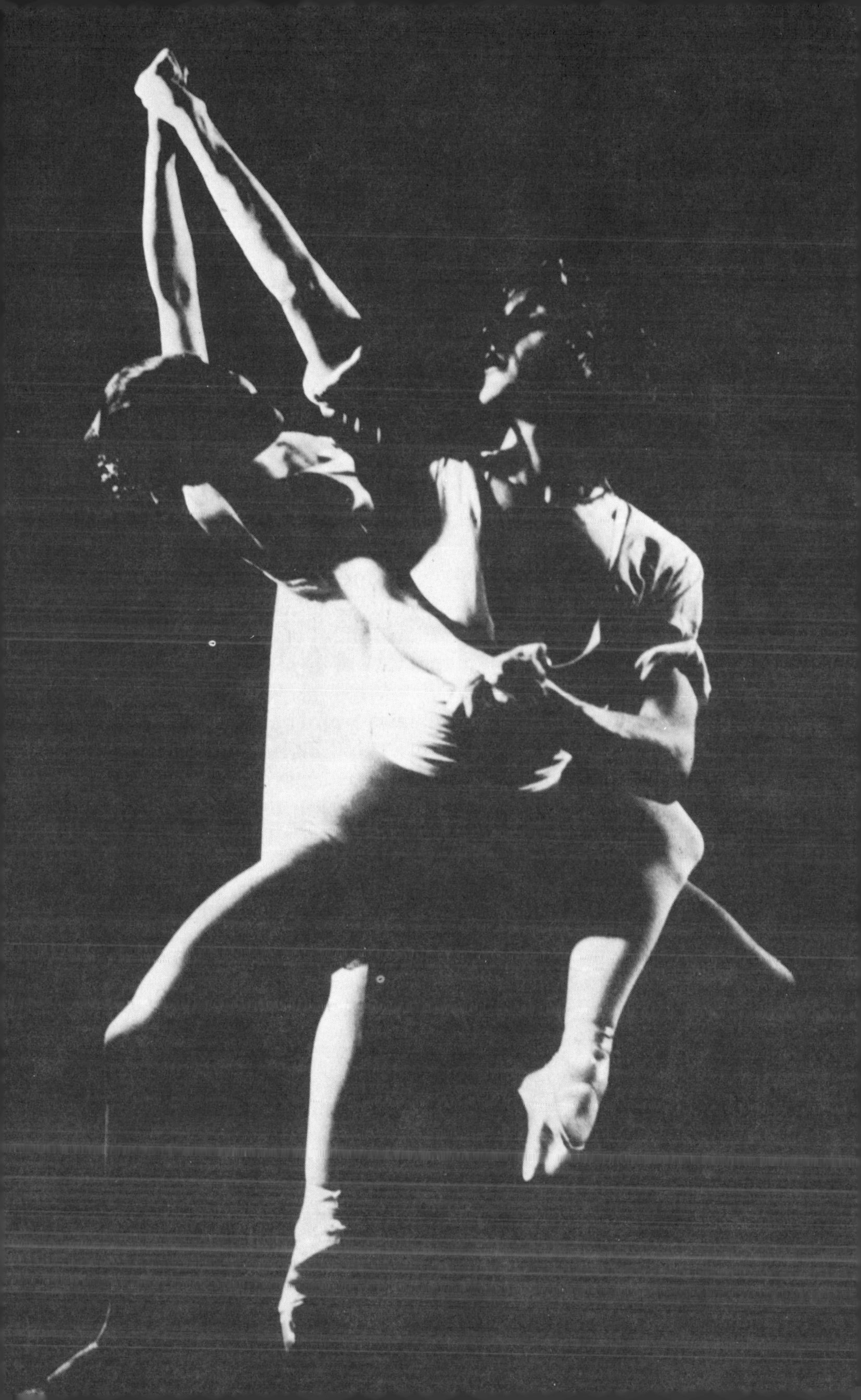

que, qui procède par agglutination nominale ou verbale, traduit autant la soumission à la bonne ordonnance du texte que l'identification au modèle proposé. La petite fille des comptines, de la marelle, de la corde-à-danser, quitte l'escarpolette ou la balançoire pour entrer dans la ronde répétitive des fonctions ménagères.

> « ... et calmer et bercer, balancer et chantonner, moucher et rapiécer, ressasser les formules de politesse, les habitudes de propreté, la table de multiplication, la bouffe et les biberons...[45] »

Récitante servante « attelée à la réitération » aussi sûrement que la bête de somme à la charrue du maître, la femme utilise la litanie comme recours à la toute-puissance de l'autre. Tactique de fléchissement qui consiste à tisser la toile d'araignée autour de celui qui lui échappe continuellement. C'est l'imploration de Monica et Maria dans les *Nouvelles lettres portugaises* auprès de l'homme aimé : « Laisse-moi ; laisse-moi partir et te dire non et te forcer et m'abriter en toi. Laisse-moi ; laisse-moi t'aimer et t'appeler et te repousser. Laisse-moi ; laisse-moi t'accuser et te serrer...[46] » L'invocation est la conjuration de l'amante prise au piège de l'Oeil régnant.

> « Loué sois-tu, intolérable, qui entretiens dans ma poitrine la passion qui mord ! [...] Visage de Puissance [...] Je viens, je te regarde, je lance vers toi mille fins regards brûlants [...] mais je ne prends rien, je ne retiens rien, je te rate, le filet retombe sur moi, je suis captée : je te regarde et je ne te vois pas, je suis vue. »
> (Hélène Cixous, *Là*)

Le procédé touche la satire et l'ironie pour peu que l'on s'abandonne à l'éclat de rire neutralisant la répétition compulsive.

> « Ordre, que ton règne arrive. Mot d'ordre : ordre partout ! Dans les papiers. Dans les poches. Dans le linge. Dans les coins. Dans les recoins. Dans les tréfonds.

> Dans les escaliers. Sous les escaliers. Dans les condiments. Dans les aliments. Dans les armoires. Dans les cendriers. Dans le fond des tasses où l'avenir est écrit. Ordre dans la cendre des Autres. "La grande Aspiratrice". » (Louky Bersianik, *L'Euguélionne*)

La rangeuse peut dangereusement perturber l'ordre si elle nourrit l'alambic clandestin des passions rebelles. Les crus de la sorcière Philomène ouvrent le sabbat d'Anne Hébert. « Bienheureux ceux qui ont faim et soif, car ils seront rassasiés » dit-elle avant d'oindre les corps des invités et de leur imposer les mains. « L'ordre du monde est inversé », la messe noire s'ouvre par le rite sacrificiel.

> « Sur l'autel, Philomène gémit, halète, crie, en parfaite symbiose avec le petit cochon égorgé, attaché sur son dos [...] Un bon moment, Philomène gît à plat ventre sur l'autel, gluante de sang. Morte[47]. »

La sorcière est mère. Elle se relèvera et subira l'épreuve de vérité. Sa fille Julie a été violée par le père avec ravissement: « Je suis légère et douce, obéissante et ravie, l'égale de ma mère, et l'épouse de mon père[48]. » L'inceste père/fille a été consommé puisque cette violation confirme la loi phallique, mais l'inceste mère/fils échouera. On ne désarme pas si facilement la fonction maternelle. La sorcière triomphait dans l'alliance avec le diable et l'époux. Elle signe son arrêt de mort dans ce renversement oedipien qui produit un détournement de sens et cause l'impuissance du fils.

> « La sorcière et son maître les ont trompés, induits en tentation et laissés en plan [...] Tous ceux-là maintenant dans le secret de leurs maisons, maugréent contre la sorcière prise en flagrant délit d'échec et de scandale[49]. »

Philomène est aussitôt accusée, bannie, abandonnée par l'époux et les villageois, et sa cabane est brûlée. Dépossédée de ses pouvoirs, elle disparaît de la montagne de B. À nouveau, « le monde est en ordre. » Sa fille, devenue Sœur

Julie, est possédée du diable en compagnie duquel elle quitte le couvent. Elle sera agie par le Père noir qui l'a violée, engrossée, mais non sorcière active. Elle récite en vain la généalogie maternelle: « Julie de la Trinité engendrée par Philomène Labrosse, dite la Goglue, d'une part [...] Félicité Normandin (dite la Joie) engendrée, d'une part, par Malvina Thiboutôt, engendrée, d'une part par Hortense Pruneau, engendrée [...] » etc.[50] L'autre part, la part mâle, détient les vrais pouvoirs et la seule filiation qui compte. La capacité d'engendrer le discours social et de modeler les instruments de sa reproduction. Nous sommes cette fois-ci, dans la contre-ritualité de la confirmation. La déviante prête son corps et sa séduction/perversion à l'instance phallique qui lui dicte ses volontés.

Il en est de même dans *Héloïse*, où la femme de ce nom arrache Bernard à Christine pour le conduire à la mort dans le métro de Paris, ventre maternel où sévit la puissance de Hobbereau. Métaphore noire de la féminité, Héloïse se transforme, à la fin du roman, en « Pieta sauvage » tenant dans ses bras le corps inanimé de Bernard. « Le monde est en ordre. Les morts dessous, les vivants dessus. » Et l'anti-Mère désigne et corrobore cet ordre jusque dans la transgression.

Après avoir franchi plusieurs étapes, la contre-ritualité finira par abolir la mère paternelle et les anti-Mères servant de re-père à l'histoire des hommes. L'opération de dé-genèse s'effectue dans la dérision — « En ce temps là », « en vérité je vous le dis », « bonheur à toi, ô terre », etc. —. Elle déconstruit les mythes et discours théogoniques. Luce Irigaray s'en prend à Nietsche et Platon. Freud, Lacan, Lévi-Strauss sont analysés et ridiculisés. Le métalangage est passé au crible. Les sciences « humaines » sont révisées.

Des mythes substitutifs s'élaborent. Jovette Marchessault propose l'héritage matriarcal à la conscience féminine: « Ici survit la grande déesse primordiale, la toute belle [...], l'immense grand-mère de la Terre et du Ciel. C'est elle l'ultime vigilance dans la mémoire des femmes[51]. »

> « Ainsi l'esprit de la chamane protagoniste devient l'oeil voyant de son peuple, et son livre leur Esprit-guide traçant le voyage mythique qui sauvera l'humanité de la Chute, exorcisera le christianisme, le colonialisme et le patriarcat et amènera une ère révolutionnaire nouvelle où l'image originelle et tellurique de la femme sera rétablie[52]. » (Gloria Orenstein)

Le féminin pervertit le récit de la Genèse. Le Serpent se ligue avec la femme contre Dieu, mais déjà la couleuvre se meut dans la bouche et le corps séditieux.

> « Et la couleuvre a caressé longuement le sexe ourlé de la femme, de la grande femelle de l'humanité. Un mouvement rythmé. Lent, plus vite, modérément, métronome, un peu d'écume. [...] La couleuvre effleura la floraison marine de la femme jusqu'à l'ultime limite, l'ultime moment où l'adoration ait cours entre une femme et une couleuvre. Puis elle se tourna vers l'homme, le pénétra par la béance appropriée et lui livra à lui aussi la douce découverte du plaisir, de la connaissance, fruit unique et défendu par le premier oppresseur, Père jaloux et possessif[53]. »

L'infraction libidinale inaugure la parole paternelle.

> « Le Père s'est mis du tonnerre dans la gorge, des éclairs dans les yeux, un étendard dans la bouche. Le Père a crié après eux! Le Père a aboyé, vociféré. Je vous chasse! Je vous mets dehors! Allez-vous en ailleurs! »

L'expulsion du paradis terrestre signifie la fin du miel coulant à torrent, la fin de la chair pulpeuse, du lait de la vigne, de la biche, de la gazelle. Le Père ne revient pas sur sa décision.

> « Il a levé le petit doigt de sa main droite, de sa main adroite, le flic père. Sa grande main qui tient le bâton, le fouet, les menottes, la fronde, le couteau, le revol-

ver, le lasso, le cadenas, le crucifix, la muselière. A levé sa main autoritaire et les a chassés en attendant de les juger une fois pour toutes. »

L'entente de l'homme et de la femme sera de courte durée. Car les Fils répéteront les interdits du Père, les pommes à ne pas croquer, les trous à ne pas remplir, les choses à ne pas connaître. D'abord soumises, les filles se révoltent ensuite. Des rafales blasphématoires percutent les croyances et rituels.

« À genoux! Ding! dong! À genoux les petites filles! C'est l'heure exquise de la fellation divine! À genoux! Ouvrez la bouche! Grande! À genoux les petites filles! Recevez la giclée de sperme du grand mâle eucharistique. Êtes-vous en état de grâce? À jeun? Vous êtes-vous brossé les dents[54]? »

Toutes dents dehors, les filles déchirent les codes et abattent le mur des lamentations. Elles évacuent l'espace solaire. Elles entreprennent la longue marche vers la voie lactée, la Terre Promise maternelle.

« Beauté! Le grand fleuve de lait, la terre de l'enfance où mères et filles sont enfin réunies. Beauté! Beauté! Canaux de lait fleuris de nénuphars [...] Le lait coule! Le lait gicle! Le lait coule à flot! Beauté, beauté, bonté blanche. Le lait neige! Le lait goutte, le lait odore! Le lait poudre! Le lait rafale! Le lait ouragane! Le lait nuage, le lait est maculé d'images! Le lait arc-en-ciel! Le lait érupte des femelles éclatantes, des mamelles faiseuses de nourriture, en battement de vie. Et ce lait suscite de partout des cris de ralliement, des émeutes d'émotions[55]. »

Un double sens qui colle à la peau

« Je m'empare de cette langue à moi qui est aussi ma mère et celle de toutes mes filles. Et avec elle j'ouvre la bouche des yeux, alors tout ce qui voit parle et chaque parole allume un autre noeud de sens. » (Hélène Cixous, *Là*)

Les livres de femmes se présentent souvent sous forme de témoignages. Il suffit de jeter un coup d'oeil sur les titres: *Des Mots pour le dire, Parole de femme, Quand les femmes se disent, Autrement dit, La Jeune Née, La Venue à l'écriture*, etc. La formulation indique bien l'émergence d'un phénomène nouveau et la soudaineté de son apparition. Elle proclame l'émerveillement de la naissance, l'échappée de siècles de silence, de mimétisme et de déclamations apprises par coeur — par le coeur — pour séduire le Maître-Père.

Restitution du corps, de la présence, de la mobilité et de l'instantanéité de la parole, suppression de la démonstration linéaire, voilà peut-être les caractéristiques majeures du féminin de l'écriture à l'heure actuelle. En cette fin de siècle, les petites filles modèles ne montent plus aux arbres et ne frappent plus les quatre cents coups à la porte du paradis terrestre. Elles s'occupent à « remettre le désir au centre du discours.» Et elles ne sont pas seules.

Si un nombre considérable d'hommes et de femmes choisissent actuellement le corps comme lieu de rassemblement et de festivité, c'est peut-être que celui-ci représente le seul lieu où le Verbe puisse se faire chair sans imposture. Le rapport au corps, présent dans les cycles physiologiques, induit une participation charnelle à l'univers cosmique qui regénère l'arrière-plan du sens.

> « Ce n'est pas un hasard que le corps soit arrivé par les femmes et les écrivains dits d'avant-garde: il y avait bien là un enfoui enterré à déterrer. Mais ce corps qu'on a mis en circulation dans la fiction et dans la théorie, tellement que quelques-uns en sont las, il n'en reste pas moins que dans la vie quotidienne du plus grand nombre il n'est pas encore arrivé.» (Philippe Haeck, *Naissance*)

Rumeurs de fête et d'accouplement. Après le lent combat avec les ombres, la phrase se fait viscères, matière, humeurs et sang. Le corps se livre à l'exorcisme de la mort, aux festivités de la douleur et de la joie. Éclatante irruption de la nudité. Fulgurance, abandon, déchirement. Même plus un pan de code pour se couvrir. Ni feuille de vigne, ni innocence originelle, ni serpent, ni arbre du Bien et du Mal. Rien. L'écriture prend des risques.

Le féminin échappe au discours de la méthode. Il glisse dans l'aire ouverte de l'errance. Du dedans, il élargit le texte et lui creuse des interstices. Il libère le dit mis au silence — comme on pourrait dire mis aux fers, assujetti à la ceinture de chasteté —. L'obscur lieu qui ne s'était jamais raconté commence à parler. Des voix folles retracent le ravissement de l'innommable et le dépouillent de son inquiétante étrangeté.

Voix plutôt qu'écriture, le dit extirpe l'identité masquée par l'épaisseur des gloses et la cristallisation de sens — le bon sens, le sens unique — jusqu'à ce fond sonore d'où montent les chants oubliés. Des musiques lunaires irradient une coulée douce. La modulation se poursuit en-deçà et au-delà du langage. Des flottements esquissent l'ébauche d'une concentration. Et cet éclat de rire. Et cette ivresse du palais. Non l'exposé savant sûr de ses sources tues, mais plutôt un aveu, une révélation, ou même une dérision inattendue.

Des moments de confusion, souffle suspendu, où l'on cherche à déjouer l'instance théorique qui récuse l'embarras, le bégaiement, les bouffées de chaleur, les allers et retours derrière l'écriteau «Passage interdit», «Keep off the grass», «Private Property». Et finalement cette décision de transporter l'archive végétale du côté des langues mues par les nouvelles salives et les nouvelles voix.

Souvent encore, des rechutes. En dédicace ou en exergue, des remerciements au mari, à l'ami, au protecteur qui a bien voulu accepter de lire le manuscrit, encourager une telle licence, tolérer une aussi flagrante perte de temps[56]. Les colonisés n'en finissent plus de dire merci même quand on leur botte le derrière. Remercier pour un plaisir que l'on s'accorde ou un droit que l'on exerce, c'est se déculpabiliser et s'assurer le bon vouloir de l'autre. La signature, à elle seule, témoigne pourtant déjà de la prééminence patrilinéaire. Le nom, que l'on dit «propre», nomme le mari ou le père. Certaines prennent donc leurs précautions. Elles se gardent de révéler leurs petits côtés im-propres, se bornant à inscrire le nom de famille afin de laisser planer une indifférenciation sexuelle pouvant favoriser l'accréditation de l'oeuvre[57].

Des censeurs s'interrogent. Mais où est donc sa méthode? Où est l'analyse, l'esprit de synthèse, l'argument clef pouvant satisfaire le fabricant de concepts et le détrousseur de synecdoques. Absence de problématique, manque de rigueur intellectuelle, *patchwork* impressionniste dépourvu de l'élégance du fragment, voilà autant de points faibles qui font tache sur l'Oeil.

Le féminin se sauve à grandes enjambées. Il sent la soif de contrôle brûler la gorge des mandarins du texte incapables de supporter la voix d'avant la Loi. Incapables de reconnaître le sens non sexué par l'autorité séparante postée au carrefour du traffic littéraire. Le censeur s'était dit prêt à tendre l'oreille, disposé à s'enrichir de quelque butin. Or, voilà qu'on lui sert une conversation à bâtons rompus, du cru et du cuit pêle-mêle, des histoires de bonne femme, des bribes de discours qui grugent la métaphore paternelle et l'avalent d'un coup sec.

Le masculin de l'écriture a quelque chose qu'il ne saurait perdre sans déchoir. Le rapport à la loi phallique qui bâillonne l'ouverture, l'hétérogénéité. Cette terreur de l'infini qui incitait à promulguer des codes, réseaux d'intrications et de théorisation sous-tendant les déterminations et coercitions cadastrant la différence gênant l'hégémonie du Grand Un. Le masculin, tenu à distance du corps viscéral par la synecdoque phallique, s'accroche au corps textuel comme à sa planche de salut. Lové sur sa spirale, il arpente toujours le même espace et récite toujours le même temps. Ce moment de l'histoire où le Père légua le Verbe à ses Fils par le canal d'une matrice hors-la-loi. Envoûtant repaire lubrifiant les signes secs, hérités de l'Ancienne Alliance.

Plaisirs du jeu. Malices du je. Piéger le sens, lui faire rendre son jus, bousculer les rythmes, filer les mots comme on dévide une fusée de laine entre ses doigts.

L'écrivante a quelque chose du jongleur qui produit des illusions d'optique. Couplant le dehors et le dedans, elle apparaît ici et là, s'efface, resurgit ailleurs, créant des effets de surprise et de stupéfaction. « Elle en était capable, qui l'aurait cru! » — « Avec elle, on peut s'attendre à tout, ou même à rien. » Ce rien la sauve. N'ayant rien à perdre, elle ne risque rien à ce jeu.

Cette femme, qui trace ces premières lignes, a la parole humectée de salive et le mot collé au corps. L'écrivante née rompt l'envoûtement du voyeur fourvoyé dans la reconstitution de la scène primitive. Elle n'entend plus celui qui la somme de combler sa soif d'absolu et sa faim d'origine. Pour un temps, elle récuse l'absolu, le mystère, l'origine. Elle cesse de mener les deux ou trois choses qu'on attend d'elle. Elle se dit personne singulière, inapte à jouer les petites filles modèles et les grands-mères libertines.

Elle ne sera plus le réceptacle sans bornes, mais borné, d'une transcendance maladive vouée à la contemplation du leurre et au festin des métamorphoses. Elle éparpille les images de la vierge, Mater Dolorosa, Terre fertile, Rose nuptique, Porte du Ciel, Étoile fixe. Elle clôt l'oeil pervers qui la montrait créature dévoyée, fille de joie ou femme de rut en qui le Père et ses Fils déversaient leur sperme honteux.

Cette nouvelle-née dit non au relais, au lieu de passage, au couloir d'accès. Elle quitte la frontière où on l'avait parquée et prend la liberté d'avancer librement. Elle descend de son socle, se relève de son bourbier, ouvre la bouche, articule sa propre signification.

La Mère du Fils-époux/Père-pénis déchire le tissu placentaire qui l'enrobe et brise l'étau de circularité emprisonnant le couple originel. Elle respire, devient elle-même respirable. Elle pousse le cri de naissances différées. En eux, ils éprouvent la déchirure et se réjouissent des béances à combler. Dans leurs veines, l'inédit se profile. L'avenir est battu au rythme d'un double sang.

> « Au blanc secret de ma naissance
> je suis devenu femme
> je suis devenu homme
> (Jean Royer, Faim souveraine)

Le féminin de l'écriture — non spécifique à la femme bien que lui étant plus familier — a abattu nombre d'enclos et de bornes. Il se méfie des grands genres, du grand style, de la démonstration verticale convertie en obsession généalogique. Il apprivoise la détente, le jeu, l'horizontalité. Hors du circuit fermé de l'origine, il échappe à la sclérose de la référence unique. Il dément l'univocité du texte et du sexe.

> « Rien n'exige plus de minutie que le devenir, ce jeu de l'affection et de la désaffection ponctuellement vécues jusqu'à se fondre, jusqu'à faire soudure et non rupture. Quand nous pensons « liberté » en termes de noces avec le temps [...] » (Claire Lejeune, l'Atelier)

Le féminin de l'écriture biffe le dernier chapitre de l'histoire patriarcale à résonance phallique. Du même allant, il gomme la régression préoedipienne au sein mamellant de la Grande Mère. Sous la langue, l'écriture d'avenir est devenue deux.

> « C'est si beau quand le désir circule sous l'informe de la faim et de la soif; [...] rétablit le contact entre tous les orifices naturels des deux corps de l'être uni au point que la différence devienne unité ardente et le lien d'amour une chose qui se resserre, se desserre et s'ajuste dans la différence ardente, au point où se ramassent les fragments et que la lutte inévitable parfois soit avec raison et recul un repos, parfois soit avec contact et déraison le conflit même du vivant depuis toujours et pour jamais. » (Joseph Bonenfant, La Nouvelle Barre du Jour)

PROLOGUE

Après la longue traversée de la Mèr(e) morte — mère saignée à blanc par le coupant des rituels scripturaux —, on parle de libérer la Fille de ses masques et de dispenser le Fils du dogme de l'infaillibilité. La fête commencera sous peu. Le point fixe de l'origine évacue le palais des Pères. Des fleurs prolongent la cité dans l'île.

La langue se fait matière, viscères, souffle, lait et sang. Voix plutôt que graphie, le féminin explore du dedans l'épaisseur des sens à venir. Sous l'accumulation des gloses et signes décrépis, il procède au défouissement d'inédits signant les chants de délivrance qui montent des lèvres jeunes. Une femme lance des notes liquides sur le parcours de parole.

À l'aube, cette femme se ressaisit. Elle se rassemble, les flancs chauds de l'homme reçu pendant la nuit. Elle s'interroge. Où aménager les lieux de rassemblement. Où échanger la parole et le pain hors la scission qui agenouillait les femmes à gauche et dressait les hommes à droite, derrière le bâton de Moïse et les Tables de la Loi.

Face à cette nouvelle venue, Adam se fluire le torse et se tâte les flancs. Il ne reconnaît plus en lui le manque devenu débordement, exubérance, transport. Il ne sait quel visage prendre devant la fragile née qui s'élance sous le Soleil, gorge ouverte, hors les mots guides et les clefs fortes qui gardaient la cité(e). Il se demande comment l'étreindre, car se dérobent le Fils soumis et la Fille folle de miel qui ourlaient le Mot-du-Père du fiel de rancoeurs saumâtres apprêtées pour l'Oeil.

J'ai participé à cette quête. Mais, dans le rapatriement de la parole volée, j'ai buté sur de nombreux obstacles. Lorsque je tentai de retracer la genèse des amputations, effacements et désorientations du féminin, je disposais, comme outil de travail et instrument de recherche, de la langue et des archives des Pères. Celles mêmes qui avaient édicté, dans différents genres et à divers titres, mon exclusion du réel. La langue maternelle qui aurait pu me venir de la mère, passer par son nom, sa parole, ses gestes, ses pulsions, est une langue de première génération.

Dans le processus d'énonciation de mon émergence à l'écriture, je me suis donc trouvée rapidement cernée par la langue dominante. J'ai été deux fois bilingue, situation courante en ce pays. Rien d'étonnant par conséquent si je me suis située tantôt près de la parole, tantôt près du discours, et si j'ai été poussée tantôt par un mouvement d'humeur, tantôt par un mouvement d'humour. Rien d'étonnant non plus si, à certains jours, j'ai été traversée par un dire qui se faisait chant, souffle, voix multiple, graphie mobile, alors qu'à d'autres, je sombrais dans le monolithisme qui nous avait morcelés.

Mais de m'être trouvée si longtemps hors du discours, hors de ses définitions, allégations et assomptions, m'avait été profitable. Dans les marges du texte où l'on m'avait placée, j'étais protégée des extravagances du Logos. Quand j'entendais répéter l'Homme fait ceci, agit cela, pense haut, marche dur, ou bien l'Homme est mortel, roseau pensant, fils de pute, enfant de roi, guerrier au front d'argile, poussière de dieu, je ne me sentais pas concernée. Ces dires ne touchaient ni ma terre ni mon sang.

Non captée par la prégnance des signifiants, j'employais ma liberté à faire la folle. Je lançais des mots à bout portant, notes brûlantes qui traversaient ma bouche en effleurant à peine les lèvres. Très tôt, je me trouvai prise à ce jeu. Personne ne m'entendait. Alors je vis mon sang se coaguler et mon corps se métaphoriser dans le délire et l'ennui. J'ignorais que c'était précisément ce qu'ils attendaient de moi. En dehors de ces crises, c'est-à-dire en dehors de ces moments de latence qui retardaient l'heure de ma demi-rupture avec la langue paternelle, je me sentais en silence avec moi-même.

Cette mise au ban du discours me fut, en un sens, salutaire. Aujourd'hui, lorsque l'on clame Dieu est mort, l'Homme est mort, j'entends résonner un pléonasme ou percuter un grand orgueil. Il m'arrive aussi de rire, de penser c'était fatal, ça devait arriver, depuis le temps qu'ils se tuent à vouloir faire seuls le monde, l'histoire, les enfants.

Et j'oublie ces aphorismes. Et j'avance dans ma traversée du temps et des signes. Et je progresse, incrédule, paumes, bouches, bras et ventres ouverts. J'accueille des visages. Je touche des mains et je reçois des corps qui me paraissent mères, soeurs, pères et frères. Qui a dit que la terre se dépeuplait? Qui a dit que l'homme était disparu du monde des vivants?

Lui et moi, nous nous reconnaissons en nos fils et nos filles. Nous nous rejoignons en-deçà des différences, dans les blessures, feintes, écartèlements et falsifications qui furent notre lot commun. Nous nous aimons par-delà les milliers d'années lumière qui séparèrent le premier homme de la dernière des femmes à franchir le réseau de dénégations, contradictions, modèles, figures et images qui nous annulaient tous.

On m'a menti. Il ne s'agissait pas du même homme. Ni de la même mort. L'homme du discours est mort. L'Oeil est mort. Mais l'être de chair est vivant. Hors la ville en ruines, nous nous épousons dans la flamboyance des midis chauds, oublieux des hiéroglyphes qui décrétèrent notre perte.

L'homme rit. Il se sent bien. Ne cherchant plus en moi la vierge, la mère ou la putain, il ne craint pas de voir surgir le Père terrible et tout-puissant. La terre nous enseigne le corps à corps des langues et des fibres. L'amour recommence le monde à deux.

Dans les jardins de la mémoire, poussent deux branches jumelles dont on ne peut prédire l'inclinaison. Pour nous qui tentons la traversée du plus lointain refuge échappant à l'Oeil, un double temps et un double espace tapissent nos flancs et nos gorges.

Les plus belles histoires commencent souvent à partir de rien. Je pourrai donc écrire la première page de mon livre.

NOTES

Chapitre 1

1. Claude Lévi-Strauss, *L'origine des manières de table*, ch. IV, «Les petites filles modèles», p. 165, et ch. V, «Une faim de loup», p. 230-231, Paris, Plon, 1968.
2. Claude Lévi-Strauss, *L'origine des manières de table, op. cit.*, p. 143.
3. Claude Lévi-Strauss, *L'origine des manières de table, op. cit.*, p. 344.
4. Ce dernier exemple est tiré de *L'origine des manières de table, op. cit.*, p. 67. Les précédents ont été empruntés à *L'homme nu*, Paris, Plon, 1971, p. 393.
5. Claude Lévi-Strauss, *L'origine des manières de table, op. cit.*, p. 176.
6. Dans les mythes primitifs, alors que la hiérarchisation des fonctions sociales et la répartition des rôles sexuels sont encore mal définies, la Lune est hermaphrodite.
7. Claude Lévi-Strauss, *L'origine des manières de table, op. cit.*, p. 177-178.
8. Claude Lévi-Strauss, *L'origine des manières de table, op. cit.*, p. 177
9. Conclusions auxquelles est arrivé Lévi-Strauss lui-même après avoir été témoin de cette leçon décrite au chapitre 28 de *Tristes tropiques*.
10. Nous nous référons au vocabulaire de l'ethnologie fonctionnaliste qui classe les trois étapes du développement des sociétés sous les appellations de primitive, de barbare et de civilisée.
11. «Mythe de la femme et pouvoir de l'homme chez les Inuit de l'Arctique central», in *Anthropologie et sociétés*, 1:3, p. 93.
12. Claude Lévi-Strauss, *L'Homme nu*, p. 561-562.
13. *Le Cru et le Cuit*, «Mythe Toreno: origine du tabac», p. 108.
14. *Le Cru et le Cuit*, p. 212.
15. Dan Sperber, «Le structuralisme en anthropologie», in *Qu'est-ce que le structuralisme?*, Paris, Seuil, 1968, p. 191.
16. Lévi-Strauss écrit dans «Un petit verre de rhum», au chapitre 38 de *Tristes tropiques*: «... si l'Occident a produit des ethnographes, c'est qu'un bien pressant remords devait le tourmenter».

Chapitre 2

1. Ces trois figures illustrent en effet les difficultés que paraît avoir connu le pouvoir patriarcal dans les conflits qui ébranlèrent la famille à prééminence paternelle succédant aux lignées matristiques. L'ambivalence du choix lignager poussa Oedipe à tuer son père — rival de même lignée —, et Oreste à tuer sa mère Clytemnestre qui tenta de faire échec à l'ordre patriarcal en assassinant l'époux et en constituant sa propre lignée. Médée, quant à elle, tue les fils qui pourraient prolonger la branche paternelle.
2. Tous les passages en italique seront tirés du «Mythe de la Caverne», Platon, *La République VII*, Oeuvres complètes, trad. Chambry et Baccou, Paris, Garnier, 1938, p. 133-137.
3. Oswald Ducrot et Tzvetan Todorov, *Dictionnaire encyclopédique des sciences du langage*, Paris, Seuil, 1972, p. 49.
4. Michel Serres, *Le parasite*, Paris, Grasset, 1980, p. 328.

Chapitre 3

1. F. Engels, *L'origine de la famille, de la propriété privée et de l'État*.
2. *Les structures élémentaires de la parenté*, Paris, Mouton, 1967, p. 71-76.
3. Claude Lévi-Strauss, *Anthropologie structurale*, Paris, Plon, 1957, p. 70.
4. *La pensée sauvage*, Paris, Plon, 1962, p. 170.
5. Pour le relevé de cette expérience, voir «Serpent, Femme et Homme, expérimentation sémantique», in *Anthropologie et Sociétés*, 1:3, 1977, p. 119-129.
6. Liste des pays fournis par Awa Thian dans *La parole aux négresses*, Paris, Denoël/Gonthier, 1978, p. 78: Côte d'Ivoire, Haute-Volta, Mali, Guinée, Niger, Sénégal, Somalie, Soudan, Afar et Issas, Arabie Saoudite, Égypte, Éthiopie, Yemen, Irak, Jordanie, Syrie, Sud de l'Algérie, Bénin.
7. Jacques Lanthier, *La Cité magique*, Paris, Fayard, 1972, cité par Pierre Leulliette, *Le viol des viols*, Paris, Laffont, 1980, p. 21. Une description analogue en a été donnée pour le Soudan dans l'étude moins accessible du Dr El Sayed Mirghani el Sayed, *De la pratique de la clitoridectomie, nymphectomie, vulvectomie et infibulations rituelles chez les petites filles dans certains pays d'Afrique et d'Asie*, thèse médicale, Paris, Université Descartes, 1973, no 118.
8. Pierre Leulliette, *op. cit.*, p. 16.
9. Pierre Leulliette, *op. cit.*, p. 22.
10. Ava Thiam, *La parole aux négresses*, Paris, Denoël/Gonthier, 1978, p. 81-83.
11. Pierre Leulliette, *op. cit.*, p. 23.
12. Pierre Leulliette, *op. cit.*, p. 24.
13. Claude Crépault et Joseph J. Lévy, *La sexualité humaine, fondements bioculturels*, PUQ, 1978, p. 25.
14. Révélé par l'étude d'El Sayed Mirghani, p. 80-91.
15. *La parole aux négresses*, p. 100.

16. Idée développée par J. Thierry Maertens dans ses *Ritologiques*. Tome 2. *Le corps sexionné*, chapitre 1, Aubier Montaigne, 1979.

17. Des anthropologues ont observé cette coutume dans des sociétés à résidence matrilocale et voient aussi une façon d'exprimer et d'évacuer l'identification à la fonction maternelle.

18. De même qu'il peut y avoir un père féminin, il peut aussi y avoir un époux féminin. On en trouvait un exemple chez les Dahoméens d'Afrique. Au dire de Hoebel, les enfants de la seconde épouse appelaient « père » la première épouse qui avait payé la dot de leur mère.

19. Cette mainmise de la technologie se vérifie ailleurs. La science et les ritologies tendant à contrôler les grands moments de l'existence où la nature s'exprime: naissance, mort, vie sexuelle.

20. À entendre au sens large, les mots « frère » ou « soeur », en système primitif ou même barbare, désignant aussi bien les frères et soeurs de sang que les enfants nés d'un même clan matrilinéaire ou patrilinéaire.

21. Des faits analogues prêtent à des interprétations extrémistes. Evelyne Reed dans *Féminisme et anthropologie*, Paris, Denoël/Gonthier, 1979, voit dans le tabou de l'inceste associé à d'autres restrictions alimentaires, la survivance déformée d'une règle matristique visant à protéger les mères et leurs enfants du cannibalisme des mâles.

22. Claude Lévi-Strauss, *Les structures élémentaires de la parenté, op. cit.*, p. 10.

23. *Ibid.*, p. 29.

24. Claude Lévis-Strauss, *La pensée sauvage, op. cit.*, p. 166.

Chapitre 4

1. Celle dont l'identité tient à la fonction reproductrice risque de la perdre lorsque celle-ci prend fin. Les Inuits et certaines ethnies africaines tatouent exclusivement les femmes afin de les distinguer des hommes quand elles seront devenues vieilles. Mais cette perte d'identité n'est pas toujours négative. Dans certaines communautés, la femme commence à prendre part aux palabres et à exercer un certain pouvoir social et politique après sa ménopause. N'étant plus une femme, elle peut désormais être considérée comme un homme.
Ces exemples laissent entendre que l'identité féminine se réfère davantage à la fécondité qu'aux caractéristiques physiques ou physiologiques qui la révèlent.

2. L'écriture alphabétique est introduite par les peuples sémites. L'alphabet phénicien donne naissance à des alphabets dérivés, dont l'arabe et l'hébraïque qui ne notent que les consonnes. L'écriture grecque n'a plus qu'à compléter cet alphabet par des voyelles, et voilà atteintes les limites de l'abstraction et du sens pratique. L'alphabet latin qui en est issu exprimera l'univers avec vingt six lettres, par opposition à l'écriture chinoise qui ne dispose pas moins de cinq mille signes dans sa version savante.

3. Marcel Mauss, « Essai sur le don », in *Sociologie et Anthropologie*, Paris, PUF, 1968, p. 179.

4. La langue a gardé des traces de cette monnaie marchandise: «pécuniaire» vient du mot latin «pecus» qui signifie «bétail», et «capital» découle de «caput» qui signifie «tête de bétail». Cette valeur, plutôt encombrante, est accompagnée ou est remplacée par des valeurs divisibles en unités plus petites (céréales, tissus, métaux). La monnaie métallique, non périssable et possédant une valeur en soi, finira par s'imposer. On passera par la suite de la monnaie pesée à la monnaie frappée, c'est-à-dire de lingots de plus ou moins grande taille à des pièces frappées à l'effigie de l'autorité qui les met en circulation.

5. Pour un développement plus complet, voir Jean-Joseph Goux, «Écriture et modes de production», in *Freud, Marx, Économie et symbolisme*, Paris, Seuil, 1973, p. 206-224.

6. Lévi-Strauss, *Tristes Tropiques, op. cit.*, p. 318. Les mêmes idées sont reprises de façon plus nuancée dans «Primitifs et civilisés», in *Entretiens avec Lévi-Strauss*, Georges Charbonnier, Les Presses de la Cité, Paris, coll. 10/18, 1961, p. 23-33.

7. Seule une province sans histoire, c'est-à-dire désappropriée de son territoire et de sa parole, pouvait se donner comme projet de rester matière d'inscription de l'origine. Quand «La Belle Province» affichait, sous le dernier régime, sa féminitude complaisante et libertine sur ses plaques minéralogiques, l'Ontario anglosaxon rétorquait au Québec: «Keep it beautiful». Sois belle et tais-toi.

Chapitre 5

1. Freud, *Totem et Tabou*, Paris, Petite bibliothèque Payot, 1975, p. 162-171 pour cet extrait et les suivants.

2. Freud, *Moïse et le monothéisme*, Paris, Galilée, 1948, p. 126.

3. Pour cette citation et les suivantes, nous renvoyons à «La féminité», in *Nouvelles conférences sur la psychanalyse*, Paris, Gallimard, coll. «Idées», 1971, p. 147-178.

4. Lacan, *Écrits*, Tome II, Paris, Seuil, coll. «Points», 1971, p. 188.

5. Jacques Lacan, «Le stade du miroir comme formateur de la fonction du "Je"», in *Écrits 1*, Paris, Seuil, coll. «Points», 1971, p. 95.

6. Les passages soulignés sont tirés des *Écrits I* et *II* de Lacan.

7. La psychanalyse finira par admettre que l'envie de la matrice existe, de façon analogue, chez l'homme (Jones, Horney, etc.)

8. Lacan, *Écrits II*, p. 114.

9. Dyadique freudienne à propos de laquelle ironise R.D. Laing, in *Noeuds*, Paris, Stock, 1971, p. 57.

10. Vladimir Granoff, *La Pensée et le féminin*, Paris, éd. Minuit, coll. «Arguments», 1976, p. 335.

11. *Écrits II*, p. 173-174.

12. Moustapha Safouan, «L'Oedipe est-il universel?», in *Études sur l'Oedipe*, Paris, Seuil, 1974, p. 124.

13. «Le mouvement psychanalytique animé par Jacques Lacan», in *Des femmes en mouvement*, 79:1, p. 27.

14. Sophocle, *Oedipe à Colone*, Paris, Garnier Flammarion, 1964, p. 304.
15. *Oedipe à Colone, op. cit.*, p. 270.
16. «Le langage symbolique dans les mythes, les contes, les rites et les romans», in *Le langage oublié*, Paris, Petite bibliothèque Payot, 1980, p. 171.
17. *Écrits I*, p. 136.

Chapitre 6

1. La société patriarcale qui la détrône finit par ériger en dogme l'envie du pénis chez la femme. Y a-t-il désir de restituer à celle-ci, sur un mode fantasmatique déculpabilisant, les pouvoirs archaïques qui lui furent enlevés, ou crainte de lui voir reprendre ses anciens pouvoirs?
2. Bhâgavata Pûrva-tapirû Upanishad, Adyar, 1923, 1, 1, cité par Lo Duca, in *Histoire de l'érotisme*, Paris, La Jeune Parque, 1969, p. 314.
3. Shrî Râmavatâra Kattrâ, in Lo Duca, *Histoire de l'érotisme, op. cit.*, p. 316.
4. Tiré du *Zohar* et cité par Joseph Josy Lévy dans «Expérience érotique et civilisations», in *Revue québécoise de sexologie*, 1:1, p. 49.
5. Un rapport semble d'ailleurs exister entre l'importance accordée à la chasteté prémaritale et le volume de biens échangés lors du transfert de l'épouse. Les sociétés à filiation patrilinéaire imposent davantage la virginité et la répression sexuelle, que les communautés matrilinéaires où des facteurs économiques plus faibles paraissent favoriser plus de permissivité amoureuse. (Reich, Rosenblatt, Crépault.)
6. La peinture occidentale, qui s'est complue dans la représentation des vierges, a immobilisé le mystère et l'a donné à voir comme état permanent. Imagine-t-on une contradiction plus grande que la vierge se laissant peindre ou se peignant elle-même? Certes, on pourrait en dire autant de l'écriture, mais celle-ci suppose, à priori, l'absence du corps de la matière signifiante.
7. Peut-on être plus active qu'une prostituée qui reçoit vingt à quarante hommes par jour, ou qu'une mère non syndiquée astreinte au double horaire maison/usine?
8. Un relevé de compte des Templiers révèle qu'en une seule année, il fallut entretenir 13 000 prostituées pour soutenir le moral des Croisés. Richard Lewinsohn, *Histoire de la vie sexuelle*, Paris, Payot, 1957, p. 144.
9. En 1510, Jules II ouvre à Rome un bordel exclusivement destiné aux catholiques. Ses successeurs, Léon X et Clément VII poursuivent son oeuvre.
10. Cité par M. Albistur et D. Armogathe in *Histoire du féminisme français*, Paris, des Femmes, 1977, p. 74. Une détermination biologique analogue est toujours invoquée par les Samo. La femme ménopausée devient une sorte de conseillère qui participe au conseil des anciens, mais elle n'a plus de relations sexuelles avec son mari qui a pris de jeunes épouses. Ne déversant plus sa chaleur dans ses règles, on estime qu'elle deviendrait sorcière si elle accumulait, de surcroît, celle de l'époux.
11. Cité dans *Histoire du féminisme français, op. cit.*, p. 74.

12. Le prestige attaché à la chasse aux sorcière est tel que le luthérien allemand Benedict Carpzov et un juge anglo-saxon se flattent, à eux seuls, d'en avoir exterminé vingt mille chacun. Cité dans Henri Charles Lea, *History of the Inquisition of the Middle Ages*, New York, 1888, vol. III, p. 292. Pour ce qui est de la Nouvelle-France, R.-L. Séguin dans son *Histoire de la sorcellerie en Nouvelle-France*, ne trouve trace d'aucun autodafé. Mais les États-Unis d'Amérique allumèrent 36 bûchers. Et on sait qu'en Nouvelle-Angleterre, Phipps, gouverneur du Massachussetts, autorisa, en 1692, la pendaison des dix-neuf sorcières de Salem.

13. À noter que Pierre Chaunu situe le sorcier mâle africain dans cette aire de marginalisation culturelle et territoriale. Pour lui, le sorcier est ou bien « un paganus, un rural, un forestier » vivant en société urbaine, ou bien « un étranger », un bohémien, un « sans-patrie ». C'est-à-dire un déraciné dont la puissance de sédition tient à son manque d'intégration sociale. À lire dans « Rapports sociaux et répressions dans la société d'ancien régime. Sur la fin des sorciers au XVIIe siècle », in *Annales ESC*, 24, 1969.

14. Isabeau Blary, centenaire domiciliée à Douai, devra satisfaire ses juges en avouant des pratiques sodomiques avec le diable. Cité dans *La sorcière au village*, Robert Muchembled, coll. « Archives », Paris, Gallimard, Julliard, 1979, p. 135.

15. Exemple de méthode utilisée, citée par R. Lewinsohn dans *Histoire de la vie sexuelle*, Paris, Payot, 1957, p. 135. L'accusée sera jetée à l'eau, pieds et mains liés. Si elle surnage, cela signifie que l'eau baptismale la rejette et donc qu'elle est sorcière. Si elle coule, elle donne une preuve encore plus forte de son allégeance au diable.

16. Thèse défendue par Barbara Ehrenreich et Deirdre English, in *Sorcières, sages-femmes et infirmières*, Montréal, Éd. du Remue-Ménage, 1976.

17. Le mot hystérie vient du grec « husterikos », lui-même tiré de « hustera » signifiant utérus.

Chapitre 7

1. Meg Bogin, *Les femmes troubadours*, Paris, Denoël/Gonthier, 1978.
2. *Les femmes troubadours*, op. cit., p. 31.
3. *Les femmes troubadours*, op. cit., p. 64.
4. La beauté vieillit mal. Donnée à priori, elle se perd ou se conserve. Encore au 20e siècle, on dit d'une femme d'âge mûr ayant gardé quelque charme, comme l'on dit d'une pêche, d'une orange ou d'une poire: « Elle s'est bien conservée. » À propos d'un vieillard, on souligne: « Il est bien portant. » « Il se porte bien. » L'homme porte quelque chose au présent. La femme se conserve dans le temps mort du participe passé.
5. Rabelais, *Oeuvres complètes*, Paris, Gallimard, Coll. La Pléiade, 1942, p. 467.
6. Le théâtre avait été populaire aussi longtemps qu'il avait été le prolongement du culte religieux — illustration des Mystères, des Miracles — ou de la fable. C'est-à-dire lorsqu'il remplissait une fonction morale d'édification et de redressement des torts.

7. Réponse de Diderot à Antoine-Léonard Thomas, citée par P.L. Rey dans *La Femme*, Paris, Bordas, 1972, p. 84-85.

8. Dans cette leçon, ce qui concerne Sophie se trouve dans *Émile, Livre V*, chapitre I-IV, et ce qui regarde Émile se lit au *Livre II*, chapitre XIII, Paris, Hatier, Oeuvres choisies, 1946.

9. André Breton, *Les Manifestes du surréalisme*, Paris, Pauvert, 1962, p. 341.

10. André Breton, *Nadja*, Paris, Gallimard, Livre de Poche, 1966, p. 110.

11. *Ibid.*, p. 103.

12. Louis Aragon, *Le paysan de Paris*, Paris, Gallimard, Livre de Poche, 1966, p. 209.

13. Louis Aragon, *Le paysan de Paris, op. cit.*, p. 211.

14. André Breton, *Arcane 17*, Paris, Sagittaire, 1947, p. 98.

15. Paul Éluard, *Une leçon de morale*, Paris, Gallimard, 1953, p. 104.

16. *Le con d'Irène* est le titre d'un court recueil d'Aragon, publié en 1928, sans référence à aucune maison d'édition.

17. Souligné par Aragon dans *Le paysan de Paris, op. cit.*, p. 132.

18. *Ibid.*, p. 130.

19. Pierre Macherey, *Pour une Théorie de la production littéraire*, Paris, Maspero, 1974, p. 53.

20. Roland Barthes, *Discours d'un fragment amoureux*, Paris, Seuil, 1977, p. 178.

Chapitre 8

1. Dans un atelier de création tenu dans la région montréalaise, on interpelle en anglais ma fille de trois ans qui ne répond pas. Pour s'assurer de sa compréhension, on ajoute « You speak english or french? » Devant son silence, on croit bon d'expliciter: « Tu parles avec quelle langue, avec celle de ton père ou celle de ta mère? » N'ayant pas encore fait le choix culturel qui oppose le père et la mère, le corps et l'esprit, elle ignore le sens métaphorique du mot « langue ». Tirant la sienne, elle la montre du doigt et répond: « Avec celle-là. »

2. Louky Bersianik, *L'Euguélionne*, Montréal, La Presse, 1976, p. 393.

3. Mara, *Journal d'une femme soumise*, Paris, Flammarion, 1979, p. 150.

4. *Ibid.*, Post-face de Michèle Causse, p. 193.

5. *Ibid.*, p. 175.

6. Marguerite Duras, *Yes, peut-être*, in Théâtre II, Paris, Gallimard, 1968, p. 156.

7. Marguerite Duras, *Le Shaga*, in Théâtre II, p. 200.

8. Marguerite Duras, *Le Ravissement de Lol V. Stein*, Paris, NRF, 1964, p. 54.

9. Marguerite Duras, « Entretiens avec Marguerite Duras », in *Tel Quel*, no 58, été 1974, p. 97.

10. G.-André Vachon, *Esthétique pour Patricia*, Montréal, PUM, 1980, p. 139.
11. *Ibid.*, p. 141.
12. Simonne Jacquemard, *Exploration d'un corps*, Paris, Seuil, 1966, p. 154.
13. *Ibid.*, p. 175.
14. *Ibid.*, p. 225.
15. Nicole Brossard, *Le centre blanc*, Montréal, L'Hexagone, 1978, p. 386.
16. Monique Wittig, *Le Corps lesbien*, Paris, Minuit, 1973.
17. Monique Wittig, Sande Zeig, *Brouillon pour un dictionnaire des amantes*, Paris, Grasset, 1976, p. 9. Dans ce livre, l'auteur retrace les âges de l'humanité et dresse la liste des femmes écrivains ayant marqué chacune de ces époques.
18. Nicole Brossard, *L'Amèr*, Montréal, Quinze, 1977, p. 39.
19. Nicole Brossard, *op. cit.*, p. 21.
20. *Ibid.*, p. 99.
21. France Théoret, *Nécessairement putain*, Montréal, Les Herbes rouges, no 82, p. 31.
22. *Ibid.*, p. 45.
23. Hélène Cixous, Madeleine Gagnon, Annie Leclerc, *Le Venue à l'écriture*, Paris, UGE, 10-18, 1977, p. 57.
24. *Vivre l'orange*, Paris, Éditions des Femmes, 1979, p. 79.
25. *La venue à l'écriture*, p. 88.
26. *Ibid.*, p. 64.
27. Madeleine Gagnon, *Lueur*, Montréal, VLB, 1979, p. 60.
28. *La venue à l'écriture*, p. 67.
29. Madeleine Gagnon, « Dire ces femmes d'où je viens », in *Magazine Littéraire*, mars 1978, p. 96.
30. Annie Leclerc, *La venue à l'écriture*, p. 121.
31. *Ibid.*, p. 149.
32. *Ibid.*, p. 150.
33. *Ibid.*, p. 146.
34. *La Cohorte fictive*, Montréal, L'Étincelle, 1979, p. 10.
35. Guy Bedos, *En attendant la bombe*, Paris, Calman-Lévy, 1980, p. 49.
36. Bernard This, *Le Père: acte de naissance*, Paris, Seuil, 1980, p. 42.
37. Robert Baillie, *La couvade*, Montréal, Quinze, 1980, p. 16.
38. Luce Irigaray, *Speculum de l'autre femme*, Paris, Minuit, 1974, p. 177.
39. *Ibid.*, p. 177.
40. *Ibid.*, p. 176.
41. Yolande Villemaire, *La vie en prose*, Montréal, Les Herbes rouges, 1980, p. 8.
42. Suzanne Lamy, *D'Elles*, Montréal, L'Hexagone, 1979, p. 33.
43. *Ibid.*, p. 12-13.

44. Marguerite Duras et Xavière Gauthier, *Les parleuses*, Paris, Minuit, 1974, p. 8.

45. *D'Elles, op. cit.*, p. 77. À lire tout le chapitre « Litanie des litanies », p. 61-99.

46. Maria I. Barreno, Marie T. Horta, Maria V. da Costa, *Nouvelles lettres portugaises*, Paris, Seuil, 1974, p. 175.

47. Anne Hébert, *Les enfants du sabbat*, Paris, Seuil, 1975, p. 43.

48. *Ibid.*, p. 67.

49. *Ibid.*, p. 108.

50. *Ibid.*, p. 103.

51. Jovette Marchessault, *Triptyque lesbien*, Montréal, La Pleine Lune, 1980, p. 57.

52. Gloria Orenstein, préface de *La Mère des herbes*, p. 11.

53. Jovette Marchessault, *La Mère des herbes*, Montréal, Quinze, 1980, p. 85 à 88, pour ce passage et les suivants.

54. *Triptyque lesbien, op. cit.*, p. 38.

55. *Ibid.*, p. 87.

56. La déclaration d'allégeance matrimoniale est parfois reportée dans les notes biographiques, en page couverture, ou dans les communiqués de presse. Comme si l'oeuvre ne se défendait pas toute seule, les éditions HMH et Laffont, par exemple, nous apprennent que Michèle Lalonde et Erica Jong sont épouses de médecins. Une inversion symbolique se produit-elle qu'on peut alors s'attendre à voir l'homme remercier sa Maître/sse, sa femme et ses enfants, comme le fait Robert Baillie dans *La couvade*.

57. L'artiste Marcelle Ferron de Montréal, qui signe seulement Ferron sur ses toiles, s'est déjà fait dire: « Votre mari, c'est un robuste, hein. Quelle vigueur dans ses toiles! ».

TABLE DES ILLUSTRATIONS

Page couverture: Détail d'une peinture égyptienne.
Pages de garde: Dessin anonyme tiré de la revue *Recherches,* no 36.
Page 15: Hermès (probablement de Praxitèle).
Page 55: Bas-relief gallo-romain.
Page 81: La Vénus de Willendorf. Calcaire oolithique.
Page 129: *Dessin no 281,* mine de plomb et pastel à l'huile de Louise Robert.
Page 159: À Grazalema, en Espagne.
Page 201: Aphrodite. Gravure allemande du 16e siècle.
Page 237: photographie de Jean-Pierre Beaudin.
Page 279: *Petite fille sautant à la corde,* bronze de Picasso.
Page 301: *Pas de deux lyrique,* 1974.

TABLE DES MATIÈRES

Postface 7

Chapitre premier
Du mythe primitif au mythe barbare:
le réglage du corps 9

Chapitre 2
Naissance de la philosophie:
le réglage de l'oeil 49

Chapitre 3
Rituels d'appropriation territoriale:
le découpage du sol et du sexe 75

Chapitre 4
Rituels d'appropriation scripturale:
le découpage des signes 123

Chapitre 5
Élection du signifiant maître:
l'omniprésence phallique 153

Chapitre 6
Promulgation du culte:
la mère et ses doubles 195

Chapitre 7
Énonciation de la geste des pères:
les aventures de l'oeil 231

Chapitre 8
Écrire au féminin:
du corps sous la langue 273

Prologue 313

Notes 317

Achevé d'imprimer
en décembre mil neuf cent quatre-vingt-un
sur les presses de l'Imprimerie Gagné Ltée
à Louiseville pour le compte des
éditions Nouvelle Optique

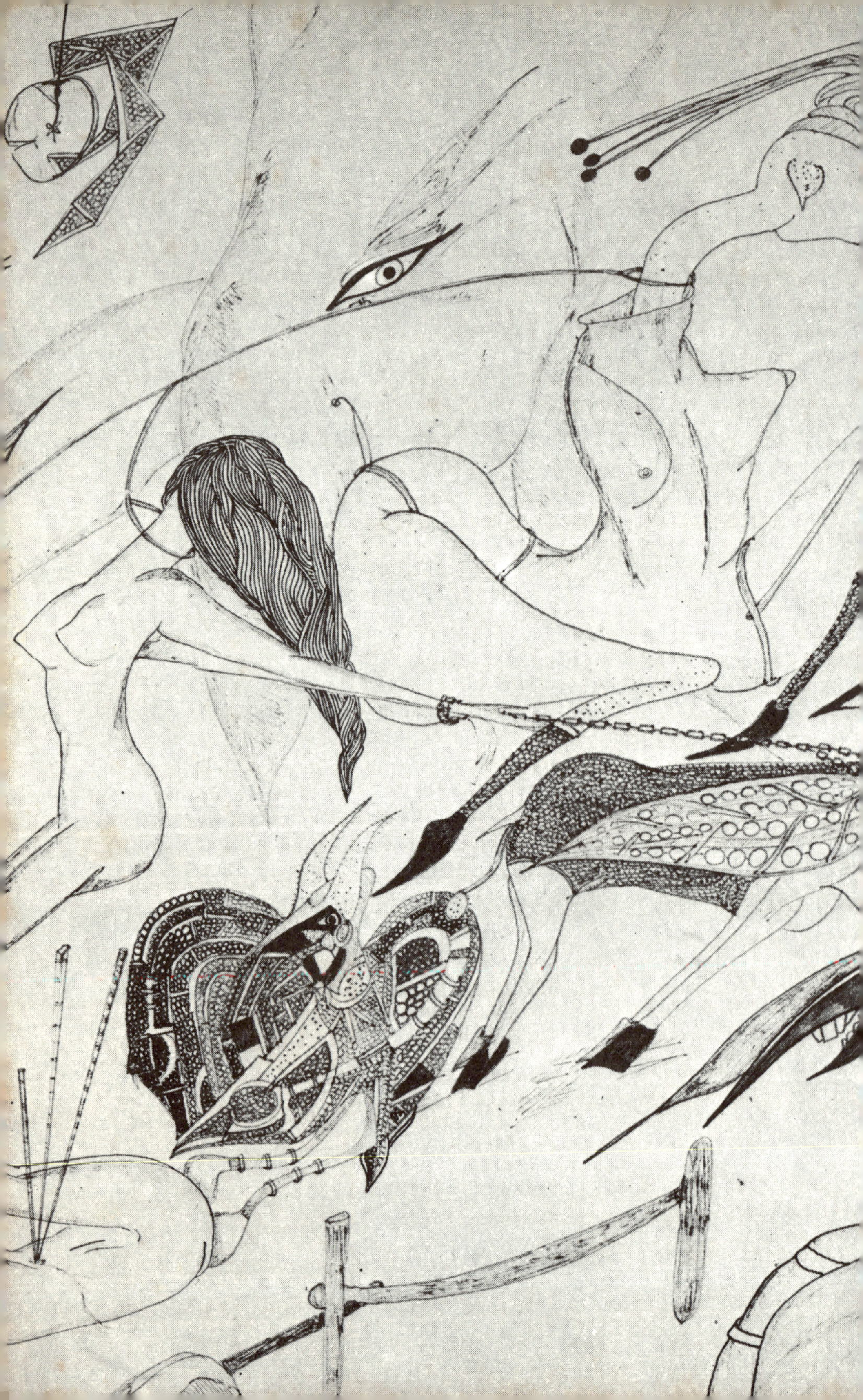